铁血文库

HOT-BLOOD SERIES

012

宋毅◎主编

时代文艺出版社

图书在版编目（CIP）数据

铁血文库.012 / 宋毅主编. —长春：时代文艺出版社，2017.8
ISBN 978-7-5387-5462-9

Ⅰ.①铁… Ⅱ.①宋… Ⅲ.①战争史－世界 Ⅳ.①E19

中国版本图书馆CIP数据核字（2017）第111751号

出 品 人	陈 琛
产品总监	郭力家
责任编辑	方 伟
助理编辑	胡 军
装帧设计	孙 利
排版制作	张 月

本书著作权、版式和装帧设计受国际版权公约和中华人民共和国著作权法保护
本书所有文字、图片和示意图等专有使用权为时代文艺出版社所有
未事先获得时代文艺出版社许可
本书的任何部分不得以图表、电子、影印、缩拍、录音和其他任何手段
进行复制和转载，违者必究

铁血文库 012

宋毅 主编

出版发行 / 时代文艺出版社
地址 / 长春市泰来街1825号 时代文艺出版社 邮编 / 130011
总编办 / 0431-86012927 发行部 / 0431-86012957 北京开发部 / 010-63108163
官方微博 / weibo.com / tlapress 天猫旗舰店 / sdwycbsgf.tmall.com
印刷 / 三河市万龙印装有限公司
开本 / 710mm×1000mm 1/16 字数 / 230千字 印张 / 12.25
版次 / 2017年8月第1版 印次 / 2017年8月第1次印刷 定价 / 39.80元

图书如有印装错误 请寄回印厂调换

内容简介

三十年战争是近代早期的一场重大战争，深刻地影响了欧洲历史的发展进程。1618年，发生在捷克（旧称"波希米亚"）的"掷出窗外事件"标志着这场大战的正式爆发。传统上，人们把捷克阶段视为三十年战争的第一阶段。《布拉格之冬——三十年战争前期的捷克战场》一文，将与读者一起回顾这一阶段的风云动荡，用原始材料还原错综复杂的历史情境，剖析历史人物的内心世界。

公元659年（唐高宗显庆四年），大唐西部边陲烽烟四起，已近古稀之年的唐朝名将苏定方披挂上阵，于短短一年的时间里翻越世界屋脊青藏高原、帕米尔高原，在青海孟达天池和中亚伊塞克湖先后击败了吐蕃和葱岭诸国军队，征程的直线距离超过6500公里。欲知详情，请观《征途一万三千里——苏定方在公元659年》。

第一次世界大战时期，哈布斯堡王朝麾下的大洋利剑——奥匈帝国海军的战列舰编队，驰骋大洋、浴血疆场，为获得战争的最后胜利做出了卓越的贡献。从成长到强大，从奋战到投降，奥匈战列舰的传奇经历，可谓动人心魄。这些曾经称霸一时的海上巨无霸，其巨舰、大炮的雄姿吸引了无数世人的眼球。若想深入了解一战时期这些大洋先锋的具体性能及其四处征战的铁血生涯，还请阅读和细品《哈布斯堡的大洋利剑——一战时奥匈帝国的海军战列舰》一文，以重温奥匈帝国海军战列舰那段鲜为人知的历史。

公元前1世纪初的罗马共和国正处于鼎盛时期，骄傲的军团之鹰已经飞遍了整个地中海沿岸，当时罗马人目光所及之处已经看不到任何可能威胁到共和国的势力。但在共和国的内部却正酝酿着一场危机，贵族和平民之间的矛盾日益尖锐，这两大阶层为争夺权力、土地、财富而进行着激烈的斗争，最终爆发为毁灭性的内战。而苏拉，则趁机凭借个人的能力与运气登上高位，踏上了人生的巅峰。精彩内容，还请看《半狮半狐的罗马枭雄——幸运的苏拉发迹史》。

主编简介

宋毅：《铁血文库》系列 MOOK 主编，中国散文协会会员，上海作协会员，著名历史、军事作家，曾获《现代兵器》杂志 2009 年度优秀作者一等奖等荣誉。出版有《战争特典：隋唐英雄》《壬辰 1592：决战朝鲜》《祖先的铁拳：历代御外战争史》等多部畅销历史、军事著作。

宋毅战争史官方微信平台
仅需用微信扫描二维码即可！
QQ 群：123520160
投稿 QQ：24621756
投稿邮箱：24621756@qq.com

CONTENTS
目 录

布拉格之冬
——三十年战争前期的捷克战场 / 汪枫　　001

征途一万三千里
——苏定方在公元659年 / 棘背龙　　029

哈布斯堡的大洋利剑
——一战时奥匈帝国的海军战列舰 / 雄魂　　051

半狮半狐的罗马枭雄
——幸运的苏拉发迹史 / 章毅　　093

布拉格之冬

——三十年战争前期的捷克战场

作者：汪枫

一、炙热的土地

德意志的纷争

众所周知，在16世纪的欧洲，马丁·路德、加尔文等人引领了一场影响深远的宗教改革运动；而且，当时的神圣罗马帝国诸侯林立。当这两个因素结合到一起时，帝国的政治局面就更加复杂了。1555年的《奥格斯堡和约》确立了"教随国定"的原则，调节了帝国境内天主教与新教的关系。然而，当历史的车轮驶入17世纪后，一些不和谐的火花仍然随着教派间的摩擦而噼啪作响，并且愈演愈烈，最终演变为一场燃烧了30年的大火，留下了一堆堆断壁颓垣。

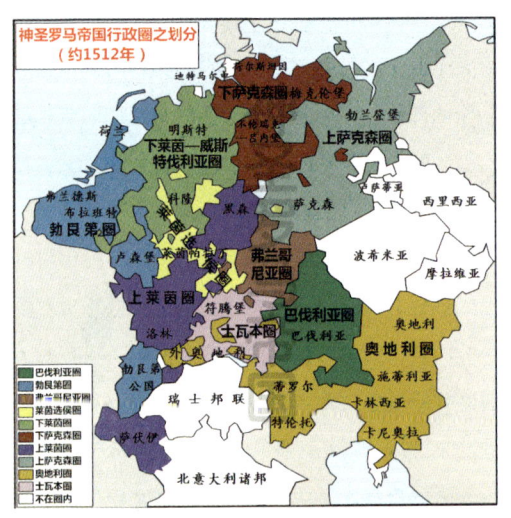

⊙ 1500年，神圣罗马帝国划分了6个行政区（称为"圈"）；1512年新增了3圈，又把萨克森圈分为两部分，所以共有10圈。瑞士、北意大利、波希米亚、帝国直辖领地等不在圈内

如果鲁道夫二世没有当皇帝的话，他的日子会悠闲很多。他是文艺和科学的赞助人，著名的天文学家第谷和开普勒曾经为他服务。他也沉迷于炼金术、占星术等神秘文化，还喜欢搞收藏，难免给人一种不务正业的感觉。而他在位期间，帝国的内外局势却相当复杂（见文末附录的大事年表），比他优秀的皇帝遇到这么多烦心事恐怕也会焦头烂额。

1607年，鲁道夫对多瑙沃特自由市实施"帝国禁令"。事件的起因是这样的：这里的市民多为新教徒，而当地的一名修道院长却以天主教的方式进行了宗教游行。居民认为受到了冒犯，进而引发了暴力冲突。8月3日，皇帝宣布多瑙沃特的市政当局和社区不受法律保护。站在君主的立场上看，对叛乱者实施惩戒是合情合理的。但是，鲁道夫偏偏画蛇添足，派信奉天主教的巴伐利亚公爵马克西米连去执行"帝国禁令"。公爵领兵进入这座城市后，将其并入了巴伐利亚。也就是说，作为第三方的巴伐利亚却获得了最实在的利益。更严重的问题是，天主教诸侯公然吞并了新教地区，这足够让帝国的新教诸侯们焦虑不安。次年，新教方面成立了同盟。又过了一年，天主教联盟亦告成立，与新教分庭抗礼。

1609年，一场更加激烈的对抗上演了。是年，于利希-克莱沃-贝格（Jülich-Cleves-Berg）联合公国的公爵去世，引发了多人对继承权的争夺，鲁道夫也介入其中了。皇帝派他的堂弟利奥波德大公占领了于利希，而诺伊堡公爵之子沃尔夫冈和勃兰登堡选侯[1]都是新教徒，他们暂时联手抵制来自天主教的竞争者（鲁道夫是天主教的坚定捍卫者），站在他们背后的还有英格兰、荷兰和法国。等皇帝退出后，这两位新教候选人便开始翻脸。沃尔夫冈为了"化解"争端，提出迎娶勃兰登堡选侯的女儿，然后再继承联合公国。这个要求明显是占了两份便宜还卖乖，选侯一怒之下抽了沃尔夫冈一巴掌。这"啪"的一声把沃尔夫冈送到了天主教阵营，也让他得到了西班牙和天主教联盟的支持。最后，双方瓜分了联合公国，争议告一段落。

在于利希的继承危机中，西欧主要国家均不同程度地卷入了，已经有了欧洲大战的苗头，可以将其视为三十年战争的一次预热。由于法国国王亨利四世过早身亡，由于鲁道夫二世被其他事务转移了注意力，由于争议双方最后找了个妥协之法暂时缓解了危机，才没有让三十年战争提早9年爆发。

导火索在哪里？

第一次世界大战前夕，欧洲列强已经见证了两次摩洛哥危机和两次巴尔干战争，缺的就是一个引爆火药桶的"萨拉热窝"。那么，引发17世纪那场欧洲大战的"萨拉热窝"又会是哪里呢？

是尼德兰吗？在这里，反抗西班牙哈布斯堡王朝[2]的战争早已开始，既具有民族独立性质，也带有资产阶级革命性质，还有新旧教之争的宗教性质。

是奥地利吗？从1600年起，维也纳的新教徒和天主教徒之间就经常展开巷战。据说，新教徒经常骑马冲进天主教堂，天主教徒也以牙还牙。人们走在街头也常会遇到某个阵营的首领倒在血泊中的情况。

---

[1] 此时的神圣罗马帝国有7大选侯：美因茨大主教、科隆大主教、特里尔大主教、萨克森公爵、勃兰登堡边区伯爵、帕拉丁伯爵、波希米亚（捷克）国王，他们能够选举"罗马人的国王"。16世纪前，"罗马人的国王"需经教皇加冕才能成为神圣罗马皇帝。是故，并非所有的"罗马人的国王"都登上了皇位。

[2] 哈布斯堡家族此时统治着西班牙、奥地利等地，在近代还长期把持着神圣罗马帝国的皇位。

是匈牙利①吗？鲁道夫在这里反击宗教改革，对新教贵族攫取教会地产的状况实施调查，而"归还"的教产却落入了哈布斯堡家族之手。他派往匈牙利的雇佣军横行霸道，佣兵头目巴斯塔一边大肆搜刮，一边声称"必须要用铁棒统治匈牙利人"；卡绍城防长官甚至用大炮威胁新教徒放弃教堂。1604年，匈牙利爆发了由信奉加尔文派的斯特凡·博赤卡伊领导的起义或叛乱（至于它到底是起义还是叛乱，就要看站在谁的立场上）。

但是，三十年战争的"萨拉热窝"不在尼德兰、匈牙利这样的斗争前沿，也不在前文所述的多瑙沃特和于利希，更不在奥地利这个哈布斯堡大本营，而是在波希米亚（捷克）。

波希米亚是一个庞大而繁荣的王国（虽然没有强大到能够保障国家完全独立），也是一片炙热的土地。它有着独特的语言和文化，却长期处于神圣罗马帝国的体系内。11世纪末，波希米亚公爵弗拉季斯劳因支持皇帝亨利四世，被授予"国王"之衔，但仅限本人持有而不可世袭。从1198年开始，波希米亚成了世袭的王国。13世纪中后期，神圣罗马帝国的皇位出现了长达20年的大空位，于是波希米亚国王奥托卡二世野心勃勃地要去竞争皇位。他实力雄厚，彼时亦兼任奥地利公爵、施蒂利亚公爵、卡林西亚公爵和卡尼奥拉边区伯爵。但是，可能是由于他太过张扬，不知道"闷声发大财"的道理，所以最终成功当选的是哈布斯堡家族的鲁道夫一世②。于是，鲁道夫和奥托卡之间爆发了一场重大战役，也是日耳曼人和斯拉夫人之间的一次较量，这就是1278年的马尔希费尔德战役。奥托卡不幸阵亡，而奥地利、施蒂利亚等地因此落入哈布斯堡家族之手，直到1918年一战结束。

从中世纪盛期开始，波希米亚国王就是神圣罗马帝国的选侯之一，足见其重要地位。14世纪的卡尔四世是第一个当上皇帝的波希米亚国王，著名的《金玺诏书》就是由他颁布的。但是，长期属于神圣罗马帝国，带给捷克人的可能并不是罗马般的荣耀，而是沉重的历史负担。在马丁·路德宗教改革的一个世纪前，波希米亚已经诞生了一位改革先驱——胡斯。胡斯的殉道激起了捷克人民的义愤，随后爆发了轰轰烈烈的"胡斯战争"（1419—1434）。为了平定胡斯派"异端"，神圣罗马帝国曾多次借"十字军"之名而实施讨伐。战争期间，捷克人发泄着他们的反德情绪，境内的很多德意志人成了牺牲品。200年后，胡斯战争的历史几乎又重演了一遍，只是更加复杂、更加惨烈。

---

① 此时哈布斯堡家族统治下的匈牙利只是匈牙利的西部和北部，且未被并入神圣罗马帝国。匈牙利大部仍处于奥斯曼土耳其帝国的控制下。

② 鲁道夫一世被选为"罗马人的国王"，但并未加冕为"神圣罗马皇帝"。

1526 年开始,哈布斯堡家族便长期把持波希米亚王位(此前哈布斯堡家族曾两次取得过波希米亚王位,但不连续)。现在,我们的故事再次转回到鲁道夫二世——他是神圣罗马皇帝,也是波希米亚国王。

掷出窗外事件

鲁道夫二世也在波希米亚反击宗教改革,路德派和加尔文派都被打压了,这破坏了他父亲(马克西米连二世)曾经的许诺,触犯了波希米亚贵族自古以来的自由权。然而,哈布斯堡家族的内争暂时削弱了王权的力量。

1608 年 2 月,鲁道夫之弟马提亚意欲篡位,在普雷斯堡①与匈牙利和奥地利的等级议会缔约。摩拉维亚随后也加入。马提亚答应恢复新教徒的权利,承认等级议会的政治地位,他还向波希米亚发出了邀请。

波希米亚等级议会趁鲁道夫危难之时,希望能够待价而沽。当贵族们的要求提交到鲁道夫手上时,国王要求给以时间进行考虑,议会要求他尽快回答"是"或"不是"。鲁道夫一开始想要花招——批准一部分,推迟一部分。但是这一举动引起了武装示威。当时有马提亚大军的威胁,鲁道夫的选择余地并不多。在与弟弟的博弈中,鲁道夫最终同意把匈牙利、恩斯河两岸的奥地利和摩拉维亚让予马提亚,承认他为波希米亚王位的继承者。马提亚撤军后,鲁道夫召集了波希米亚议会,但却仍然对臣民的要求闪烁其词。

1609 年 5 月,捷克人自行召集了另一场议会,任命了 30 名执政官,并征召了一支军队,由图尔恩伯爵等 3 人担任将军。7 月,鲁道夫颁布了《圣诏》(Letter of Majesty):保证信仰自由,承认建立教堂和学校的权利,允许议会任命 24 名宗教辩护士。西里西亚(波希米亚的属地之一)也获得了类似的让步。此刻,在捷克人看来,仿佛一切都已经平安无事了。

然而,鲁道夫并不想履行城下之盟。为了反击,他搬来了雇佣军。据说,鲁道夫故意扣发军饷,迫使他们进行劫掠,他的堂弟利奥波德大公也加入了其

⊙ 这幅鲁道夫二世的另类画像并不是 20 世纪的超现实主义画作,而是绘于 16 世纪末。它融合了鲁道夫本人和维尔图努斯(古罗马神话中掌管四季与植物生长之神)的形象

---

① 普雷斯堡:哈布斯堡家族统治下的匈牙利首都,又名"布拉迪斯拉发",今为斯洛伐克首都。

中。1611年，兵痞们向布拉格进军。但鲁道夫告诉议会他并不知情。于是，议会转而请求马提亚相助，而图尔恩伯爵甚至冲进宫中扣押了鲁道夫。马提亚很快来到，且受到了热烈欢迎，不久便成为波希米亚国王。

然而，马提亚也是天主教徒。在那个年代，一个天主教国王与一个新教王国能够"兼容"吗？正因为这一不确定性，鲁道夫才把最后的希望押在马提亚与议会的分歧上，但他却发现马提亚对议会的要求一概批准，包括随时随地召集会议之权、财政与军政的独立权、罢免高官之权、与匈牙利和奥地利结盟之权。鲁道夫歇斯底里地握拳大骂道："布拉格！忘恩负义的布拉格！我这么抬举你，你却冷落你的赞助者！愿神的诅咒和复仇降临在布拉格和整个波希米亚。"这应该是捷克人自被哈布斯堡统治以来最为得意的日子了。

1612年，鲁道夫在失望中去世，马提亚当选为神圣罗马皇帝。跟他的前任一样，马提亚对新教的让步都是政治上的策略，不代表他真想付诸实施。据说，他任命天主教教士进入新教教堂，迫使新教徒为天主教服务。然而，也有学者认为，马提亚是个好心人，他推行反新教措施是由于耶稣会士的狂热鼓动。

另一方面，波希米亚的激进派也在活动。议会在1615年出台了一些带有反德情绪的决议（比如把德语排除出官方交际和公共场合），尽管图尔恩伯爵这样的激进派领袖也算半个德意志人。

由于马提亚膝下无子，而他现在的年龄也不小了，所以继承人的问题又被摆上了台面。根据罗伯特·维克斯的《波希米亚史》的说法，马提亚本来是拒绝堂弟斐迪南成为继承人的，无奈哈布斯堡家族的两大分支（奥地利分支和西班牙分支）均认可斐迪南。1617年，斐迪南被预定为波希米亚国王。但是，这位斐迪南是个铁杆的天主教徒，且早就在自己的领地上不遗余力地反对宗教改革。斐迪南曾经询问耶稣会士，承认《圣诏》是不是一种罪过？耶稣会士"机智"地回答他说："颁布是有罪的，但接受是无罪的。"所以，斐迪南心安理得地成了波希米亚的国王。从他上位的那一刻起，悲剧就注定了。

1618年5月23日，星期三，这是注定要载入史册的一天。斐迪南的两名宠臣以及一名秘书被图尔恩伯爵等激进派领袖掷出了窗外[①]。"掷出窗外"既是源于《旧约·列王记》中恶妇耶洗别（Jezebel）被人推出窗外致死的典故，更是向波希米亚自己的历史致敬——

---

① 在5月25日发布的《辩护书》中，波希米亚叛乱者的措辞还是比较谨慎的。《辩护书》把责任推到耶稣会等反新教势力上，但没有指责皇帝或国王。例如："我们的目的绝不是反对最尊贵的皇帝陛下"，"我们相信亲爱的本地天主教朋友是不会反对我们的，因为我们对破坏《圣诏》者的惩罚是正当的"。

1419年的第一次"掷出窗外事件"宣告了胡斯战争的爆发。图尔恩宣称:"我不是要做你们的领袖,而是要做你们危难中的战友。这场危难不是把我们导向幸福和自由,便是把我们导向光荣的牺牲。若是在决定抛去枷锁时动摇不定,你们的出路就只有一条——死在刽子手的手中。"起义者(也可以说是叛乱者)选举了30名执政官组成临时政府,驱逐了布拉格大主教和布劳瑙修道院长,取缔了耶稣会。

二、精巧的迷宫

捷克鼙鼓动地来

1617年末,皇庭从布拉格转到了维也纳。"掷出窗外事件"的消息来得太突然了。马提亚很清楚,自己当年的让步壮大了新教徒的声势。而斐迪南作为强硬派的总代表,向皇帝提交密信称:"自波希米亚引入异端以来,我们看到的只有暴动、反抗和叛乱。天主教和君主已经表现出了宽容与温和,这些宗派(新教)却越来越强大、越来越暴力、越来越无礼。"但马提亚却仍踌躇不决,也考虑过大事化小。

1618年6月18日,皇帝向波希米亚发表了公开信:"朕无意废除《圣诏》和宗教协议,也不愿任何人这么做……进而言之,朕一贯主张,也仍然主张,保护所有等级的特权与自由。""所有臣民,无论信仰,应停止以言语或行动互相攻击,而应如朋友般和平相处。"同时,皇帝也警告说:"任何人均无理由以地方特权、《圣诏》、条例、自由和法律为托词进行武装。朕亲切地命令你们,解散已征募的军队,避免更多损害和花费,避免平民遭殃。""波希米亚王国的所有士兵一经解散,民兵一经退出,朕就会做出回应,停止朕的征兵活动。如果朕慈父般的警告和正当的命令被无视……朕别无选择,只能采取必要措施保证朕的权威。"总的说来,这封公开信措辞谨慎,留下了很多回旋余地,是典型的官腔。

斐迪南本想借此事件占据政治制高点,与新教一决高下,但马提亚不果断的态度让他失望了。7月20日,他公然逮捕了马提亚的温和派宠臣克列斯尔。到了这一步,斐迪南的野心就暴露了。马提亚不免感慨,自己当年对鲁道夫所做的事,如今又发生在自己身上了——真是"出来混,迟早要还的"。

6月中旬,波希米亚议会写信向新教同盟求助。新教诸侯的反应是什么呢?信奉路德派的萨克森选侯约翰·乔治说,他虽同情波希米亚的事业,但叛乱是件严重的事。有人问他该怎么做?他回答说:"去帮忙灭火。"信奉加尔文派的帕拉丁选侯腓特烈对波希米亚持鼓励态度，但暂未光明正大地出手。这年夏天，卢萨蒂亚、西里西亚和上奥地利加入了波希米亚阵营①。

很快，由布古瓦和丹皮尔指挥的帝国军开始出发，8月13日抵达波希米亚边境。执政官大惊，向议会提出征收新税、扩大征兵等要求。对于征兵一事，议会并无异议。至于税收问题，在正式讨论之前，议会多数成员就已经故意提前回家了。历史学者萨缪尔·加德纳评论道："不妨将这一日，也就是8月30日，视为波希米亚贵族的自杀日。"

幸好哈布斯堡家族树敌太多，所以波希米亚暂时还不会失败。萨伏伊公爵卡洛·埃曼纽尔派出了由曼斯菲尔德指挥的军队。曼斯菲尔德早年曾为天主教势力服务，但从现在开始，他成了新教阵营的主将之一。他一到达波希米亚，就参与围攻了由天主教势力把守的城市比尔森。大约同时，图尔恩伯爵正在牵制布古瓦的部队。11月9日，在洛姆尼采战役中，图尔恩打败了布古瓦；21日，被围困两个月的比尔森向曼斯菲尔德投降。冬季的到来使战争短暂地平息了下来，但反而给人民带来了更大的痛苦——因为无所事事而又饥肠

⊙ 萨布拉特战役

---

① 1619年夏，摩拉维亚和下奥地利也加入了。

辘辘的军队会疯狂地实施劫掠。在三十年战争中，双方的军队都有烧杀抢掠的恶习。

1619年3月20日，马提亚驾崩。6月5日，图尔恩打到了维也纳城下。斐迪南就在城内，他在叛军的威胁前始终坚守城池。不久，丹皮尔的骑兵奇迹般地前来救驾，而波希米亚军由于缺乏粮草和弹药，又未能如愿看到城中发生内乱，最终悻悻而退。6月10日，曼斯菲尔德在萨布拉特战役中被布古瓦打败。同时，萨伏伊公爵与波希米亚的通信在战场上被缴获并公之于众，公爵感到有损颜面，遂不再提供支援。虽然形势有所逆转，但叛乱仍处于扩大阶段。7月31日，波希米亚与其属地（西里西亚、卢萨蒂亚、摩拉维亚）签订了邦联条约，不久又与上奥地利和下奥地利签订了联盟条约。8月22日，邦联宣布废黜国王斐迪南。

腓特烈称王

8月26日，坚持选君制传统的波希米亚决定将王位授予帕拉丁选侯腓特烈五世。腓特烈早就开始为叛军提供经济和武器支援，但王位一事非同小可，他犹豫了许久。无论是接受还是不接受，理由都是充分的：接受的话，会导致帕拉丁卷入一场必定扩大的战争；不接受的话，波希米亚一旦崩溃，其他新教邦国难保不会沦为天主教的目标。

据说，波希米亚曾经考虑过5个王位候选人：丹麦国王、萨克森选侯、萨伏伊公爵、特兰西瓦尼亚亲王、帕拉丁选侯，但最后偏偏选中了腓特烈。他才23岁，缺乏政治和作战经验；虽然他有一块领地（上帕拉丁①）与波希米亚接壤，但他很少来到这里。有人评论道："此人从未目睹过战场，连死人都没见过……更加了解园艺而非战斗。"但腓特烈也有个"优点"，就是人脉广泛，例如英格兰国王詹姆斯一世是他的岳父，荷兰军事家莫里斯是他的舅舅。捷克人认为这张复杂的关系网意味着足够的援助，而他自己也有点儿飘飘然了。他的妻子和克里斯蒂安②都怂恿他接受王位，但他的母亲、詹姆斯一世、萨克森选侯、巴伐利亚公爵都劝他不要接受这个自讨苦吃的差事。在矛盾的建议中，腓特烈做出了一个年少轻狂的选择——接受波希米亚王位。他的母亲悲伤地说："他正在把帕拉丁搬到

---

① 上帕拉丁（Upper Palatinate）：位于巴伐利亚与波希米亚之间，与帕拉丁选侯的主体领地——莱茵帕拉丁（Rhenish Palatinate）在地理上不相连。

② 克里斯蒂安：是安哈尔特亲王，兼上帕拉丁总督，也是新教阵营的得力干将。他曾狂言："当匈牙利、摩拉维亚、奥地利和西里西亚都在我们这边时，除了在波希米亚、巴伐利亚和一些主教区，哈布斯堡家族就再无抵抗我们的力量。按常理说，我们将会强大到不仅能够抵抗它们，还能改革整个宗教界，让其臣服于我们的信仰之下。"

○ 腓特烈五世

波希米亚。"

这是三十年战争由地区冲突转向欧陆混战的一个关键步骤。一时间，欧洲政坛议论纷纷。教皇不无讽刺地说道："他（腓特烈）让自己陷入了一个精巧的迷宫中。"科隆大主教兼选侯忧心忡忡地写道："如果波希米亚人真的打算撇开斐迪南并选立一位敌对国王，那就准备打一场20年、30年或40年的战争吧。因为西班牙人和奥地利皇室①宁可调动他们在世界上拥有的一切，也不愿放弃波希米亚。"巴伐利亚公爵马克西米连愤愤不平地写道："波希米亚乱局显然是为了消灭天主教信仰。因为帝国内的异端选侯与诸侯如今把波希米亚王冠完全从奥地利皇室夺走了，以便交给一个异端分子，从而在选举团体内占据多数，这样就能选出一位异端皇帝。"萨克森公爵兼选侯约翰·乔治也是新教徒，但他警告腓特烈：不要指望能战胜哈布斯堡。

特别需要强调的是，并非所有的波希米亚新教徒都是支持造反的。当地一位新教徒曾写道："我们违背了誓言，把代表国王前来的贵人抛出窗外，没有让他们祈祷，更别说让他们自我辩护了。皇帝马提亚和国王斐迪南仍然赐予我们和平、宽容、权利、特权和法律解决的途径，我们却不愿意听从他们……无论输赢，我们的命运都将是沉重的。如果我们赢了，曾经帮助腓特烈的人将会饥渴地寻求土地和金钱，代价则由我们承担；如果我们失败了，就要承受皇帝的怒火。我们还有什么好期待的？"

11月7日，腓特烈举行加冕礼后，为了阐明立场，他发布了一篇文告，解释了接受王位的原因：

1. 我感受到了上帝在整件事中奇迹般的存在与坚定的作用，因此我既不能也不应该反对上帝的旨意与召唤。况且我完全相信，波希米亚王国及其属地的诸等级有很多重要的、既定的、合法的、充分的理由使政府发生设想中的更迭，以便更可靠地确保他们古老的自由权利。

2. 同时，我进一步考虑，若对此神圣使命置之不理，那么我大概会因后续的

---

① 奥地利皇室：即哈布斯堡皇室，下同。

流血牺牲和国土毁灭而受责备——尤其是被福音宗教①的信徒们责备。如果对手成功地达成目的（包括对波希米亚国家及其同盟的压迫），我就给了对手把武力转向我及帝国内其他福音邦国的机会。

3. 此外，我不得不权衡并考虑，如果可贵的波希米亚王国——它毕竟是帝国中的可敬一员和抵御外部国家的壁垒——没有立即得到援助，它及其属地恐已落入其他外部势力之手，并完全与德意志民族的神圣帝国脱离。我既不能也不该允许这种事发生，不仅仅因为我对深爱的祖国——帝国所拥有的责任和忠诚，也因为帕拉丁选侯家族和波希米亚王国之间古老而传承的联盟。

他是这样平息帝国诸侯的疑虑的：

我在上帝面前以良心作证，我向来完全满足于选侯地位和继承而来的伯国与领地。因此，我不求高升，也不曾尝试以武力或其他任何行动获取波希米亚王位，这一事实已由选举我的各等级公开见证，并将继续见证。而且，鉴于目前悲惨的局势，我也没理由这么做。接手一个沦于此种境地的王国比拒绝一个和平的王国更需要下大的决心。如果放弃王位将使这场罪恶的战争得到制约，使可贵的和平真正到来，或者使整个罗马帝国②完全得救，那么，我不仅将完全放弃波希米亚王位，也乐于尽最大努力实现这样的和平。

帝国反击战

现在我们再来看天主教一方。图尔恩的维也纳之围解除后，斐迪南立刻赶往法兰克福参加神圣罗马皇帝的选举（斐迪南作为波希米亚国王，有一票之权，可以投给自己）。等他当上皇帝后，掌握的力量只会比现在更加强大。最后，他全票当选，这一天是8月28日，即波希米亚选择腓特烈的两天后。奇怪的是，腓特烈居然也投了斐迪南一票。

据说，萨克森选侯约翰·乔治曾提议：此时波希米亚不在斐迪南之手，因而他不能以波希米亚国王身份参与投票，等波希米亚问题结束且他重获王位时才能进行选举。该提议本来可以赢得路德宗和加尔文宗的合作，但腓特烈不信任萨克森选侯，导致约翰·乔治怒

---

① 福音宗教：指新教。
② 此处的罗马帝国是指神圣罗马帝国，下同。

而支持斐迪南。腓特烈既提不出合适的候选人，也不希望被众选侯孤立，为了求稳起见，也只能选择斐迪南。

斐迪南从法兰克福来到巴伐利亚的慕尼黑，在西班牙大使奥尼亚特的协助下，与马克西米连公爵（天主教联盟的盟主）讨论合作事宜。10月8日，双方签订了《慕尼黑条约》，斐迪南得到了天主教联盟的支持，而公爵有权在奥地利获得战争所需的补偿。马克西米连想要的还不止这点儿特权，他还要获得帕拉丁的领地以及选侯资格（当然，这是后话了）。

新教诸侯的态度又如何呢？6月，新教同盟会议决定召集军队，但仅限于自卫。11月的另一次会议上，支持腓特烈接受王位的人寥寥无几。英格兰国王詹姆斯一世对女婿的冒险活动也没有太多兴趣，他更愿意充当调停者。萨克森选侯虽信奉新教，但对腓特烈称王也颇有微词，因为得到了波希米亚就等于多了一个选侯资格。一人持有两票，未免太便宜腓特烈了。

腓特烈接受波希米亚时，形势恰好有所好转，这也许更让他相信自己是神的宠儿。11月，特兰西瓦尼亚亲王拜特伦·加博尔率军横扫匈牙利，并与图尔恩联手，再次围攻维也纳。12月，奥斯曼土耳其也提供了军事援助。

第二次维也纳之围时，西班牙大使奥尼亚特也在此处，并向国内发回了急件。其实，"掷出窗外事件"后不久，西班牙就开始向皇帝提供资金。但西班牙也有自己的苦衷：如果不援助的话，新教就有望控制住神圣罗马帝国、削弱哈布斯堡的势力，并在地缘上威胁西班牙在意大利和尼德兰的利益；如果援助的话，又可能会陷入一场与西荷战争同样旷日持久的冲突。但是，维也纳第二次被围攻的消息传来后，西班牙开始考虑进攻莱茵帕拉丁（也就是腓特烈的老家），这有助于解除维也纳的燃眉之急，并能预防前去打击波希米亚的帝国军遭到帕拉丁的背后袭击。最后，西班牙决定派遣由斯皮诺拉率领的2万士兵，自尼德兰南下帕拉丁。这是

⊙ 三十年战争中的各种暴行

三十年战争从地区战争转变为欧陆战争的另一个关键步骤。

有趣的是,由于信息传递的滞后,当这个决定做出时,维也纳之围已解。11月底,拜特伦·加博尔得知波兰进军匈牙利,切断了他与特兰西瓦尼亚的联系,遂不得不及早撤军,随后图尔恩也回到了波希米亚。加博尔的远征如同无源之水,因为他缺乏供养军队的经济基础。大约同时,波兰与土耳其之间爆发了冲突,这导致后者也难以参与多瑙河以北的事务。

12月5日,斐迪南在一封写给萨克森选侯的信中描述了奥地利遭遇的战争创伤:

> 最近几周,拜特伦·加博尔和图尔恩伯爵率骑步兵开往首都维也纳……犯下了世所罕见的弥天大恶与反基督的暴行。数日前,敌军已撤退,但匈牙利人[1]已经毁坏、劫掠、焚烧了驻扎之处的一切。据说,匈牙利人把人们的财物抢得精光,为了寻找钱财而让他们承受闻所未闻的折磨;把一大批人掳为俘虏,抓走了无数12岁至16岁的小伙子;折磨孕妇和其他女性;还杀死他们,一路上死尸遍地……通过这种手段,依靠这种盟友,图尔恩认为他能够拯救新教的自由。

在斐迪南看来,拜特伦简直就是个野蛮人。不过拜特伦自己认为:"高贵的匈牙利——我乐于为之牺牲的祖国遭到了冠冕堂皇的国王和主教的百般凌辱,这就是一切原因之所在。"不管拜特伦的目的如何,他的活动在欧洲始终只有局部影响力。

三、白山枪炮震天响

孤家寡人

1620年1月29日,斐迪南颁布公告,宣布腓特烈的当选非法无效。在公告中,斐迪南花了大量篇幅表明自己的清白无辜,并谴责波希米亚的叛乱行动。值得一提的是,公告也在刻意激发全体诸侯的危机感:"我对来自所有诸侯的全力拥护和支援满怀信心,因为他们也都受到了这种可恶案例[2]的威胁,由臣民发起的同样的背叛也有可能发生在他们身

---

[1] 拜特伦的军队中有大量匈牙利人,他本人也曾被"非法"选为匈牙利的国王。
[2] 指波希米亚叛乱。

上。"斐迪南的确抓住了诸侯也想维护自身统治的心理。

斐迪南充分施展了他的外交手腕：对法国国王，他说战争是宗教性而非世俗性的，因为此时的法国也受到了新教徒（胡格诺派）的困扰；对萨克森公爵，他说战争是世俗性而非宗教性的，因为他考虑到公爵担心新教徒会遭到反攻倒算。随后，西班牙、教皇、热那亚、托斯卡纳都提供了不同形式的援助。3月，在米尔豪森会议上，萨克森的利益得到了保证，约翰·乔治就这样加入了皇帝一方。顺带说一下，此人在三十年战争中的立场变化了多次。当强大的古斯塔夫二世作为"新教救星"出兵德意志后，这位萨克森公爵又返回了新教阵营。

7月3日，在法国的撮合下，巴伐利亚的马克西米连（天主教联盟盟主）与安斯巴赫的约阿希姆（新教同盟军代理指挥官）签订了《乌尔姆条约》：为了"避免误解"并"促进两个同盟间的良好信任"，双方应当"坚持公正而无瑕的和平、安定与团结"。该条约所说的"和平"隐含了一层意思，就是让新教诸侯"各人自扫门前雪，莫管捷克瓦上霜"。所以，该条约实质上是有利于斐迪南和天主教联盟集中精力打击波希米亚的。

天主教阵营需要留意的是英格兰与荷兰。这两国确实向腓特烈提供过支持，但它们自己国内尚有问题需要应对，因而，过多地卷入一场远在天边的战争是不明智的。一位荷兰使者曾对德意志新教代表说："相信我，波希米亚战争将决定我们所有人的命运，但主要是你们的命运，因为你们是捷克人的邻居。我们暂且寻找各种途径帮助你们，不过我们已经遇到了很多困难。"英国国王詹姆斯对其女婿保持着一种若即若离、不冷不热的态度。9月25日，腓特烈的妻子伊丽莎白·斯图亚特因对其父王的态度非常不满，便写信给弟弟查理（就是未来在英国革命中被处决的国王查理）诉苦：

> 我亲爱的弟弟，相信你已听说斯皮诺拉在下帕拉丁①夺取了一些城镇。我写这封信打扰你，是真诚地请求你说动陛下来支持我们。实话对你讲，他的态度导致了同盟诸侯同样的态度，后者的军队无所作为。父王曾说过不会让帕拉丁被夺取，而现在就是前所未有的危急时刻。

下半年，在数万天主教大军的打击之下，上奥地利不得不回到皇帝的怀抱，下奥地利在此前就已经认输；同时，在北线，萨克斯公爵出兵卢萨蒂亚，并最终夺取了该地；在西

---

① 下帕拉丁：即莱茵帕拉丁。

线，斯皮诺拉正在蹂躏莱茵帕拉丁领地。不争气的腓特烈眼睁睁地看着狂风暴雨而手足无措。捷克人欢呼雀跃地选他为王，本来是指望能够壮大实力，但他们失望了——腓特烈绝非扬·杰式卡[①]。布拉格人哼起小曲，嘲讽腓特烈饮酒作乐和调戏妇女的能力高于领兵打仗。新国王不仅自己的能力一般，更没能带来天下新教徒的云集响应。而且，单从民族属性来看，腓特烈在捷克人眼里与斐迪南一样都是外国人。

腓特烈还实行了一些不得人心的措施：他的亲加尔文派政策伤害了路德派的感情；他变卖了鲁道夫二世收藏的艺术品，其中很多是被官员私吞了；他重用他所信任的安哈尔特亲王和霍恩洛厄伯爵，引起了图尔恩和曼斯菲尔德的腹诽；曼斯菲尔德的雇佣军劫掠成性，引发了农民的反抗。还有一则轶事说：有一次腓特烈叫波希米亚贵族召开晨会，结果贵族们认为睡不成懒觉触犯了他们的特权。

白山战役

马克西米连挥师波希米亚，并与布古瓦会师，一起攻城略地。11月5日，位于拉科尼茨的帝国军开始拔营，下午1时左右便被波希米亚军察觉。腓特烈召集了主要指挥官，并问安哈尔特亲王克里斯蒂安如何应对。克里斯蒂安建议向布拉格进发，因为无论对于哪一方而言，这都是最重要的军事目标。此时图尔恩伯爵插话了，他打赌说敌人无意进入戒备充足的布拉格，而是会先打下周边村落，再逼迫布拉格投降。然而，夜幕降临后，波军就已经摸清了帝国军的意图。他们决定让图尔恩父子趁夜赶往布拉格，而腓特烈也将于次晨率军前去。尽管路途漫长而艰辛，波军仍先于帝国军半日到达离布拉格2里格[②]的一座村庄，此时是11月7日。正午时分，腓特烈也到达了此处。

克里斯蒂安下令安顿军队，而腓特烈决定进入布拉格城中。腓特烈一离开，帝国军就出现了。帝国军正迅速扑往布拉格，却惊讶地发现波军已抢先一步出发了。克里斯蒂安立刻派500名火枪手保持一条道路的通畅。晚上8时，全军开始夜行，次日凌晨1时就到达了布拉格城前的白山。白山并不巍峨，也不崎岖。整座山有一英里（1英里≈1.6093公里）长。山顶有一块坡度较缓的平坦地带，波军正是在此处安营扎寨，等待破晓。

[①] 扬·杰式卡：胡斯战争期间的波希米亚名将，是捷克人民心中的民族英雄。

[②] 里格（league）：长度的测量单位，现在已很少使用。1里格原本是指步行1小时的路程。在英语中，1里格一般被视为3英里。

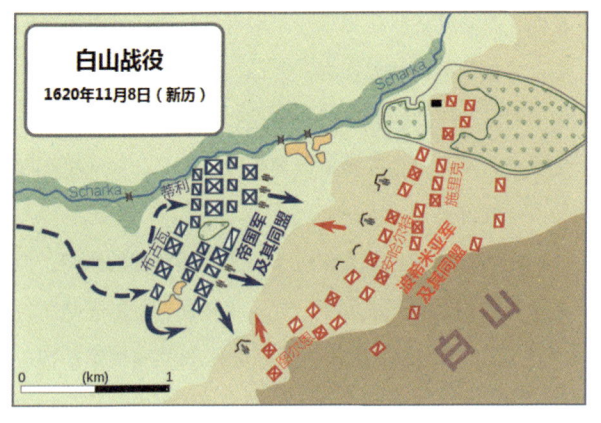

⊙ 白山战役示意图

11月8日，星期天，晨雾弥漫。雾散后，波军把右侧"星辰宫"①与左侧斜坡间的地带选为战场，并占据了高地。霍恩洛厄伯爵下令部队列好阵型。克里斯蒂安相信敌人只能从前方发起进攻。他也征求了图尔恩的意见，因为后者对此地非常熟悉。图尔恩也认为这是最佳防御地点，并把他儿子的部队从布拉格召来战场。

帝国军一直在尾随波军，约9时，其前锋也到达了白山。由于波军驻扎在最合理、最舒适的地带，在四周建立了壕沟，而且从布拉格可以随时补充人马，帝国军正在努力思索应对之策。一开始，他们曾计划把布古瓦的军队布置在朝向布拉格的一侧，以便引蛇出洞，但当时的意见分歧非常大。这时，一个名叫拉莫特的胸甲骑兵指挥官到来了，他已探明了波军的防御工事，并发现其不是特别坚固（另据克里斯蒂安的回忆，当时波军的铲子不够用）。一获悉这一重要情报，帝国指挥官们一致同意立刻进攻。这天早晨，帝国军的祈祷文中有"恺撒的归恺撒"一语，而"恺撒"正是皇帝之意，他们认为这是神的暗示（原句可参阅《新约》中的《马太福音》和《马可福音》）。天主教联盟的旗帜上绘有圣母像，马克西米连遂以"圣母玛利亚"为口号。

关于双方的兵力，《欧洲舞台》②提供了两个版本的数据。第一个版本是："康斯坦丁努斯·佩雷格里努斯③的报告称，帝国军队不超过1.2万，因为约6000步兵和2000骑兵不在场，一些参与了玛拉达斯和华伦斯坦的战役，另一些外出寻找补给。在波希米亚营中，不计入匈牙利人，也不超过2万人作战。"第二个版本是："很多人写道，在交战之前，波希米亚军有约3万人；帝国军，包括巴伐利亚人和波希米亚当地人在内，超过5万人。"

---

① 一座王室的避暑别墅。

②《欧洲舞台》(Theatrum Europaeum)：1633年至1738年间出版的期刊，涉及了德语国家的历史，有大量关于三十年战争的同时代记载。

③ 可能是一位帝国官员。

克里斯蒂安的回忆称："我们的骑兵和步兵不超过 1.5 万有效兵力，约 5000 人留在布拉格（多数违反了命令）。夏季和秋季，很多人在奥地利染病了。其他人被遣走了，或是在行军途中掉队了。"

在帝国一方，巴伐利亚方面军位于左翼，由约翰·采克莱斯指挥，他就是大名鼎鼎的蒂利伯爵；奥地利方面军位于右翼，由布古瓦指挥。蒂利把军队分成 3 大列，每列基本相同，都是骑兵、火枪手和长矛兵的搭配：每个长矛方阵的 4 个角都搭配有火枪队方阵，步兵方阵之间插入了骑兵方阵。波希米亚军队的布置与此类似。

大约在中午 12 时和下午 1 时之间，战斗爆发了。

敌人的前锋在迅速突进，克里斯蒂安能够看见一大股骑兵和两营步兵（奥地利军和巴伐利亚军各有一营）直奔而来。他们来得太快，队形似乎变得散乱起来，而波军正秩序井然地坚守阵地。虽然波军的人数不及敌人，但后者由于道路拥挤而暂未发觉这一点。同时，波军的火炮正在侧击帝国军。克里斯蒂安当时颇有信心地认为："布古瓦伯爵是一位经验老到、头脑精明的指挥官，从来不会在这种情形下开战。这使我确信我有希望获胜。"

接下来却发生了不妙的状况。据克里斯蒂安回忆，当帝国军距离图尔恩的步兵有三四百步时，波军士兵开始不顾命令地胡乱射击，甚至开始逃跑。克里斯蒂安评论道："上帝以神的智慧考量人类的活动，对我们的不虔诚和冒犯表示愤怒。一定是上帝取走了我方士兵心中的勇气，否则难以令人相信，如此突如其来的、消磨斗志的恐惧吓倒了这么多人，尽管之前我看到他们都恪尽职守。"即便如此，克里斯蒂安仍然对堂兄弟索尔姆斯伯爵说："纵然开局不吉，我仍然希望有积极的结果。"

斯蒂鲁姆伯爵与曼斯菲尔德的部队[①]冲向了"星辰宫"一侧的敌军火枪手。斯图本沃尔上校也领导了两三次漂亮的冲锋。克里斯蒂安领导由奥地

⊙ 白山战役的场景

---

① 曼斯菲尔德本人不在场，却留下了一个团供斯蒂鲁姆伯爵调遣。据说，曼斯菲尔德因与霍恩洛厄不和而前往了比尔森。

利人组成的骑兵发起冲锋，他们表现得也不错。他还命令西里西亚部队进攻，他们的表现虽然出色，但遇到的抵抗也非常大。海因里希·冯·施里克的摩拉维亚团以及佩希曼中校的5个步兵连队坚持到了最后。索尔姆斯和布卜纳伯爵虽在战斗，但有气无力。战斗进行了半小时，结局仍不明朗。克里斯蒂安之子率领骑兵，把敌人打退到他们布置火炮之处。他的英勇奋战似乎让敌军开始动摇。后方的两个帝国步兵团（布洛伊内团和提芬巴赫团）心生胆怯，开始混乱地后退，布洛伊内上校也被俘了。

见到这番情景，蒂利令克拉茨上校率500骑兵打击小克里斯蒂安，这支骑兵是由忠于哈布斯堡的波希米亚人组成的。同时进攻波军的还有列支敦士登亲王与鲍尔上校。战争至此已经开始转折。小克里斯蒂安的骑兵被完全击溃，他本人也被打下马，曾两度负伤，终被威廉·维尔杜哥（帝国军的一个团长）所俘。布洛伊内上校获释。维尔杜哥还缴获了一条英格兰嘉德勋章的缎带（原属腓特烈），献给了马克西米连。

帝国军正在重整队形。而另一边，由于老克里斯蒂安没有骑兵增援，也由于敌人的很多部队开始返回战场，他不敢逗留，而是撤到通往布拉格的干道上。波军中的匈牙利人意识到战败后，惊恐不已地跑下山去。魏玛公爵威廉四世试图阻止，要求匈牙利籍上校科尔尼斯坚守阵地。科尔尼斯用拉丁语回答道："德意志人正在逃跑。"意思就是，你们德意志人能跑，我们匈牙利人凭什么不能跑。公爵也用拉丁语回复说："他们在晚上是德意志人，但是到了白天就跟匈牙利人一样。"这句话的意思是说，德意志人本来不是这样的，正是因为白天跟你们匈牙利人一起打仗，才被你们的逃跑带坏了。但科尔尼斯并不太懂这句话的意思。魏玛公爵还对一位逃跑的军官吼道："不回去我就打爆你的头！"但公爵很快就会感到力不从心，因为波军已经完全陷入混乱，每个人都在逃命自保。而在同时，马克西米连公爵、布古瓦伯爵等人以极大的战斗热忱率军冲入了波军大营。

战役持续了不超过一小时，胜负已定。巴伐利亚人缴获了7门重炮，帝国军缴获了3门，图尔恩伯爵、斯蒂鲁姆伯爵、魏玛公爵等被俘。根据《欧洲舞台》期刊的描述："关于波希米亚一方的阵亡人数，书面记载多有分歧。但最可靠的说法是9000左右，其中6000人是在实际的交战过程中被杀的。"至于剩下的3000人，一些是在逃跑中被杀，尤其是在星辰宫内（很多人躲在此处），其他一些（多数是匈牙利人）则是在河中溺亡的。这里的波军阵亡数偏高。查尔斯·特鲁的《三十年战争史》认为波军的阵亡人数是4000。《欧洲舞台》还记载道："在帝国和巴伐利亚一方，超过250人阵亡。"

霍恩洛厄和图尔恩跑进布拉格，请求腓特烈向马克西米连提出24小时的停火。马克西米连只给了8个小时——这已经算是格外开恩了。夜晚，腓特烈识趣地带着妻儿溜之大吉，随行的还有霍恩洛厄、图尔恩、克里斯蒂安。腓特烈在冬季加冕，在冬季逃亡，在位短短一年，得一诨号为"冬王"。

1621年1月，老克里斯蒂安提交报告，向腓特烈解释了失败的原因。除了宗教信仰因素外，他指出了两个重要原因：1. 士兵待遇糟糕、军饷不足，缺乏战斗积极性；2. "我方最糟糕的失误在于大部分骑兵没有恰当作战。我经常解释给他们听：恰当的方式是摒弃面对敌人时采用半回旋战术①的坏习惯。听从我建议的人虽败犹荣，其他人则败得可耻。"

战后处理

次日，马克西米连进入了布拉格城。居民们表达了恭顺之意，但要求赐予他们3天的考虑时间。马克西米连明确表示：别说3天，3个小时也不行，布拉格必须立刻投降。同时，他也命令两个团保护城市免遭劫掠，并且禁止任何士兵擅自离营，违者处决，维持不了军队秩序的军官与之同罪。

下午，马克西米连进入王宫。议会派数名代表前来拜见，并提交了5点要求：1. 宗教仍予自由；2. 特权仍应保留；3. 士兵们不得施暴；4. 实行大赦；5. 士兵不得留宿。马克西米连起初对此表示同意，把几名议会代表感动得热泪盈眶。

10日，为了让逃至城中的散兵游勇离开布拉格，谈判开始了。海姆豪森是马克西米连派出的谈判代表，他宣布："根据命令，尊贵的巴伐利亚公爵殿下有权打击叛乱分子。他几乎没有饶恕反贼的理由。然而，由于你们希望得到通行证以便撤出此地，那就宽恕你们吧。你们可以安全离开，条件是立刻就走。"但这些士兵说："我们愿意接受通行证并自由地撤出，但条件只能是先拿到被拖欠的薪水。等级议会雇用了我们，公爵殿下应当命令议会支付薪水。不满足这个条件，我们就不考虑离开。"海姆豪森回答道："议会雇用军队对抗国王是非法的，而这些军队被我们视为敌人。如果不自愿撤出，公爵殿下将会不遗余力地讨伐你们。"听了这番强硬的表态，这些雇佣兵最终老老实实地撤出了。

同一日，布拉格人被要求向斐迪南二世效忠。波希米亚诸等级强调，他们的自由和特权应当重申。这时，马克西米连改口了。他说，由于波希米亚发动了叛乱，走上了不归路，所以现在不必再言特权，况且皇帝也没有授权他讨论这类政治问题。因此，诸等级应当无条件地立即臣服，想要自由的话以后再去跟皇帝谈。

---

① 半回旋战术：连续几排骑兵，第一排向敌人开枪，随后绕至最后一排装填弹药，第二排、第三排等以此类推。在白山战役中，克里斯蒂安力图阻止骑兵采用半回旋战术，而是让他们进行冲锋。

⊙ 旧城广场的处决

斐迪南宁要一片荒漠，也不要一个充满异端的国家。皇帝拿着《圣诏》的原件恶狠狠地说："就是这些涂鸦导致了所有的闹剧！"他把《圣诏》撕成碎片，烧为灰烬。他推行强力的反宗教改革措施，借反新教之名钳制文化，耶稣会士重新回到了这片土地上，大量新教贵族和知识分子流亡国外（例如近代教育学之父夸美纽斯），他们的财产被涌入波希米亚的新贵瓜分。

1621年1月29日，腓特烈被置于"帝国禁令"之下，领地和爵位被宣布取消。这又引起了一番议论，因为斐迪南曾许诺过未经合法审判就不会实施禁令。据说，他争辩道："这一许诺只适用于罪行存疑的情况，而腓特烈的罪行是有目共睹的。"

同年6月21日，典雅的布拉格旧城广场变成了血淋淋的刑场，最恶劣的处决正在执行。在行刑的早晨，死囚们穿上了新衣服。当他们聚在一起祈祷时，城堡里的炮声响了，这宣告着杀戮仪式的开幕。每个人步入刑场时都在祝福其他人，也得到了其他人的祝福。

第一个被处决的是贵族约阿希姆·冯·施里克，他大声喊道："千刀万剐之后，看看我的肺腑，你们会发现，除了对自由和信仰的热爱之外，我一无所有。腓特烈战败了，斐迪南胜利了，但战争的结果没有让斐迪南变得高尚，也没有让波希米亚变得卑鄙。"看着天上初升的太阳，他继续说道："有朝一日，人们将会看到正义的日出驱散世间的黑暗，"短暂地祈祷后，他上了断头台。

第二个殉难者是瓦茨拉夫·布多瓦，他对法官说道："你们渴望我们的鲜血久矣。现在，我终于能让你们解渴了。我宁愿自己死去，也不愿意看到我的国家死去。"

9个小时的行刑带走了27位受难者，包括3名贵族、7名骑士和17名市民[1]。白山战役后的300年间，哈布斯堡王朝牢牢控制着波希米亚。这段时期往往被捷克的民族主义者

---

[1] 不是所有参与过叛乱的人都被处死了，海因里希·冯·施里克后来转信天主教并加入了帝国军，被俘的小克里斯蒂安在1622年获释，佩希曼、斯图本沃尔后来也加入了帝国军，霍恩洛厄通过关系获得了皇帝的宽恕。

视为黑暗岁月。直到1918年一战结束，捷克人民才有了自己的独立国家。

腓特烈的幻灭

白山战役后，斐迪南的地位还不算完全稳固。曼斯菲尔德仍然带着一帮雇佣军到处流窜，还在上帕拉丁吸收了新教同盟解体后的很多散兵游勇。拜特伦·加博尔在匈牙利再度发难，布古瓦因此战死。腓特烈也不准备认输，他总有一种能够翻盘的错觉。

1621年，西班牙与荷兰间的12年休战期结束，斯皮诺拉去西属尼德兰防范荷兰，却留下了一部分军队继续征服莱茵帕拉丁，由科尔多瓦指挥。短暂的美因茨停火协定（4月至7月）期满后，科尔多瓦立刻围攻弗兰肯塔尔（莱茵帕拉丁的三大堡垒之一，另外两个是海德堡和曼海姆）。同时，蒂利轻松占领了上帕拉丁，并奉命追击曼斯菲尔德，但后者为避免交战，而渡过了莱茵河，进入了阿尔萨斯，夺取了阿盖诺。通过抢劫获得给养后，曼斯菲尔德向莱茵帕拉丁进发。腓特烈乔装打扮，加入其中。

如果单凭人数就能决定力量的话，那么1622年春就是腓特烈的军力最强大的时候。曼斯菲尔德征召了瑞士和法国的新教徒士兵，多达4.3万人；在南方，巴登-杜尔拉赫边区伯爵乔治·腓特烈蠢蠢欲动；在北方，不伦瑞克-吕内堡公爵克里斯蒂安躁动不安。伯爵、公爵两人都准备加入腓特烈一方，遂向帕拉丁方向进发。不伦瑞克-吕内堡公爵同时也是哈尔贝施塔特的主教，但他丝毫没有神职人员的样子，反倒更像一个唯恐天下不乱的冒险家。

⊙ 蒂利在1620年至1623年的行军路线

如果曼斯菲尔德与这两人的军队会师，那么蒂利即便与西班牙军联合，在人数上也是相形见绌。但蒂利的优势在于：1. 他处于某个中间位置，有机会阻止三股势力的合流；2. 他的士兵战斗经验丰富；3. 他的士兵虽然也烧杀抢掠，但蒂利能够较好地控制他们。

但蒂利也遭遇了一次小挫折。曼斯菲尔德与巴登 - 杜尔拉赫边区伯爵会师不久就打了一次胜仗,这又为腓特烈带来了不切实际的希望。1622年4月27日在明戈谢姆爆发了战役,蒂利军中的一名士兵记录道:

> 我们早早地据有战场,曼斯菲尔德被我军从维斯洛赫追到明戈谢姆,这是一个美丽的村庄,但被曼斯菲尔德付之一炬。我们奉命率团经过燃烧的村庄。我军第一个中队一到达战场,隐藏在一座山后的数个骑兵团就攻击我们。我们被打得太狼狈,只得再经由燃烧的村庄撤退。由于大火和高水位(不久前,乌云就像爆裂一般,下了一场暴雨①),我们不能反击,不得不停下来,直到晚上。

腓特烈一方虽然胜利了,但这不是一场决定性的战役。蒂利退往温普芬,与科尔多瓦率领的西班牙军联合。此时,曼斯菲尔德与巴登 - 杜尔拉赫边区伯爵各有各的作战计划,因而产生了矛盾,更何况眼下没有足够的补给维持这两家军队。所以,曼斯菲尔德与巴登 - 杜尔拉赫边区伯爵决定各自为战。蒂利和科尔多瓦瞅准了机会,5月6日在温普芬打败了独自行动的巴登军队。接着,科尔多瓦前去对付曼斯菲尔德,后者的军队饥肠辘辘,

⊙ 温普芬战役的情景

① 明戈谢姆位于一条溪流旁,暴雨使之成了沼泽。

无力作战，被打退到阿尔萨斯。

我们有必要说一下腓特烈的立场。当时，布鲁塞尔正在举行和平谈判，他的岳父好心劝他接受停火。由于此时温普芬战役尚未爆发，腓特烈回复说："停战就会让我彻底毁灭。"几天后，温普芬战役让腓特烈尝到了失败的苦果，于是他又同意言和。5月底，他获悉不伦瑞克-吕内堡公爵已经接近了美因河（莱茵河的一条支流），转而又对布鲁塞尔会议表示反对。腓特烈把反复无常的政客作风显露无遗，但问题是，他有相应的实力吗？

6月1日，曼斯菲尔德前去迎接不伦瑞克-吕内堡公爵，途经达姆施塔特。当地的伯爵是路德派信徒，但拥护斐迪南二世，因为他希望在与卡塞尔①的领土纠纷中得到皇帝的支持。曼斯菲尔德不仅像以往那样通过洗劫获取补给，还把这位伯爵抓为俘虏。这种无理之举严重损害了腓特烈的形象。为了攻克美因河上的一座堡垒，曼斯菲尔德耽搁了很多时间。后来蒂利出动军队，把他打退到曼海姆。

由于不伦瑞克-吕内堡公爵很快就会来到美因河，蒂利和科尔多瓦决定将目标转向此人。6月20日，他们在赫希斯特重创了吕内堡军队，但未能阻止公爵率领余部渡过美因河。公爵与曼斯菲尔德会师后，一同撤至阿尔萨斯。就是在这里，腓特烈决定金盆洗手，他在7月13日宣布与曼斯菲尔德和不伦瑞克-吕内堡公爵划清界限。随后，腓特烈在色当待了一小段时间，接着又流亡至海牙。此后，曼斯菲

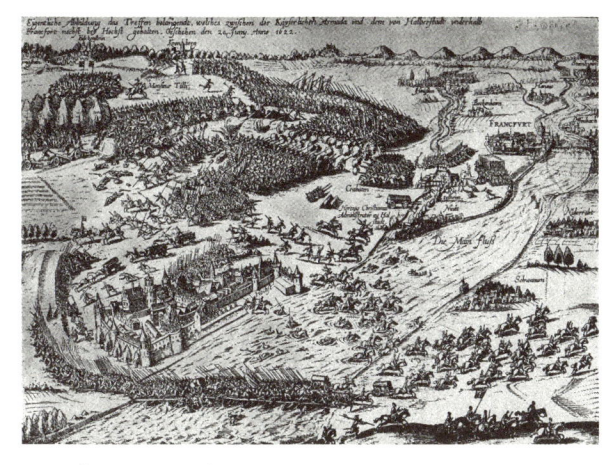

⊙ 赫希斯特战役的情景

尔德和不伦瑞克-吕内堡公爵仍然进行着战争，但不再是服务于腓特烈。

在布鲁塞尔会议上，天主教阵营失去了谈判的兴趣。9月19日，莱茵帕拉丁首府海德堡被蒂利攻下；11月2日，曼海姆陷落。1623年2月，斐迪南颁布敕令，将腓特烈的帕拉丁领地和选侯资格转移给巴伐利亚公爵，三十年战争的第一阶段以天主教阵营的全胜而告终。

---

① 1567年，黑森边区伯爵领地分裂为黑森-卡塞尔、黑森-达姆施塔特等多个部分。

人生大起大落，失魂落魄的腓特烈只能祈祷："愿上帝赐予一个小小的角落，让我们平静度日。"

附录一 大事年表

1555 年，《奥格斯堡和约》签署。

1568 年—1648 年，荷兰独立战争。

1576 年，鲁道夫二世成为皇帝。

1583 年，科隆选侯改信加尔文派，引发危机。

1592 年—1604 年，新教和天主教因争夺斯特拉斯堡主教区而爆发"主教战争"。

1593 年—1606 年，哈布斯堡王朝与奥斯曼帝国在巴尔干地区进行"长期土耳其战争"。

1604 年—1606 年，博赤卡伊领导匈牙利起义。

1606 年，与马提亚签订《维也纳和约》。

1607 年，鲁道夫二世对多瑙沃特实施"帝国禁令"。

1608 年—1612 年，鲁道夫二世与其弟马提亚之争。

1608 年，新教同盟成立；马提亚夺得奥地利、匈牙利、摩拉维亚。

1609 年，鲁道夫二世颁布《圣诏》；天主教联盟成立。

1609 年—1614 年，于利希继承战争。

1609 年—1621 年，荷兰与西班牙的十二年休战期。

1611 年，马提亚成为波希米亚国王。

1612 年，马提亚成为皇帝。

1615 年—1617 年，哈布斯堡和威尼斯之间爆发"乌兹柯克战争"（"乌兹柯克"是为奥地利服务的克罗地亚非正规军）。

1617 年，斐迪南二世预定为波希米亚国王。

1618 年，"掷出窗外事件"发生，三十年战争开始。

1619年，波希米亚废黜国王斐迪南二世，转而接受帕拉丁选侯腓特烈五世为王；斐迪南二世成为神圣罗马皇帝；斐迪南二世与马克西米连签订《慕尼黑条约》。

1620年，《乌尔姆条约》签订；白山战役。

1622年，明戈谢姆战役，温普芬战役，赫希斯特战役。

1623年，腓特烈的领地和选侯资格转让给巴伐利亚公爵。

附录二 克里斯蒂安提供的白山战役前夕的兵力数据

帝国军的兵力估计

（通过侦查和审问战俘而知，1620年10月15日）

步兵	部队	人数	连
1	斯皮内利（那不勒斯人）	2500	31
2	威廉·维尔杜哥	3000	42
3	布古瓦伯爵		
4	富格	1200	7
5	克里安格和科拉提	1200	4
6	布洛伊内	800	5
7	萨克森公爵	1200	10
8	拿骚	1000	10
9	弗斯滕伯格	1000	5
10	提芬巴赫	900	3
11	福克斯	600	3
12	科拉尔托	1000	5
13	绍姆堡	1000	5

总计：15400人。

骑兵	部队	人数	连
1	巴拉萨·德·玛拉达斯	400	10
2	丹皮尔伯爵	250	5
3	佛罗伦萨人	200	5
4	梅绍	300	5
5	洛贝尔	400	5
6	华伦斯坦	800	13
7	戈谢	500	8
8	拉克罗瓦	300	5
9	蒙特库科利	300	5
10	伊斯特尔	300	5
11	波兰人	800	10

总计：4550人。

这就是布古瓦伯爵那时候的兵力。

巴伐利亚军的清单遗失了，但它不少于：步兵8000人，骑兵2000人。

教会从德意志派来的增援：步兵9000人，骑兵1000人。

总计：步兵32400人，骑兵7550人，外加16或18门重炮。

波希米亚国王陛下的士兵

骑兵	部队	人数
1	我的骑兵，由斯特莱夫中校指挥	500
2	霍恩洛厄伯爵	500
3	我儿子	700
4	王室与魏玛公爵的连队	250
5	三个波希米亚连	250

骑兵	部队	人数
6	布卜纳少将	300
7	索尔姆斯伯爵	250
8	西里西亚人	300
9	奥地利人	350
10	斯图本沃尔上校	700
11	波尔塞达上校	300
12	凯恩上校	300
13	曼斯菲尔德	400
14	匈牙利人	5000

总计：10100人。

步兵	部队	人数
1	霍恩洛厄	2000
2	图尔恩	2200
3	卡普里尔	2400
4	摩拉维亚人	2000
5	安哈尔特	1000
6	魏玛	600
7	王室连队	200
8	上奥地利人	600

总计：11000人。

文末说明：

1. 为了行文简便突出重点，本文引用的原始材料（私人书信、官方公告等）多数是缩译。

2. 关于新历和旧历：新历是格里历，1582年由教皇格里高利十三世推行；旧历是儒略历，在17世纪与新历相差10天。由于不同国家采纳新历的时间不同，导致了历史记载的混乱。腓特烈加冕后发表宣言的日期，旧历是1619年10月28日，新历是1619年11月7日；白山战役的日期，旧历是1620年10月29日，新历是1620年11月8日。本文中的日期一般是新历，即现行公历。

征途一万三千里

——苏定方在公元659年

作者：栋背龙

谨以此文，纪念公元659年那场一万三千里的远征，那位古稀之年在高原上拼搏的老将军，和那群用自己的生命书写中国人的英雄史诗的将士们。

一、老将治军

公元659年（唐高宗显庆四年），苏定方按照惯例正在东都洛阳安歇，他刚凭借前年击败西突厥沙钵罗可汗阿史那贺鲁并生擒贺鲁献俘于唐高宗李治面前的战功，得封为左骁卫大将军、邢国公。作为一位当时已经68岁的老人，苏定方应该想不到，自己将要在接下来的一年里，带领大唐的军队从青藏高原的孟达天池，一路征战到海拔3000米的中亚天山，完成一次跨越青藏高原和帕米尔高原的旷世远征。

苏定方，这个名字尽管为许多人耳熟能详，但往往是作为白脸奸臣的形象出现的。拜《说唐演义》《说唐后传》（又名《罗通扫北》）两部演义名著所赐，在演义作品中的苏定方暗箭射死罗艺、乱箭伏杀天下第七条好汉罗成、逼着罗成之子罗通四门冲杀，其形象在民间显然没有什么好评价。笔者在搜集相关资料的时候，曾不止一人对笔者说起"苏定方不

○ 苏定方雕像

就是那个射死罗成的大奸臣吗，有什么好写的"。对此笔者哭笑不得，只是感叹世事无常。作为初唐名将，曾经隳三国、擒三主的苏定方，可能绝想不到在千年以后的小说里却会落得这样一个名声。

苏烈，字定方，冀州武邑人（今河北省衡水市），生于公元591年（隋文帝开皇十一年），卒于公元667年（唐高宗乾封二年）。隋炀帝大业末年，天下群雄并起，各地方也是小的"烟尘"起义不断，苏定方便跟随父亲苏邕征讨当地的"贼寇"。少年苏定方在史书里的评价是"骁悍多力、胆气绝伦"，仅仅十余岁就能驰骋沙场，先登陷阵。在父亲死后苏定方接替父职，带领数千乡勇大破张金称、杨公卿等贼寇，乡亲皆依靠他。之后，苏定方投奔起义军领袖窦建德，被窦建德大将高雅贤收为义子。窦建德被李世民击败后，苏定方跟随高雅贤一起转投窦建德好友兼旧部的刘黑闼帐下，继续与唐朝作战。而苏定方在刘黑闼攻陷城邑的战斗中"每有战功"，刘黑闼、高雅

贤败亡之后，苏定方便返归故乡。

考虑到刘黑闼和唐朝作战的过程中先后攻陷唐朝大量州县，击败唐军包括李世绩[①]、李神通（李渊堂弟）、罗艺、薛万均[②]在内的诸多初唐名将，连作为后世演义小说里罗成原型的骁将罗士信也死于和刘黑闼的洺水围城战，其他诸如李玄通等唐朝将领更是死伤无数，那么在攻城略地里"每有战功"的苏定方肯定在其中扮演了"不光彩的角色"——当然是以唐朝的立场而言。

所以，在隋末历史风云里书写了自己华丽篇章的苏定方很是沉寂了一阵子，直到贞观初年，已近不惑之年的苏定方才重新被启用，任匡道府折冲。一个上府折冲都尉在唐代也不过是领1200兵的四品官，对于从小到大征战无数的苏定方来说，未免格局太小。但是，是金子，到哪儿都会发光。短短4年后，在贞观四年的唐灭东突厥之战里，苏定方率领200弓骑兵作为李靖军的前锋，在碛口（今内蒙古善丁呼拉尔）率先发现了东突厥颉利可汗的大帐。当机立断的苏定方领兵驰杀，颉利可汗仓皇逃窜，李靖也随后赶到，一举击垮东突厥汗国的指挥中枢，奠定了唐对东突厥战争胜利的基础。

但是，不知是"战神"李靖光芒太盛，还是作为窦建德旧部的苏定方出身不正，在唐太宗李世民执政期间，苏定方再无大的战果。直至唐太宗李世民去世，在一般人眼里默默无闻而谥号却是独一无二的"天皇大帝"的唐高宗李治即位后，苏定方才正式开始了

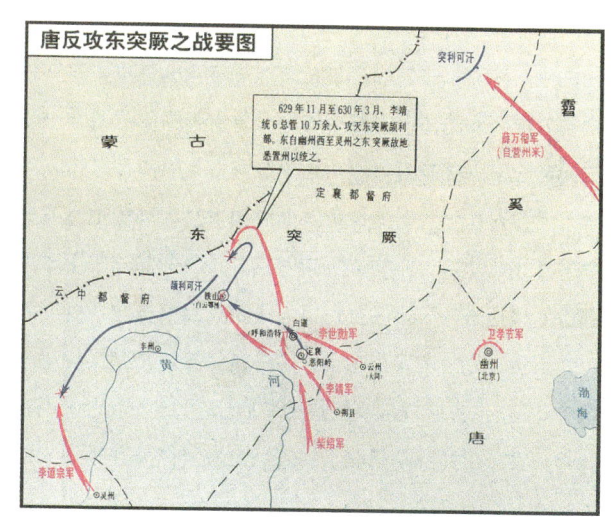

⊙ 唐反攻东突厥之战要图，此战苏定方大放异彩

他最灿烂的一段人生征途，而在这个时候，他已经64岁了。在那个时代，他已经是"耳顺"的老人了。

[①] 即《说唐演义》里大名鼎鼎的"牛鼻子道人"徐茂公，不过正史上的徐茂公并非是道士军师，而是善使长槊的猛将。

[②] 薛万均后来讨伐吐谷浑、高昌，封左屯卫大将军。

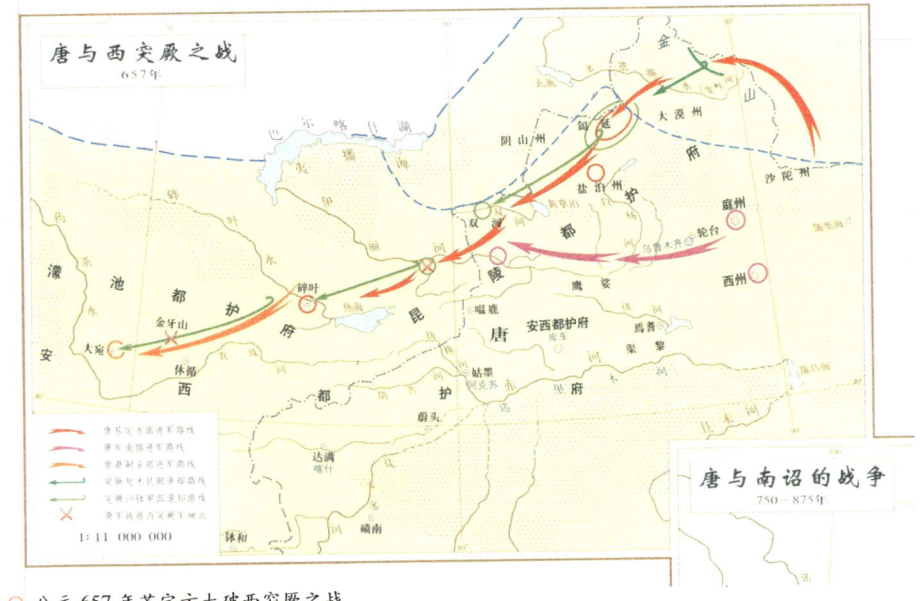

⊙ 公元657年苏定方大破西突厥之战

公元655年（唐高宗永徽六年）春，苏定方跟随李世民时成名的大将程名振征讨高句丽，在贵端水大破高句丽军，斩首千余。

紧接着，同年五月，苏定方跟随程知节①征讨西突厥沙钵罗可汗阿史那贺鲁，于鹰娑川大战（今新疆开都河裕勒都斯河谷）中，带领500精骑趁双方交战正酣时突袭西突厥，一举击溃4万突厥骑兵，追杀20里，西突厥"死马及所弃甲仗，绵亘山野，不可胜计"。但是由于行军副大总管王文度嫉妒苏定方的战功，令唐军采取收缩被动防御的战术，导致此次讨伐西突厥最终无功而回。

公元657年（唐高宗显庆二年）春，苏定方终于能在唐军里独当一面，作为伊丽道行军大总管出征西突厥，在曳咥河之战（今新疆北部额尔齐斯河）中，苏定方带领仅仅万余名唐军，对抗西突厥沙钵罗可汗集中起来的10万大军。是役，苏定方命令步兵占据高地，采取唐初唐军常用的超长矛方阵战术对抗西突厥骑兵的冲击，他自己则亲率汉族精锐骑兵在北方平原列阵，趁着西突厥军多次冲击唐军无果的队形混乱时刻，发动致命一击，大败西突厥，追杀30里，斩首数万。第二天，西突厥各部纷纷投降，只有沙钵罗可汗阿史那贺鲁继续逃窜。时天降大雪，老将苏定方以"月黑雁飞高，单于夜遁逃。欲将轻骑

---

① 即赫赫有名的程咬金。

逐，大雪满弓刀"的气魄追击阿史那贺鲁，在金牙山（今吉尔吉斯斯坦托克马克）大破西突厥，又一路追击到碎叶水（今吉尔吉斯和哈萨克境内楚河），彻底击垮了阿史那贺鲁的抵抗力量。最后，苏定方副将萧嗣业在石国（今乌兹别克斯坦首都塔什干）抓住了阿史那贺鲁。西突厥旧有的领土全部被大唐化为州县，大唐疆域直抵西海（今咸海）。苏定方亲自献俘昭陵，因功封邢国公，迁左骁卫大将军。至此，苏定方终于以他超凡的军事才能，在将星如云的初唐占有了重要一席。

苏定方的成功，除了因为他有"先登陷阵"的骁勇、"攒槊骑突"的谋略、"一无所取"的清节、"大雪直进"的果决等优秀将帅品质外，和他指挥的唐军本身素质极其优秀也是有密切关系的。

一想到唐军，很多人都会联想到"如墙而进，人马俱碎"的唐代"神器"陌刀，或者"随逐水草，驰骋射猎"的轻骑兵。但是唐军在大唐初期东征西讨，足迹遍布从漠北草原到越南丛林、朝鲜半岛到中亚山谷的广大区域，却并不全是仰仗此二物之力。

⊙ 唐军步兵

中国古代兵书浩如烟海，但涉及具体编制、战术细节、平常训练的却不多，大都是"战略学"而非"战术学"。即便有几本试图涉及实际战术的兵书，例如《吴子兵法》和《齐孙子》，也都是残缺严重。如果脱离了出土文物，人们对中国古代战争就处于一知半解的状态。但幸运的是，在杜佑所著《通典》中记载了《大唐卫公李靖兵法》的部分内容，其文的详细务实程度足以称得上是一本"唐军战术教科书"，堪比后世戚继光的《纪效新书》与《练兵实纪》，使我们能一窥唐军的真实面目。而考虑到李靖在初唐无可替代的名将地位，以及苏定方曾在李靖帐下作战，他的具体练兵作战之法很可能就是苏定方所率唐军的战术战法。

根据相关记载，府兵时代的唐军的基本核心编制是"大队"，即3人为一个小队，5小队共15人组成一个中队，3中队共45人，加上队长、队副、文书、2名旗手一共50人，组成一个大队。往上编制则是56个大队组成中军，76个大队组成左右虞侯军，148个大队组成左厢2军和右厢2军，一共是280个大队组成"7军"，辖1.4万名战斗人员，加上

033

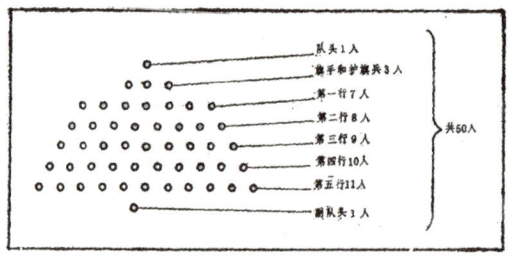

○ 唐军50人大队基础队形

6000名后勤人员，一共2万人组成唐代的一个完整野战军。①

在训练和作战的时候，每大队采取"战锋"的基础阵形，即1名队头（大队队长）在第一排，旗手和2名副旗手在第二排；之后五排，采取7人、8人、9人、10人、11人的梯形配置；队副（副队长）手持陌刀在最后一排，作为军法官随时准备执法，大体成一个正梯形的配置。

这样一个50人大队，装备的武器可以是清一色的长枪、强弩、长弓，也可以装备不同的武器，采取"花队"的形式应付狭窄地形的混战。

而7军各自的基础阵形，则以56个大队的中军为例，以每大队占地10步（1步约合1.5米）、大队与大队之间间隔10步为基本要求，基础阵形如下：

5个"战锋"大队和10个"战队"大队组成第一列；

11个"驻队"大队组成第二列；

10个"奇兵"大队组成第三列，作为机动预备队使用；

20个"骑兵大队"组成侧翼机动力量。

共计36个步兵大队和20个骑兵队，正面展开距离为200～300步，整体成步兵分三列配置、骑兵部署在两翼的阵形样式。而多列配置的队形，方便在战斗中应付各种突发情况，例如敌人新部队的突袭，或者满足对敌人包抄的需要，最基础的则是可以"轮换作战"。按照操典记载，如果第一列的战锋战队攻击不顺利，则骑兵和第二、第三列的驻队以及奇兵步兵则要上前接替发起攻击，而战锋战队步兵则有序撤回，重新整队；如果骑兵、驻队、奇兵攻击不顺利，则骑兵、驻队、奇兵撤回，战锋战队步兵重新向前发动进攻，如此反复，直到击溃敌人。这种战术对部队要求极高，但是适应性强，能够应对大多数的情况。

而2万人的一个唐代野战军进行布阵之时，首先将200个步兵大队拆分，组建15个150人的步兵核心大队。每个核心大队实际是由3个大队组成，作为中坚力量使用，加上

---

① 《神机制敌太白阴经》的1.25万人军为唐玄宗募兵时代编制，与初唐府兵时代不同，在此不做赘述。

剩余155个步兵大队，组成一共170队的步兵阵形。

第一列战队85队，第二列驻队85队，骑兵80大队部署在战队和驻队之中的两翼，作为机动力量使用。整体成步兵两列横阵配置、骑兵分列两翼的阵形，同样方便进行轮换作战，正面展开宽度为1700步。

在作战的时候，还可根据具体情况采取不同的布阵法。例如灵活编组大队，构成150人、250人、450人和500人的"新大队"作战。其次，在狭窄地形上可以布成纵队突击阵形，在旷野平原上则可以组成以中军为核心、其余六军围绕中军布成"六花"圆形阵的防御阵形。

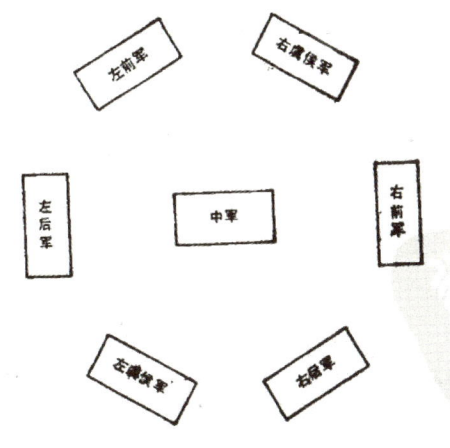

⊙ 防御阵形：六花阵

而在战术方面，与很多人想的不同，唐军尽管编制里面有"弓兵队""弩兵队"等编制[1]，其中弩兵队还人手一把"人马俱碎"的陌刀或大棒[2]专门用来发动近距离的突击，但唐军的基础战术，在整个《李卫公兵法》中，却基本和冷兵器时代的大部分先进军队一样，也是围绕着长枪进行。以最基本的训练为例，试译一段如下：

> 第一声角声吹完，诸大队马上布阵完毕；第二声角声吹完，诸大队马上向下压枪，举旗幡，拉弓，拔刀；第三声吹完，诸大队马上平举长枪；第四声吹完，诸队马上持长枪膝盖跪地而坐，眼睛看向大总管处大黄旗，耳听鼓声。黄旗向前压，鼓声动，则士兵一起齐喊"呜呼！呜呼"，一起向前到校场正中，持枪齐斗，喊杀齐入。如果敌人败退，则可以追击30步，看敌人是否真败，确定后骑兵追击逃敌。部队听闻鸣金声，则马上停止喊叫和追击，在胳膊上架好长枪、侧面转向、回归各队的站位。
>
> 第一声角声绝，马上压枪、举旗；第二声吹完，一起举长枪；第三声绝，马

---

[1] 《李卫公兵法》云：每军弩手二百五十人，弓手三百人，马军五百人，跳荡四百人，奇兵四百人。
[2] 《李卫公兵法》云：诸军弩手，随多少布列。五十人为一队，人持弩一具，箭五十支，人各络膊，将陌刀、棒一具。

上聚拢。一旦看到大总管处两旗交叉，即5大队合1队，也就是250人为1队，其站队法及卷旗、举长枪、聚拢队伍、作战都按照前面的进行。一看大总管处五旗交叉，即10大队合为1队，也就是500人为1队，其站队的方法及卷旗、举长枪、聚拢队伍、作战都按照前面的进行。听第一角声吹完，即散开外250人为1队的状态；第二声角声绝，即散50人为1队的状态。重复演练三度，教学完毕，各队领取赏罚。第三角声吹完，则回归大营。

在这个训练过程中，部队除了在第一次角声时拉弓拔刀，其他的时候都在演习长枪战术，比如平举长枪推进、跪地结长枪密集防御阵、持长枪突击等。数只大队的整合和分散演习，也是紧紧地围绕长枪进行的，这也是长枪方阵在实战中除了强调正面冲击之外，也要求部队有快速整队转向的机动性的需求的体现。在一些其他的训练科目中，更是要求弓手和弩手"一时笼枪大叫齐入"，即放弃投射武器，手持长枪发起攻击。

不仅在训练过程中，在实战中唐军也是以长枪战术为主。诺真水之战中，唐军数百人为一队，皆持长枪"齐奋以冲之"；在上面提到的额尔齐斯河之战里，唐军步兵也是"俱攒槊外向"；在伐高句丽的安市之战里，李世绩所带领的唐军正面部队就是"步兵长枪一万"。

从这里可以看出，唐军以50人的长枪战术为基本，辅助远程打击的弓弩和混战用的陌刀，兼顾冲击力和机动性，同时通过变阵、交替轮换、合并大队等灵活多变的战术来适应各类战场的需要，是一只高素质的强大军队。

在《大唐卫公李靖兵法》中，不仅详细记载了唐军的编制战法，对于后勤、侦查、行军、守城、军纪、水战等方面都有细致入微的务实记叙，从中可以发现唐军不仅仅编制科学、战术优秀，而且装备精良、后勤充足、纪律严明，这样一支军队加上苏定方这样的名将带领，难怪能够东征西讨，战无不胜。

⊙ 唐军训练阅兵图

二、葱岭烽火

公元 657 年，苏定方击败西突厥沙钵罗可汗后，西域并没有太平多久。仅仅两年后的公元 659 年冬，西域又起战端，史料记载"俄有思结阙俟斤都曼先镇诸胡，拥其所部及疏勒、朱俱般、葱岭（喝槃陀）三国复叛"，即一个叫"思结阙俟斤都曼"的家伙带领部下，和疏勒（今新疆喀什）、朱俱般（今新疆叶城）、喝槃陀（今新疆塔什库尔干）三国政权一起起兵反唐，并攻破了唐朝安西四镇之一的于阗 (今新疆和田）。

首先，"思结阙俟斤都曼"是谁？"阙俟斤"是当时突厥常见的官名，属于部落统领，"思结"则是西突厥所属部落名。根据华涛先生《唐代西突厥都曼起兵史事考》一文的考证，其当为原西突厥十姓部落之一的"阿悉结部"，"都曼"则是人名。那么"思结阙俟斤都曼"的实际全称则应该是"西突厥阿悉结部落首领都曼"。

关于这个部落，《新唐书》曾记载，在沙钵罗可汗时期，"阿悉结阙俟斤最盛强，胜兵至数十万"。阿悉结部在之前西突厥可汗的废立中也发挥了巨大作用，是西突厥余部中相当有势力的一支。

西突厥虽然被唐军打败了，但作为一个曾经东起敦煌、西至里海的巨大汗国，各部之间都想分享西突厥战败后留下的巨大权力真空。唐朝最初也只是在西突厥左厢五部设立了由昆陵都护府管辖的五个都督府，由跟随李世民讨伐高句丽的大将阿史那弥射管理；而右厢五部的"五弩失毕"却只设置了一个濛池都护府，由阿史那步真统管。

左厢五部（又称五咄陆首领称为"啜"或"阙啜"）	右厢五部（又称五弩失毕，首领称为"俟斤""阙俟斤"）
处木昆律（匐延都督府）	阿悉结（即思结）
胡禄屋（盐泊都督府）	哥舒
摄舍提暾（双河都督府）	拔塞干暾沙钵
突骑施贺逻施（洁山都督府）	阿悉结泥孰
鼠尼施处半（鹰娑都督府）	哥舒处半

⊙ 西突厥十姓部落

之所以"五弩失毕"只设立了一个都护府，并未设立下属的都督府，和当时"五弩失毕"并没有真正归降有关。公元 659 年，原来负责"五弩失毕"管理的西突厥真珠叶护和唐朝任命管理"五弩失毕"的阿史那步真作战。尽管随即，真珠叶护就被阿史那步真斩杀了，但这也说明了当时"五弩失毕"的不稳定状态，再加上统领西突厥旧土的阿史那弥射与阿史那步真本来就不合，阿史那步真曾经谋杀了阿史那弥射亲人 20 余名，两人的血仇进一步影响了西域的稳定（最后，阿史那弥射也因阿史那步真的诬告而被杀）。

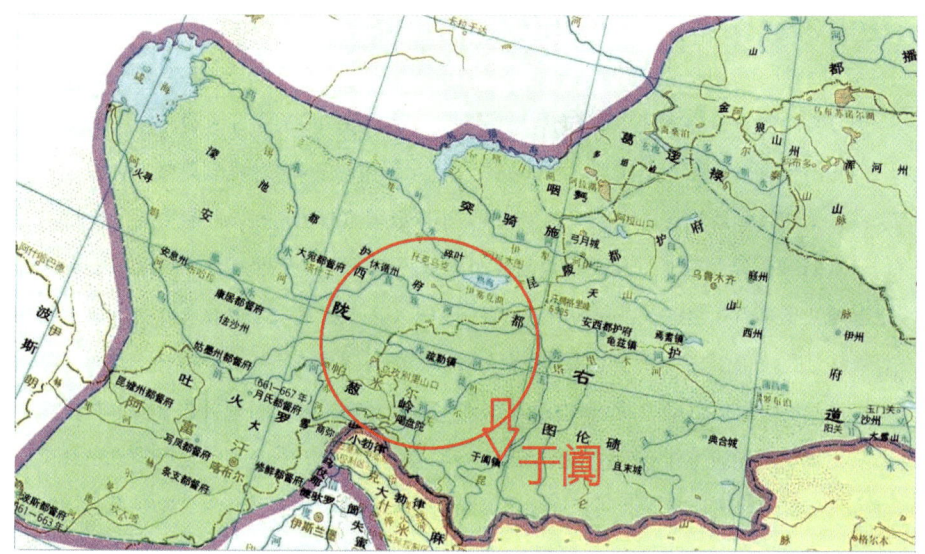

⊙ 唐朝西域地图，红圈内为叛乱参与者：阿悉结、疏勒、朱俱般、喝槃陀

在这种情况下，作为原来"五弩失毕"中最强的阿悉结部的首领都曼，自然会抓住机会，发动对大唐朝廷的叛乱。

从地理角度来看，阿悉结部在今中亚楚河以西，叛乱三国皆在中国最西部的帕米尔高原附近，地形易守难攻。而他们攻克位于和田的于阗镇后，就相当于控制了大唐在南疆的半个政权，天山以南的丝绸之路的南段也随之中断，东西方交通大受影响。

不仅如此，掌握了疏勒、于阗等地后，都曼的威胁进一步上升。要知道，在不久之前（同年九月），唐朝就"诏以石（乌兹别克斯坦塔什干）、米（今乌兹别克斯坦撒马尔罕西南）、史（今乌兹别克沙赫里萨布兹）、大安、小安（今乌兹别克斯坦共和国布哈拉）、曹（今乌兹别克共和国撒马尔罕）、拔汗那（今乌兹别克斯坦费尔干纳）、恺但、疏勒、朱俱般等国置州县府北二十七"。这次都曼的叛乱，不仅有疏勒、朱俱般的参与，更破坏了唐朝在帕米尔高原以西置州县的计划，对唐朝西域的和平稳定产生了巨大的威胁。

对此，唐朝必须采取强而有力的措施，尽快平定这场叛乱。古稀老将苏定方便披挂上阵，于公元659年冬季担任安抚大使（隋唐行军主帅兼职），西征平叛。

苏定方这次的对手并不容易对付，都曼率领的主力是西突厥的军队。突厥人自古以锻铁闻名，曾经向东罗马兜售铁用以炫耀，盔甲兵器自是制作精良。与一般人印象中来去如风、轻衣角弓的游牧民形象不同，突厥人的盔甲大多防御精良。在文物中甚至有大量的人马俱铠的甲骑具装形象，在《阙特勤碑》中记载，曾经有突厥武士被"一百多支箭射中他的甲胄与战袍"，但是并没有受到重创，这足以体现突厥人的铠甲精良。

不仅身体防护优秀，突厥骑兵还用上好的铁制作了各式各样的武器，例如长矛、刀剑和弓箭，在战斗中既可以发挥游牧骑兵的骑射传统，用利弓骚扰射击，也可以采取夹枪冲锋这样大威力的突击战术。在近战的时候，还可以使用削铁如泥的刀剑，可谓全能。在《阙特勤碑》的记载中，就有突厥武士在几场战斗中"用箭射杀一人""用长矛刺杀六人，在肉搏战中用刀剑砍杀第七人"的记述。

而葱岭附近的三国，也可以提供相当数量的轻装骑兵，这是当年饱受斯基泰游牧文化洗礼的结果。同样，希腊化和贵霜-大月氏帝国的遗存，让疏勒、朱俱般、喝槃陀等国可能还有一些不错的山地轻重步兵可以使用。苏定方将面对的就是这样一只部队体系完整、轻重步骑齐全、装备精良的敌人。

○ 壁画上的突厥甲骑具装

敌人不仅仅是叛军，地理也是苏定方的大敌，从中原到达南疆，要途经中国最大的沙漠——塔克拉玛干沙漠。这座面积有33万平方公里，相当于今天20个"大北京"面积的沙漠，年均降水不足100毫米，最低只有4～5毫米，人迹罕至，几乎不能支持大军行进。而绕行塔克拉玛干，沿着昆仑山或者天山行进，则可以被都曼叛军以逸待劳。

因此，苏定方选择了一条与众不同的路线，这也是中国传统谋略"围魏救赵"的体现。他没有去南疆，更没有去于阗和都曼军决战，而是进行了一个大迂回，抵达了"叶叶水"——都曼的统治核心附近。

《旧唐书》是这样记载的："至叶叶水，而贼保马头川，于是（苏定方）选精卒一万人、马三千匹驰掩袭之，一日一夜行三百里，诘朝至城西十里。都曼大惊，率兵拒战于城门之外，贼师败绩，退保马保城，王师进屯其门。"

首先，叶叶水是在今天的哪里？曾经有人根据《新唐书》的内容考证叶叶水在今锡尔河流域，也就是苏定方带兵攻到了今天的费尔干纳盆地附近。但是这么考证的人一般都忽略了都曼军驻扎的"马头川"这个地方，根据相关资料，马头川应是同期阿拉伯史料中提

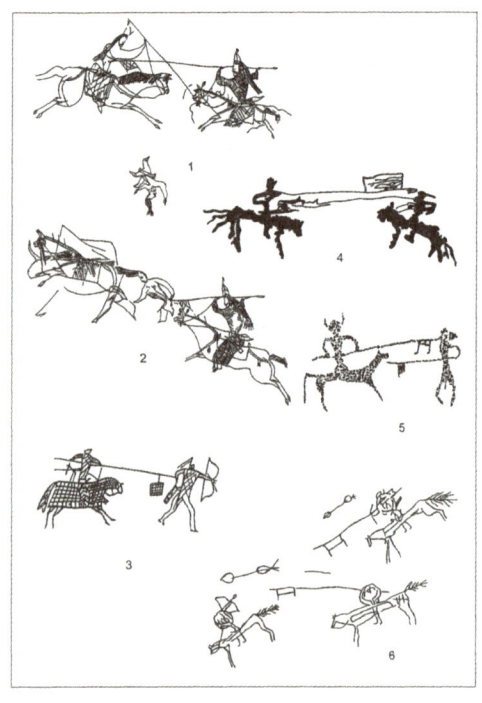
⊙ 壁画上的突厥战争

到的"阿怸八失"①，在附近也有一座历史古城，即阿怸八失遗址，正好对应下面的"马保城"。这个马保城（阿怸八失）就在今天的伊塞克湖西南，大约东经75度、北纬41度的山地之中；而叶叶水，在历史上除了被用来代指锡尔河，在《通典》《册府元龟》中也用"叶水"之名代指碎叶水，即苏定方曾经到过的伊塞克湖以西的楚河流域，这和马头川恰好能够对应。所以，双方战场在今伊塞克湖附近的可能性较大。

之所以苏定方选择进攻地点在伊塞克湖附近，是因为这里曾经是西突厥的活动中心区。公元657年，苏定方平西突厥就曾进攻至此，而马保城可能就是阿悉结部都曼的中枢核心。既然这次叛乱因都曼而起，那么苏定方选择打击都曼的统治核心，首先可以达到擒贼先擒王的效果；同时，根据苏定方可能的行军线路，唐军直接绕开了叛军兵锋正盛的于阗一带，迂回到了伊塞克湖一带，直接威胁叛军的大后方，同时起到了出其不意的效果，有可能使叛军没有办法调集足够的兵力来和唐军决战。

但是这种长途奔袭，势必对后勤保障的压力极大，所以唐军制定了严格的行军和后勤规则，既保障了士兵的基本衣食饮疗，又使行军有序，不至于发生"百里而趋利者蹶上将"的惨剧。例如：对牲畜严格管理，每队都要买驴子来运输，不许随便拿来游猎和骑乘，保证军粮供给，不许抛弃生病士兵，等等。再加上每50人拥有30匹马匹的补充、单兵干粮、水壶、鞋袜、药袋、火石袋、盐袋、皮带、皮帽子、皮大衣、毛毯等齐全的装备，使得即便长途行军，唐军依旧能够保证强大的战斗力。

为了使奇兵的效果最大化，苏定方在军队中挑选了1万人、3000匹战马，以步多于马的状态，沿着伊塞克湖西端前行。随后，他并冒着生命危险，亲自带队翻越海拔3000

---

① 突厥语，意为"马匹的头部"。

米的帕米尔高原多朗山口，一昼夜奔袭数百里，清晨即抵达距离马保城西 10 里的地方。

都曼对于唐军在高原上的突袭可能根本没有任何准备，仓促地在城门之外的狭窄地形和唐军作战，难以发挥机动性和冲击力的突厥骑兵被训练有素的唐军轻松击败。唐军随即堵住马保城的城门，到晚上，唐军云集城下，开始伐木制作攻城武器，摆出攻城的姿势。

唐代的攻城武器在《大唐卫公李靖兵法》有不少记载：

例如"生牛皮蒙之，下可藏十人"的攻城车，"以大木为床，下置六轮……梯节长丈二尺……枕城而上"的云梯，和攻城木驴、侦察用的巢车等，以及最关键的远程攻城器材"车弩"和"抛车"。

"以大木为床，下安四独轮……中立独竿，首如桔槔状。其竿高下、长短、大小，以城为准。首以窠盛石，大小多少，随竿力所制。人挽其端而投之。其车推转，逐便而用之。亦可埋脚着地，逐便而用。其旋风四脚，亦可随事而用。谓之抛车。"

"作轴转车，车上定十二石弩弓，以铁钩绳连，车行轴转，引弩弓持满弦牙上。弩为七衢，中衢大箭一，镞刃长七寸广五寸，箭长三尺围五寸，以铁叶为羽。左、右各三箭，次小于中箭。其牙一发，诸箭齐起，及七百步。所中城垒无不摧损，楼橹亦颠坠。谓之车弩。"

抛车，是当时的人力投石机，用以发射石块，可以根据地形随意布置。

车弩，也就是常说的弩砲，可以以 12 唐石的弓力发射 7 根弩箭，中间一根铁箭长达 3 尺（约合 1 米），距离可达 700 步，能对城池造成巨大的破坏。

在之前的实战中，这些武器都发挥了巨大的作用，比如在李世民围攻洛阳之战里，就出现过发射"飞石重五十斤"的大型投石机，射程可达 200 步，以及"箭如车辐、镞如巨斧"且射程可达 500 步的八弓弩。

唐军在城下摆放的这些强大的攻城武器深深震撼了都曼，都曼只得"面缚开门出降"，随即被苏定方绑回东都洛阳，于次年正月初二献俘阙下。自此，帕米尔高原以西也被大唐平定了，西域重新回归了一片安宁。苏定方

⊙ 复原的车弩

⊙ 马堡城遗址,从不远处的雪山可以看出此地的海拔之高

⊙ 唐朝治下的西域

也因此加封三百户食禄,迁左武卫大将军,做到了历史上秦琼秦叔宝曾经到达的位置。

故事似乎到这里可以告一段落了,但实际上并非我们想象的那样简单,因为史书里记载显庆四年十一月癸亥(即十一月二十一日),苏定方担任安抚大使征讨西突厥,到次年的正月初二回东都献俘虏,只有短短的41天时间,而洛阳与马保城的直线往返距离就有数千公里。苏定方是如何做到在如此短的时间里,从洛阳出发,击败远在中亚的敌人,然后返回洛阳的?

当然,十一月二十一日可能就只是苏定方发起进攻或接战的时间。但是,身居高位的苏定方为什么会在之前就到达西域?在平叛之前,到底发生了什么?

三、高原激战

　　1900年，在敦煌莫高窟出土了一批吐蕃帝国时期的历史文书，是现今发现最早的记载吐蕃史的藏文文献，后来被整体编纂为《敦煌本吐蕃历史文书》（以下简称《敦煌本》）。在《敦煌本》中，记载了一件同样发生在公元659年（唐高宗显庆四年）有苏定方参与的大事，只不过这件事之前并没有汉文史料的记载。现摘录如下：

> 及至羊年（唐高宗显庆四年，公元659年），赞普驻于"札"之鹿苑，大论东赞前往阿豺（西吐谷浑）。达延莽布支（Da rgyal mang po rjes）于措那冬日（最初翻译为乌海东如，原文为"mtsho nag stong ru"）与唐朝苏定方交战。达延亦死，以八万之众败于一千。是为一年。

　　文章大意就是，在公元659年，吐蕃帝国统治者（称为赞普）驻在鹿苑，作为宰相的大论东赞（即吐蕃名相禄东赞，后来在大非川之战中大败唐朝薛仁贵的论钦陵就是禄东赞之子）前去西部吐谷浑。同年，在"措那冬日"之地，达延莽布支率领8万人与苏定方作战，被苏定方仅用1000人击败，达延莽布支亦死。

　　这件事不见汉文记载，也曾经有很多人对此事的真实性提出质疑，原因有下：

　　第一，按照唐朝的制度，大将出征应该被授予"大使"或"某某道行军大总管"之职，而苏定方同期并没有担任相应的官职，出征吐蕃不合常理；

　　第二，在这场战役之后，发生了"(吐谷浑)其后与吐蕃互相攻伐，各遣使请兵救援，高宗皆不许之"的事件，有人就认为如果唐蕃已经交战，那么吐蕃就不可能去请求唐朝援助自己和吐谷浑的战争；

　　第三，由于在最早的版本里，双方交战的地方被翻译为"乌海东如"；有些版本里甚至删掉了"东如"二字，把双方交战的地方认定为"乌海"（今青海省玛多县托素湖，又称为"冬给措纳湖"，与原文"措那冬日"相近），也就是大非川之战中薛仁贵率领数万大军才能到达的吐蕃帝国腹地，那么便不可能让苏定方随随便便在乌海与吐蕃作战。

　　但是，如果仔细分析相关汉藏文的原始史料，就会发现"乌海之战"或"措那董茹之战"的可信度所在。首先，上文提到的，苏定方就任讨伐都曼叛军安抚大使时，存在着时间严重不足的问题，所以势必在进攻都曼之前就已出发前往西域，这就和"措那董茹之战"联系起来了。

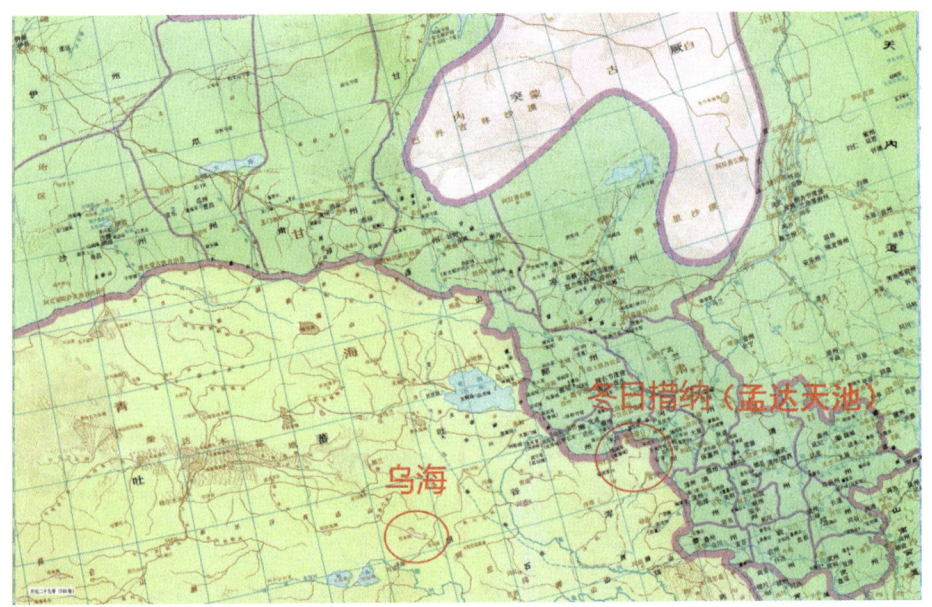

⊙ 苏定方与达延交战的地点，并非位于乌海（今托素湖），而是孟达天池

其次，乌海东茹的翻译法是有问题的。根据藏文原文分析，所谓"措那冬日"并非所谓的"乌海"或今天青海玛多县的"冬给措纳湖"，而应该是位于今天青海省循化县的湖泊"孟达天池"（stong ru mtsho nag）。"孟达天池"是撒拉语的称呼，藏语称呼则是"冬日措纳"，仅仅只是原文"措那冬日"（mtsho nag stong ru）调转过来的发音。如果简单的拼写发音不能说明问题，那么孟达天池附近的达里加山则为进一步的证实做了论证。位于循化县东南的"达里加山"，藏语名为"阿尼达延"，汉语意思为"受人尊敬的达延神山"，山上有"达延山口"等地。而藏文史料里与苏定方交战的敌人将领，名字就叫"达延"。当地的《道帏藏族社区志》中的记载也说明了两者之间的关系："达延莽布支大臣率蕃军，前往董岱措纳湖（即冬日措纳）一带，与汉兵（唐军）交战，达延莽布支不幸牺牲，部下为了纪念他，将其葬在阿尼达延山。此后，达延莽布支被敬为山神，同时成为具有神力的家乡神。"

"冬日措纳湖""阿尼达延山"和循化县道帏藏族乡流传的"达延山神"传说，与吐蕃史原文完美地契合了。这足以论证苏定方与达延莽布支交战的地点，就在今天青海的孟达天池。而在唐代，这里属于陇右道和吐谷浑的边界地带，并非是吐蕃的腹地。

最后，达延莽布支是谁？在《敦煌本》中，达延莽布支除了和苏定方作战，还于公元

孟达天池景色

653年在吐蕃征收农田税赋。要知道在《敦煌本》中，征收税赋可一般是吐蕃宰相亲自掌控的大事，这足以见达延莽布支在吐蕃的地位。"莽布支"也是在西藏自治区当曲的一个庄园名，可能最初就是达延莽布支及其后人的封地之一。但是达延莽布支（Da rgyal mang porjes）也被称为"王"（rje），证明了达延莽布支具有一定的独立性，可能并非是吐蕃朝廷的直属大臣，而是作为附庸国君主而存在的。

更重要的是，在史料中的"达延"并非只有"达延莽布支"一人，在公元659年之后的汉藏交流史上，出现过很多"达延"，例如坌达延墀松（dBon da rgyal btsan zung）、坌达延赞松（dBon da rgyal btsan zung）等，此二人不仅一样是"达延"（da rgyal），还获得了吐蕃的外戚荣誉称号"坌"（dBon），可见达延家族的地位。

不仅如此，在公元635年唐军破吐谷浑之战中，除了吐谷浑王慕容伏允自杀、其子慕容顺归顺唐朝外，亦有一支吐谷浑后来归顺吐蕃，其领袖则被称为"达延芒结波"，这又是一个"达延"。根据这些信息，我们有理由相信，达延莽布支可能是吐蕃朝廷统治下的吐谷浑部的首领，具有很高的地位和一定的独立性。公元659年的孟达天池之战，很可能就是达延莽布支以吐谷浑统治者的名义与唐军发生的冲突。在这种情况下，唐朝有可能并未立刻认识到达延莽布支和吐蕃之间的密切附庸关系，只是将其作为西突厥都曼叛军一样的吐谷浑叛军看待。所以，大唐并未将这场战役当成"唐蕃战争"的开始，自然就不会

⊙ 吐蕃武士

认为在此之后，吐蕃的求援之举有什么不当之处。

论证了战役的真实性之后，让我们回归战役本身。公元659年，吐蕃宰相禄东赞进攻归顺唐朝的吐谷浑国。同年，达延莽布支作为吐蕃所属的"吐谷浑王"，则有可能以收复"吐谷浑旧地"的名义，进攻唐朝的陇右道边境地区。而此时的苏定方无论是要从河西走廊出征西域，还是前来陇右一带监视吐蕃和吐谷浑的战争，都能够及时地投入到应对达延莽布支的战事中。

这一次苏定方的对手，是他以前没有遇到过的吐蕃系军队。这只擅长于高原作战的军队，在松赞干布改革进入奴隶制国家之后，就采取了"五茹六十一东岱"的兵民合一组织，即按照日常游牧耕作的部落，战时通过严格的牌甲征兵制度组成"茹"和"东岱"，在原来部落首领的率领下作战。达延莽布支的8万人，应该就是他所属的部落全体成员。在相当多的时候，幼童都算进了吐蕃的兵力数字，比如《册府元龟》就曾记载吐蕃军"人马真数凡五万九千余人，可作战者仅三万人，佘悉幼童"。在正式征战的时候，则按照50人1将的模式，设立50、100、500、1000的编制方式。

在战斗时，吐蕃军素以悍勇闻名，以战死为荣，对有勇者褒以豹及虎皮的奖励，而对懦弱败阵者头系狐尾以示辱。不仅依靠勇力，而且吐蕃的装备战术都很不错，根据《唐会要》记载，作战时吐蕃军人以及战马都会披上厚厚的锁子甲，只露出两个眼睛，"非劲弓利刃之所能伤"；吐蕃军喜好在披重甲的情况下使用刀剑和长矛，"枪细而长于汉者，弓矢弱而甲坚，人皆用剑，不战，亦负剑而行"；吐蕃军在进攻的时候下马列阵，前行战死，后行跟进"死则递收之，终不肯退"。甚至在进攻山城的时候还有投石机、云梯、木驴等和唐军类似的大型机械，在《旧唐书》记载连云堡之战中，吐蕃军就"建抛楼七具，击堡中"，而在《册府元龟》记叙的盐城之战里，吐蕃军就"以飞梯、鹅车、木驴等四面齐攻"。

因此，苏定方要在平均海拔2200米，还拥有最高海拔4600米的达里加山的循化县孟

⊙ 唐军甲骑具装，马铠作为《唐律疏议》中严禁私人拥有的装备，处罚力度甚于私有弩

达天池一带，迎击一群极其适应高原气候并装备着重甲矛剑的敌人，那么他可能选择的方式就是轻兵突袭，用少量部队去突袭吐蕃的大部队，也就是史料描写中的"八万为一千所败"。

平心而论，以重甲肉搏战术为主的吐蕃军因为采取全民皆兵的制度，甚至连幼童都选入了军队，便会存在组织度的问题，因为兵员参差不齐。进入奴隶制不久的吐蕃难以组织起训练有素的精锐部队，只能采取全民征集上阵的法子，这样在正面作战的时候依靠迅猛

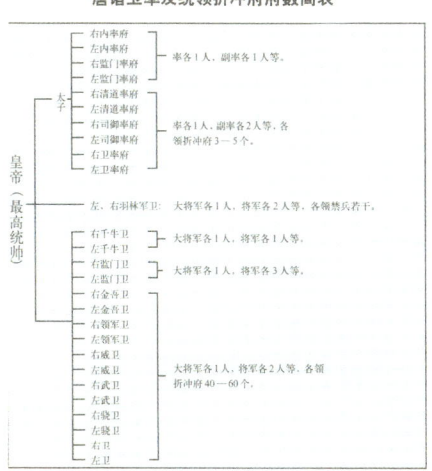
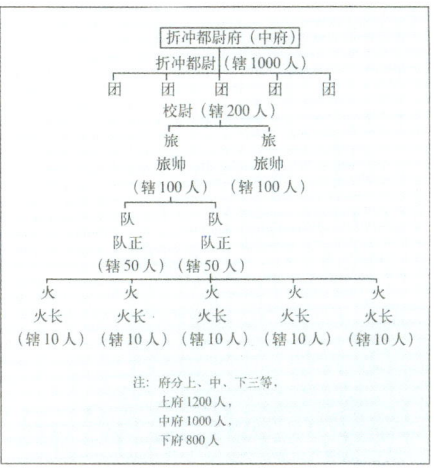

⊙ 府兵时代的唐军编制

⊙ 达里加山（阿尼达延山），据说达延莽布支葬于此山

的攻击，很有可能击溃当面之敌。但反之，在遭遇突袭时，这样的部队就容易陷入混乱。尤其对于部队里大量存在的老弱妇孺，可能在遭遇突袭时会迅速混乱起来，以致造成更大面积的混乱。例如，唐朝另一位名将黑齿常之在良非川之战里，就用3000骑兵夜袭吐蕃军，吐蕃军因此大乱，损失了2000余人以及羊、马数万。

因此，苏定方可能就利用了达延莽布支军身处青藏高原，自以为地形险要的心理因素，以轻兵突袭，迅速斩杀了主帅达延莽布支，吐蕃军随即大乱，被唐军击败。

要知道，尽管以今人的角度，青藏高原的高海拔以及随之而来的各种高原反应也实在令人生畏，但唐军将士不止一次地克服了在高海拔地区作战的困难。除了在西域的帕米尔高原作战外，在青藏高原，唐军也不是第一次进行战争。

在公元635年的唐破吐谷浑之战里，唐军就接连"观河源"（黄河源头）、"宿星宿川"（在巴颜喀拉山北的黄河源沼泽地，附近海拔可达4800米）、"望积石山"（在今青海积石山县，海拔4308米）、"战乌海"（今托素湖，海拔3000米），最后会师大非川（今青海共和县西南切吉平原，海拔4000米）。唐军在海拔3000～4000米的高原地形上连续作战，大破吐谷浑军，足以证明唐军即便在"世界屋脊"上仍然是当之无愧的强大军队。

在老将苏定方斩杀达延莽布支之后，禄东赞虽然并未做太多表示，但却以"称病"的名义暂时卸任吐蕃宰相一职，并在吐谷浑之地继续停留，似乎是在修补达延莽布支战死带

⊙ 定林寺5层石塔是百济把都城迁至扶余的6世纪初期建造的石塔,第一层刻有苏定方灭百济事迹

来的诸多问题。

而已经是大唐大帅的苏定方,在结束了公元659年跨越两大高原、直线行程6500公里的远征之后,并没有歇息。接着在公元660年,苏定方又以"持节神丘嵎夷马韩熊津等一十四道大总管"的官职,率唐军渡海远征百济国,并于同年灭亡百济国,献俘洛阳。公元661年,苏定方又征讨高句丽,在大同江大破高句丽军,围困平壤。公元663年,因吐蕃与吐谷浑交战不止,苏定方以72岁的高龄任"安集大使",再次抵达了那片他曾经征战过的高原,在那里度过了他戎马一生的最后的日子。

在苏定方死后,不知是出于嫉妒还是因为政治斗争,朝廷却是一片死寂,甚至没人讨论苏定方死后应该享有怎样的哀荣,以至于一直以来重用苏定方的唐高宗李治发出了"苏定方于国有功,例合褒赠,卿等不言,遂使哀荣未及。兴言及此,不觉嗟悼"的愤慨感叹,亲自追赠苏定方为幽州都督,谥曰庄。

不仅苏定方死后哀荣不显,连其生前的相关记载都因为朝堂斗争而删去不少,甚至称之为"所记多不实"。而讳败的吐蕃史却记载了苏定方的不少功勋,足以见当时史书"所记非不实,以其功高盖世,君等忌而不信矣"。至于之后一些小说家的曲解甚至贬损,倘若苏定方将军泉下有知,凭他那跌宕起伏、波澜壮阔的一生经历,恐怕也只会付之一笑吧。

伊吕两衰翁，历遍穷通。一为钓叟一耕佣。若使当时身不遇，老了英雄。

汤武偶相逢，风虎云龙。兴王只笑谈中。直至如今千载后，谁与争功！

——王安石《浪淘沙令》

哈布斯堡的大洋利剑

——一战时奥匈帝国的海军战列舰

作者：雄魂

众所周知，和全盛时期拥有数千万平方公里广阔殖民地的大英帝国不同的是，后起的奥匈二元帝国并不是一个海外列强。这个哈布斯堡王朝的主要领土和边境均在陆地上（只在西南部的狭小地区有出海口），直到 20 世纪初，其海军的主要任务仍是保卫自己的海岸线。不过，自该国的商船队规模戏剧性地迅速膨胀以后，再加上周围强邦（主要指称霸地中海的意大利和法国）日益增长的威胁因素，使得奥匈帝国的海军上将们坚信需要将过去保守的战略变得更加积极主动。

从 19 世纪 90 年代开始，一系列战列舰建造项目见证了其搭配协调的远洋舰队的诞生。在此之前，巡洋舰是为了保卫海外贸易线和到外国港口进行正式访问而建造的，但若是要雄踞亚得里亚海并宣扬国威的话，则大型战列舰的装备是其海军建设的重中之重。尽管那个时代的欧洲各大国之间掀起了激烈的海军军备竞赛，但是奥匈帝国海军在试图获得主力舰时仍然缺乏经费。虽然如此，到第一次世界大战爆发的 1914 年 8 月，奥匈帝国海军还是拥有了一支配备多艘远洋战列舰的强大力量。在此，本文将就一战时期奥匈帝国海军 5 个级别战列舰的起源、发展、性能和作战历史，详细地进行阐述，以飨读者。

一、历经艰辛——奥匈帝国战列舰的诞生背景

1866 年 7 月 20 日的利萨海战，奥地利的威廉·冯·特格特霍夫海军上将在面对数量上占优势的意大利敌军时仍取得了决定性的胜利，这被称为哈布斯堡王朝最伟大、最典型的海上事件，但极具讽刺性的是，这也标志着奥匈帝国海军历史多年停滞不前的开端。当 1866 年 10 月 3 日和意大利缔结和平时，官方对哈布斯堡海军力量的发展兴趣骤然衰落。其中的主要原因是，1867 年 2 月双元制奥匈帝国的建立，给予了位于布达佩斯的匈牙利议会和帝国统治中心维也纳平等的对话权。自从匈牙利二分帝国以来，其制造战舰的能力相当有限（因为身处内陆），并且对海外贸易几乎没有热情，匈牙利议会总是拒绝批准在帝国海军的新建和扩大上投入资金。这个庞大帝国的海军规模扩充速度在 1882 年后便严重下滑，因为在那一年，意大利便不再是潜在的海军对手了，这归功于德国、意大利和奥匈之间签订了相互支持的《三国同盟条约》。由于预料到一段时期内不会发生海战，而且匈牙利方面拒绝让帝国保留一支现代化的舰队（其考虑倒缺乏必要，同时和自己的利益没有关联），所以衰弱的奥匈帝国海军主力仅由一些老式的炮塔战列舰混杂而成，这反映出其维持经费只是帝国每年国防预算中的杯水车薪。

缺乏资金的困局使得奥地利海军高级将领，尤其是受到少壮派启发的马克西米利

安·道布勒布斯基·冯·斯特内科上将，不得不日夜奔波以求打造一支小规模的舰队（装备更轻型的鱼雷艇）。作为在利萨海战中特格特霍夫上将旗舰的船长，斯特内科也固守着一种陈腐观念不放，即相信朝比自己更强大的敌方战舰冲撞，仍然会是一种有效的战术。作为海军少壮派思想的战术原理，强调使用除了装备更高效火炮的现代化战列舰以外的战法。在进行对比时，奥匈帝国海军悲哀地发现其他海军远比自己实力更强。甚至是利萨海战时的老兵们也意识到，海军战斗的未来将依赖于长射程的大口径舰炮，而不是锋利的舰艇冲角。在赫尔曼·冯·斯鲍恩和鲁道夫·格拉芙·冯·蒙特库科利·德格利·厄利海军上将的任期内，他们得到了登上王位并极具海军发展思想的继承人——弗朗兹·费德南大公爵的大力支持。奥匈帝国海军经历了自己独特的发展道路，并在世纪之交（19世纪末20世纪初）时即开始探寻一种现代的海军侦查手段。受美国海权之父阿尔弗雷德·泰勒·马汉的思想及其提出的"存在舰队"理论之影响，这些将领们意识到，一支由战列舰组成的舰队是必需的，它不仅能守卫帝国数百英里长的海岸线，而且还能保护日益增长的国内海运业和海外贸易，以对抗来自意大利民族统一主义方面的威胁。到一战爆发时，不顾紧张的国内政治反对、严峻的预算限制和法律上的抗议，奥匈帝国海军还是拥有了一支紧凑却强大的现代化战列舰编队。

⊙ 在利萨海战中，奥地利人战胜了规模更加庞大的意军，但也预示着其海军建设低潮的到来

⊙ 停泊在普拉港的奥匈帝国海军舰队，照片摄于19世纪90年代

⊙ 19世纪的奥地利海军名将威廉·冯·特格特霍夫海军上将

二、开山之作——"君王"级战列舰

在19世纪90年代,当世界各强国的海军逐渐将前无畏舰作为它们战列舰的标准时,甚至连斯特内科上将也不由自主地妥协了,不再坚持他对少壮派战术思想和利萨海战战略的依恋,而是与时俱进地跟随国际化趋势的发展。1892年,他要求为建造同一个级别的3艘岸防战列舰投入资金。因此,"君王"级战列舰的设计师——海军总工程师齐格菲·波普尔,便设计了参加一战的奥匈帝国海军的所有战列舰和无畏舰。在布拉格和卡尔斯鲁厄学习工程学后,波普尔于1869年加入奥匈帝国海军,充当一名助理工程师,并最终为海军战舰的设计和建造部门工作。1907年,他作为海军技术委员会第一部门的领导人退休。他最初的经验是来自于监督"猎豹号"和"豹号"鱼雷巡洋舰的建造(二者均诞生于大不列颠的阿姆斯特朗·米歇尔公司),但是最后他却被要求准备设计新级别的岸防战列舰。在他剩余的生涯中,波普尔一直面临着艰巨的任务,即在可能最为严格的有限预算下尽量勾勒出一款强大的战列舰。在如此艰苦的条件与长达20年的时间里,他设计出了5个不同级别的战列舰。

⊙ "君王"级岸防战列舰之父——海军总工程师齐格菲·波普尔,他具有极其丰富的设计经验

"君王"级的外形多少有些类似于低干舷的浅水炮舰,但是这种相似感被两座主炮之间的高大的上层建筑抵消。它们也是最先拥有封闭式主炮塔的奥匈帝国战列舰。该级别的第一艘,即"维也纳号",于1893年2月16日在的里雅斯特船厂铺设龙骨;之后,"君王号"于同年的7月31日开工建造;至于第三艘"布达佩斯号",和首舰一样,也在1893年2月16日动工兴建。"维也纳号"于1895年7月7日下水,1897年5月13日正式加入海军服役;第二艘姐妹舰"君王号",则在1895年5月9日下水,1898年5月11日服役;末舰"布达佩斯号"于1896年4月27日下水,1898年5月12日服役。"君王"级战列舰的标准排水量为5547吨。它们的水线全长为97.7米,全宽17米,最大吃水深度6.4米。在正常情况下,每艘战列舰搭载26名军官和397名水兵。

（一）武器装备

为"君王"级战列舰主炮塔选用的巨炮是240MM口径的克虏伯 L/40 C/94 型火炮，设计于1894年。两门各安装在双联装的舰艏和舰艉主炮塔内，其最大仰角和俯角分别为25度和 -4度。由熟练的舰员操作的话，每门炮的最高射速为 3~4 发/分。每门主炮均有各自手动控制的弹药起重机，且弹壳

⊙ 1897年6月14日，进入英国朴次茅斯港的"维也纳号"战列舰

会被推入空气驱动的装填器内。每座主炮塔要求配备 20 名舰员才能正常运转，并且每艘战列舰需要搭载总数为 160 发的240MM 高爆弹和 160 发的穿甲弹。当克虏伯表面渗碳硬化装甲钢代替哈维装甲钢时，这些火炮的穿甲能力便大大降低了。在 10000 米以外，"君王"级的主炮可以击穿厚 120MM 的克虏伯装甲钢，而在同等距离上，则可洞穿厚达 180MM 的哈维装甲钢。如此一来，就限制了"君王"级在第一次世界大战中参加主要沿海炮击任务的能力。

该级战列舰的次要武器包括 6 门 150MM 口径的斯柯达 L/40 副炮，安装在舰体内的暗炮塔里，每边舷侧 3 门。它们每分钟能发射 4~5 发炮弹，最大仰角 20 度，最大俯角 -7 度。它们由克虏伯公司设计，是在皮尔森的斯柯达 A.G. 工厂生产的首批重型海军火炮。为了防止敌军的鱼雷艇偷袭，每艘"君王"级战列舰还安装了 10 门 47MM 斯柯达 L44 型和 4 门 47MM 哈奇开斯 L/33 型速射炮，二者的最大射速高达 30 发/分，最大射程为 3600 米。除此之外，这些海上巨无霸还搭载了一挺斯柯达 M1893 型 8MM 机枪。至于舰上的两门 70MM 青铜钢制小艇加农炮，则是提供给登陆部队使用的。"维也纳号"和"君王号"后来在 1917 年装备了一座单管 70MM 斯柯达 L50 K10BAG 型防空炮。每艘该级舰还安装了两具 450MM 口径的舷侧鱼雷发射管，备雷 4 枚，每条内装填有 59 千克高爆炸药。

⊙ "布达佩斯号"舰艏的主炮塔，搭载有两门 240MM 口径的克虏伯 L/40 C/94 型巨炮

（二）装甲防护和动力机械

"君王"级战列舰的镍装甲钢板由位于摩拉维亚的维克奥兹地雷和钢铁厂制造。两座炮塔之间船体舯部的主装甲带最厚处为270MM，沿着炮座逐渐变薄至220MM，到舰艏逐渐减至120MM。暗炮塔由80MM的钢板保护，装甲带水下部分则厚180MM。主炮塔装甲厚250MM，司令台处为220MM。水平甲板钢装甲为40MM。

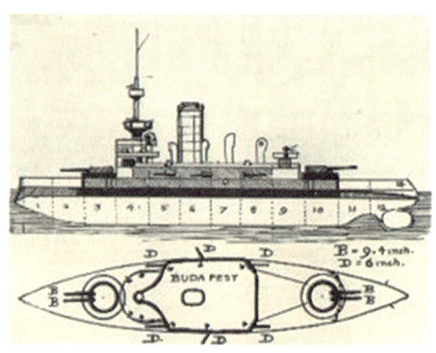

○ "君王"级战列舰的内部结构剖视图，可清晰地看出其火力和防护体系的分布

"君王号"和"维也纳号"均搭载有5台圆筒式锅炉和2台垂直的4缸三重膨胀式发动机，从而使2根驱动轴推动螺旋桨旋转，每具螺旋桨带有3个叶片，其直径为4.42米。这些引擎赋予了战舰8500匹马力的额定功率，最高航速为17.5节。"布达佩斯号"拥有相类似的发动机，但是它的锅炉被更换成了16台贝尔维尔式水管锅炉，使其动力小幅提升至9100匹马力，战舰的极速也相应地增加到了17.8节。水管锅炉比之前的圆筒式锅炉要小，并且可以被拆卸。为了更加大幅度地轻量化，它们被减重了，从而使战舰能使用更重型的武器和安装更厚的装甲。然而，这些动力装置的主要优点，是能够更快地调整引擎内的蒸汽流量，从而能更迅捷地改变航速。在"布达佩斯号"之后，所有奥匈帝国的战列舰都装备了水管锅炉。"君王"级的最大载煤量为500吨，以9节的速度航行时，其最大行程为3500海里。

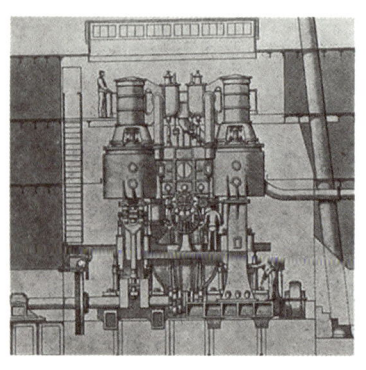

○ "君王"级战列舰搭载的垂直的4缸三重膨胀式发动机，属于非常老式的动力机械

三、中庸设计——"哈布斯堡"级战列舰

在担任海军部部长和海军司令的斯特内科上将于1897年阖然长逝后，另一位海军上将赫尔曼·冯·斯鲍恩接替了他的职务。斯鲍恩意识到少壮派的理念相对于奥匈帝国的要求而言是不够的，于是不久之后，便在海军指挥部的建议下制定了一个新的舰队计划，要

求装备 12 艘战列舰、12 艘巡洋舰、12 艘驱逐舰和 72 艘鱼雷艇，全部要在 10 年之内完成。3 艘"君王"级组成了斯鲍恩心中 12 艘战列舰中的最初力量，但是剩下的 9 艘必须是新式的，且要以与其他海军类似的标准建造。斯鲍恩幸运地得到了弗朗兹·费德南大公的鼎力支持，后者也是认识到需要装备战列舰的海军的坚定拥护者。特别是在观察到 1898 年美西战争中，美国海军的现代化舰队于古巴圣地亚哥和菲律宾马尼拉湾轻易地击败老朽的西班牙海军之后，帝国的外交部长同样迫切地渴求获得一支更加强大的海军。奥匈帝国的轮船线路于黎凡特（东地中海区域）和在世界各地继续开拓的其他港口处都有着重大的贸易利益。到第一次世界大战爆发时，奥匈帝国的海上商船吨位已经晋升至欧洲第七。在 1898 年，斯鲍恩得到了经过批准的足够的预算，以在接下来的一年中开始建造第一批新系列的远洋战列舰。

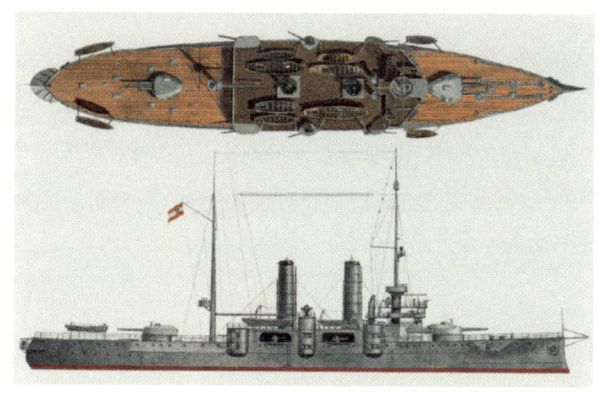

⊙ "哈布斯堡"级战列舰的彩色俯视图和侧视图，可以发现其特色是，该级舰的尾部主炮塔仅有一门火炮

"哈布斯堡号"的龙骨于 1899 年 3 月 13 日在的里雅斯特技术工厂的船坞铺设，次年 9 月 9 日下水，最终于 1902 年 12 月 31 日完工；第二艘姐妹舰"阿帕德号"，在 1899 年 6 月 10 日开工建造，1901 年 9 月 11 日下水，1903 年 6 月 15 日建造完毕；"巴本堡号"于 1901 年 1 月 19 日动工，次年 10 月 4 日下水，并在 1904 年 4 月 15 日完工。从"哈布斯堡"级开始，因来自匈牙利议会的阻挠而造成的预算紧张，只允许每年购买一艘战列舰。该级舰在满载条件下，其排水量为 8823 吨。它们的水线长 113.11 米，全宽 19.86 米，满载吃水线为 7.46 米。相比"君王"级，"哈布斯堡"级战列舰的干舷高度有了显著的提升，这主要归功于它们更佳的适航性。引人注目的是，相比同时代其他海军的战列舰，它们的吨位显

⊙ "哈布斯堡号"的姐妹舰"阿帕德号"的舰艉特写，可见其巨大的螺旋桨和船舵

⊙ 接受改装后的"哈布斯堡号",它的上层建筑规模缩小,适航性有所提高

得更小,这是波普尔获得的有限的海军年度预算所造成的一个必然恶果(战列舰不是海军购买的唯一战舰)。虽然在按比例缩小的形式上,"哈布斯堡"级在外形、武器的分布方面和英国"伦敦"级战列舰是相像的。"哈布斯堡"级的额定载员是32名军官和606名水兵。与此相比,皇家海军"伦敦号"的舰员人数是780名,但是英国战列舰的排水量将近是这款奥匈帝国战舰的两倍(15700吨)。这是波普尔以最小花费设计最大舰船的明显例证。尽管狭窄,但是该级战列舰仍然有足够的空间为船员提供淋浴和热自来水。"哈布斯堡"级还用电灯来照明,并用电力驱动的通风扇尽可能好地保持舰内的新鲜空气循环。

(一)武器装备

相比"伦敦"级,造成"哈布斯堡"级排水量较小的主要原因是后者装备了更小口径的主要武器。在当时,305MM火炮已经成为皇家海军战列舰主炮的标准,但"哈布斯堡"级仅仅了搭载240MM克虏伯L/40 C97型舰炮,与在"君王"级上使用的主炮相类似。这对于奥匈帝国海军的上将们而言,似乎是不合适的。不过,当时德国人也以同样的火炮作为主要武器,并安装到他们同时代的"维特尔斯巴赫"级战列舰上。然而,随着克虏伯表面渗碳硬化装甲钢使用的增加,该炮的穿透力正在变得低效。"哈布斯堡"级与"维特尔斯巴赫"级战列舰的不同之处在于,前者只搭载了3门240MM巨炮,其中2门位于前部主炮塔内,另外1门在后部主炮塔里面。后部炮塔之所以削减了1门主炮,是因为波普尔必须在保持该舰排水量的条件下,不超过现有预算。主炮塔可以向左右各旋转130度,最大俯仰角为-4度至20度。在处于最大仰角时,主炮能够以3~4发/分的速度将215千克重的穿甲弹发射到16900米外。它的穿甲

⊙ "哈布斯堡"级的第三艘"巴本堡号"的舰艏主炮塔

威力和"君王"级战列舰的主炮是一样的。旋转、瞄准和装填炮弹变得更加容易，是因为炮塔和主炮都安装有电动马达，且弹药起重机也是电力驱动的。240MM 舰炮的备弹量为 240 发。"巴本堡号"的独特之处在于，它是第一艘接收国内生产的主要和次要武器的现代化奥匈战列舰。它搭载的 3 门 240MM 斯柯达 L/40 K01 型舰炮，是斯柯达公司锻造的第一款大口径海军火炮（虽然是授权生产的德国克虏伯 240MML/40 型大炮）。

⊙ 从"哈布斯堡号"舰艏的顶部俯瞰前部主炮塔

"哈布斯堡"级还安装有 12 门 150MM 克虏伯 L/40 C96 型副炮，其数量是"君王"级的两倍，与"伦敦"级同样多。这些中口径舰炮的最高射速为 4～5 发 / 分，最大俯仰角为 -7 度至 20 度，最大射程 13700 米。它们位于双层甲板的暗炮塔里，舰体每边舷侧 6 门。更下层的暗炮塔位置相当低，以至于如果在恶劣的海况下，它们能否有效地使用，是令人怀疑的。与主炮塔不同的是，150MM 副炮是要用手动控制的。双层甲板的暗炮塔高度令船顶增重，从而在航行时产生了稳定性问题，在 1911 年至 1912 年，"哈布斯堡号"和"阿帕德号"

⊙ "哈布斯堡"级舰体舯部的 150MM 克虏伯 L/40 C96 型火炮、70MM 斯柯达 L/45 型炮和重新设计的上层建筑

对自己的上层建筑进行了重建。第三级别的次要武器还包括 10 门 70MM 斯柯达 L/45 型火炮[①]，安装在单管炮座里。这些舰炮最初被用作防御敌方的鱼雷艇，但后来也被证明，其在充当防空武器时，也是卓有成效的。每艘战列舰携带 4000 发 70MM 炮弹。另外，"哈布斯堡"级搭载了 12 门 37MM 维克斯自动加农炮，其目的也是反鱼雷艇和防空，其他的武器还包括 4 挺斯柯达 1902 型 8MM 水冷式机枪。每艘该级舰还装备了 2 门 70MM

---

① 实际上，70MM 斯柯达 L/45 型火炮的口径只有 66MM，但是却被命名为"70MM 火炮"。

乌恰提乌斯L/15型青铜钢制小艇加农炮，用于武装小汽艇，或安装在一辆马车上，能被登陆部队带到岸上。"哈布斯堡"级战列舰安装了2根水下式舷侧鱼雷发射管，其位置在司令塔正下方，备有6枚450MM白头鱼雷。最后，它们还可以携带20枚水雷，储存在战舰搭载的小汽艇里。

（二）装甲防护和动力机械

装甲重量大约占了"哈布斯堡"级总排水量的25%。这些钢板由表面硬化镍铬钢制成，由德国克虏伯公司研发，通过国内的维克奥兹钢铁厂锻造而成。沿着战列舰主装甲带的船体舯部的钢板厚220MM，在这里坐落着弹药库、轮机舱和其他关键区域。装甲

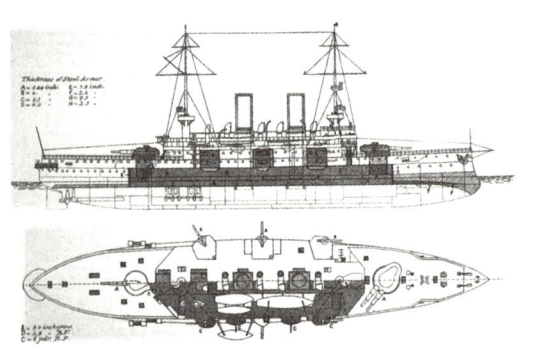

⊙ "哈布斯堡"级战列舰的装甲分布图

带到中间部分的两头，厚度稍微减薄至180MM，向舰艏则逐渐变薄至80MM。越过炮座，舰体由50MM的装甲钢板保护，直到舰艏和舰艉。整个装甲带，包括主炮座前部和后部的较薄部分，均高于水线1.06米，并向水下延伸1.3米。装甲带向舰艏拓展，并覆盖了撞角。侧面防护由主装甲带以上厚100MM的钢板增强，这片区域的装甲向上延伸到了火炮甲板。主炮塔由280MM的装甲保护，但是后部只有210MM厚。主炮塔炮座的表面和侧面由厚210MM的钢板保护，炮塔的装甲炮座、工作室和炮弹库由183MM的钢板保护。司令塔处的装甲厚200MM，通信管道则厚150MM。后部司令塔的防护没有那么严密，其装甲厚100MM，通信管道的装甲为50MM。防御副炮处的外侧钢板厚

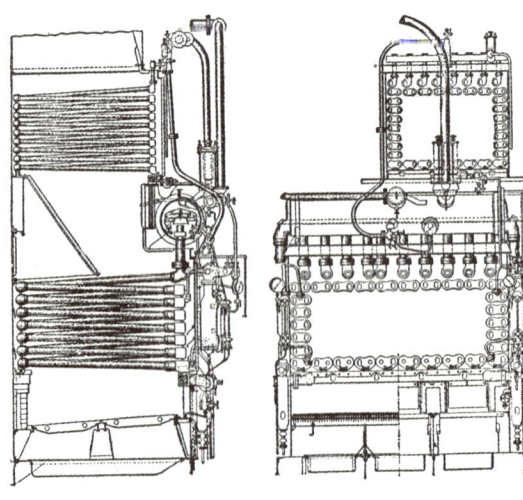

⊙ "哈布斯堡"级搭载的贝尔维式锅炉，其性能和效率比老旧的圆筒式锅炉有显著提高

度则为 135MM，相对不那么易受攻击的内侧则为 88MM。主装甲带以上的舷侧由 10MM 厚的镍钢保护，并一直延伸到火炮甲板。装甲甲板厚 40MM。2.3 吨重的球鼻型船艏覆盖有 40MM 的装甲，由匈牙利皇家迪欧斯捷尔钢铁厂铸造而成。此外，双重底覆盖了整艘战列舰全长的 63%，整船总共有 174 个水密隔舱。

每艘"哈布斯堡"级由的里雅斯特技术工厂生产的 2 台 4 缸垂直三重膨胀式引擎驱动，蒸汽由 16 台贝尔维尔式锅炉提供。该级战列舰的发动机平均可以爆发出 15063 匹马力的额定功率，使得巨舰的最高航速达到 19.62 节。"阿帕德号"和"巴本堡号"引擎输出的动力相互之间稍有不同：前者的最大功率为 14307 匹马力，极速 19.65 节；后者则为 16000 马力和 19.85 节。3 艘战列舰由两具三叶式黄铜螺旋桨推进，每具直径 4.88 米。这些海上巨擘各自最多可以携带 800 吨煤，在 12 节的速度下，其活动半径为 3600 海里。

四、大洋先锋——"卡尔大公爵"级战列舰

20 世纪初，波普尔海军上将被命令设计一款新型级别的战列舰，以便能够抗衡或超越意大利建造的"玛格丽塔皇后"级。这标志着自从《三国同盟条约》签订以来，奥匈帝国海军以更加积极的态度来应对意大利皇家海军，并在自己的战略计划中，将其当成一个潜在的敌

⊙ "卡尔大公爵号"战列舰，它的吨位仍然远低于同时期其他国家海军的主力舰

人。新设计的关键要求是下一代战列舰必须拥有更强大的次要武器，以超过"玛格丽塔皇后"级。这个方案是斯鲍恩海军上将就任为舰队总司令期间，设计的最后一个级别的奥匈帝国战列舰。

所有的"卡尔大公爵"级战列舰均在的里雅斯特技术工厂的船坞内建造。首舰"卡尔大公爵号"于 1902 年 7 月 24 日铺设龙骨，"弗里德里希大公爵号"则在同年的 10 月 4 日开工，"费迪南大公爵号"于两年后的 1904 年 3 月 9 日兴建。第一艘于 1903 年 10 月 4 日下水，第二艘在 1904 年 4 月 30 日下水，第三艘于 1905 年 5 月 21 日下水。该级战列舰中最先完工的是"卡尔大公爵号"，时间定格在 1906 年 6 月 17 日，接着"弗里德里希大公爵号"于 1907 年 1 月 31 日建造完毕，最后末舰"费迪南大公爵号"在 1907 年 12 月

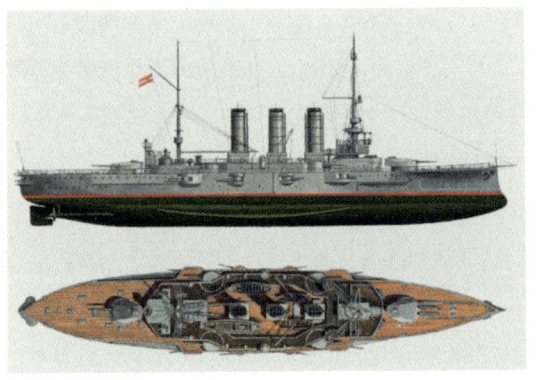

⊙ "卡尔大公爵号"的彩色写真，其设计风格比前两级要更加成熟

21日施工结束。该级战列舰的标准排水量为10640吨，满载排水量11413吨。它们的吨位比之前任何奥匈战舰的都大，但是仍然远低于同时期其他海军的战列舰。"卡尔大公爵"级战列舰水线长124.35米，全宽21.78米，最大吃水深度7.51米。战列舰的标准载员为37名军官和703名水手。

（一）武器装备

"卡尔大公爵"级搭载240MM主炮作为其主要武器，但却返回了"君王"级的老套路，即在两座双联装炮塔内安装4门巨炮，而不像拥有3门主炮的"哈布斯堡"级。其主要火炮是240MM斯柯达L/40 K01型加农炮，最大仰角为20度，最大俯角为-4度。主炮塔的射界广阔，可左右各旋转150度。每门炮需要20名舰员操作。当处于最大仰角时，大炮能将140千克重的炮弹打到16900米远的远处，射速为每分钟3～4发，炮口初速为690米/秒。每门这样的大口径舰炮至少有24.04吨重。有明显的证据表明，当其他各国海军普遍采用280MM或305MM口径的主要武器时，波普尔还是坚持装备240MM的主炮的原因还是，海军上将依旧经常面临经费短缺的限制。至于"卡尔大公爵"级，其更加轻型的主要武器导致了大量副炮的出现，这包括12门190MM斯柯达L/42型火炮，其中4门安装在炮塔里，剩余的8门位于舰体内部的暗炮塔里。在受过良好训练的舰员操纵下，它们每分钟最多可以发射3发炮弹。其高低射界为-3度至20度，在处于最大仰角时，190MM炮的最大射程可达20000米。当发射97千克重的穿甲弹时，炮口初速则为800米/秒。每门该型舰炮的重量为12.1吨。电动马达的使用令主炮塔、副炮塔与火炮的旋转和瞄准都变得更加方便和容易。但和"哈

⊙ 位于前甲板的"卡尔大公爵号"战列舰的双联装240MM主炮塔

布斯堡"级的暗炮塔炮座一样,"卡尔大公爵"级搭载的190MM副炮也难以在恶劣海况下使用。

该级舰的第三等武器主要包括12门70MM斯柯达L/45型火炮,其俯仰角为-10度至20度,可以水平旋转360度,意味着它能在自己的射程范围内以任意角度攻击来犯之敌。该炮射速相对较快,每分钟可以发射10~15发炮弹。最大射程

⊙"卡尔大公爵号"装备的47MM斯柯达L/44型速射炮,既可以反鱼雷艇,又能防空

为9140米,炮口初速为880米/秒。此外,巨舰还装备了4门47MM斯柯达L/44型速射炮和2门47MM斯柯达L/33速射炮。至于防空火力,"卡尔大公爵"级则配备了4门维克斯BR 37MM自动加农炮。它们的俯仰角高达-5度至80度,也能360度旋转。发射的炮弹重0.7千克,最大射程1830米,初速为640米/秒,每门火炮重57千克。为了对付敌方水手和海盗,舰上还装有4挺作为最后防御手段的8MM机关枪。另外,"卡尔大公爵"级战列舰还拥有2具450MM水下舷侧鱼雷发射管,位于前部主炮塔的炮座下,旋转27度向前布置。

(二)装甲防护和动力机械

"卡尔大公爵"级由维克奥兹工厂生产的克虏伯表面渗碳硬化装甲钢保护。主炮塔之间的主装甲带厚210MM,朝两端逐渐变薄至50MM。装甲带向垂直方向削减到150MM,暗炮塔处覆盖着170MM的钢板。主炮塔由240MM的装甲提供防御,司令塔处厚220MM,190MM副炮炮塔的装甲为150MM。水平甲板装甲厚55MM,保护着战列舰的关键部位。舱壁厚200MM,被划分为15个水密舱室。"卡尔大公爵"级是第一级在波普尔海军上将的要求下融合了双重底的奥匈帝国战列舰,以抵御水雷

⊙"弗里德里希大公爵号"的发动力舱内景,里面相当拥挤和炎热

的爆炸。双重底覆盖着舰体的舯部位置，长度为73米。

动力方面，这款战列舰由2台4缸三重膨胀式引擎驱动，能提供平均13530匹马力的最大输出功率，最高航速为20节（在海试中，"卡尔大公爵"的极速比设计速度还高出1节）。蒸汽则由3个锅炉舱内的12台亚罗式水管锅炉提供。发动机驱动着2具三叶式螺旋桨，每具直径5米。"卡尔大公爵"级煤仓内的最大装载量为1565吨，在10节航速下，战列舰的活动半径为4000海里。

五、中坚力量——"拉德茨基"级战列舰

⊙ 鲁道夫·格拉芙·冯·蒙特库科利·德格利·厄利上将，他极具海军发展的远见卓识

在1904年5月18日，帝国战争部下属的海军部的作战处下令设计新型战列舰，以抗衡意大利建造的"艾琳娜皇后"级战列舰。新级别的大洋巨擘意味着其性能将超越意大利已经拥有或正在建造中的主力舰。"拉德茨基"级是鲁道夫·格拉芙·冯·蒙特库科利·德格利·厄利上将，于1904年成为海军部部长和海军总司令（代替退休的斯鲍恩）之后兴建的第一款战列舰。在1906年11月，蒙特库科利要求奥地利和匈牙利议会为修建排水量为14500公吨的新式战列舰投入资金，而且匈牙利的工业部门在被保证在海军建造合同中占有更高比例后，欣然接受了该方案。

所有3艘相关战列舰都在的里雅斯特技术工厂制造。首舰"弗朗兹·费迪南大公爵号"于1907年9月12日铺设龙骨，次年9月30日下水，1910年6月5日完工；"拉德茨基号"则在1907年11月26日开工，将近两年后的1909年7月3日下水，1911年1月15日建造完毕；第三艘"兹里尼号"在1909年1月20日动工，1910年4月12日下水，1911年9月15日建造完成。"拉德茨基"级水线长138.8米，全宽24.6米，满

⊙ 3艘停泊在普拉港内的"拉德茨基"级战列舰（图中右侧分别由近及远）

载条件下吃水 8.1 米。每艘战列舰搭载 30 名军官和 860 名水手。其上层建筑被最小化了，仅仅包括带有指挥舰桥的司令塔、在桅杆之间的上层暗炮塔，以及位于后主桅和后主炮塔之间的一座辅助指挥站。该级主力舰上的军官住舱相当宽敞，但是水兵住所的空间则非常紧凑，这是波普尔海军上将力求采用减重措施的结果。

⊙ 1911 年时的"兹里尼号"战列舰，隶属于"拉德茨基"级

（一）武器装备

当"拉德茨基"级的建造大功告成时，它们的火力超过了任何现有的意大利战列舰和刚刚服役的"艾琳娜皇后"级战列舰。"拉德茨基"级是奥匈帝国海军最先搭载 305MM 巨炮的主力舰。4 门 305MM 斯柯达 L/45 型舰炮成双地安装在前部和后部的主炮塔内。它们的俯仰范围是 -4 度至 20 度，能左右各旋转 140 度。在发射重达 450 千克的穿甲弹（内部填充有 138 千克的发射装药）时，初速 800 米 / 秒，极限射程高达 20000 米。其射速为第一分钟 3 发，之后每分钟 1～2 发。该级主力舰可为每门主炮携带 20 发穿甲弹和 80 发高爆弹。这些半无畏型战列舰的特点是装备有中间级的武器，即 8 门 240MM 斯柯达 L/45 型火炮，安放在舰体舯部的 4 座双联装炮塔内。240MM 炮弹有限的穿透力（只有大约 305MM 炮威力的一半，射程相比也要减少 25%）备受争议，它们的攻击力致使中口径火炮在中或远距离上对抗拥有良好防护的敌方主力舰时几乎无效。此外，240MM 炮弹落入海面时产生的水花和 305MM 炮弹没有什么区别，从而导致了精确的火控变得极度困难。战舰携带了 800 发 240MM 炮弹，这就不可避免地导致了搭载的 305MM 炮弹数量有限。尽管如此，重炮的混合布局令

⊙ "弗朗兹·费迪南大公爵号"的舰艏主炮塔，其顶部安装有一门 70MM 斯柯达 L/45 型火炮

⊙ "拉德茨基号"的模型，可清晰地看见舰体舯部的240MM炮塔和100MM副炮

"拉德茨基"级在一战中扮演轰击沿海目标的角色时，还是显得富有成效的。

"拉德茨基"级上面搭载的副炮为20门100MM斯柯达L/50型火炮，是在新上任的海军上将斯鲍恩的指导下，斯柯达兵工厂最近为"诺瓦拉"级轻巡洋舰研发的。16门100MM火炮安装在舰体的暗炮塔内，每边舷侧8门，剩下的4门位于上层的暗炮塔里，每边2门。这些舰炮每分钟能发射8～10发炮弹，并且最多可携带3000发26.2千克重的炮弹。其最大射程为11000米，炮口初速为880米/秒。第三等的武器包括6门70MM斯柯达L/45型火炮、4门47MML/44火炮和1门47MML33斯科达速射炮，以及2门66MM登陆炮。"拉德茨基"级也安装了3具450MM水下鱼雷发射管，其中2具在前主炮塔的水下部位，每边舷侧1具，另外1具则位于舰艉。

（二）装甲防护和动力机械

"拉德茨基号"由克虏伯表面渗碳硬化钢板构成的230MM装甲带（从前主炮塔炮座一直延伸到舰艉的另一座主炮塔）提供防御，保护着炮塔、弹药库、轮机舱和其他重要的水下区域。主装甲带向舰艏和舰艉方向逐渐变薄至100MM。装甲带之后是纵贯全舰的58MM防鱼雷舱壁。这是波普尔海军上将试图创造的一个装甲雷壁或双重底的努力，以增加抵御鱼雷和水雷的水下防护能力。波普尔提出的双重底是更多地基于他自己的理论，而不是通过经验。在战列舰的外层板和防雷舱壁之间的是船侧通道，波普尔打算在这片空白区域填充内部防雷壁以免受水下爆炸冲击波的损坏。然而，预算的限制从来没有允许波普尔去有效地测试他的水下防护设计。水密隔舱间的防雷舱壁厚150MM。主炮塔覆盖着250MM的装甲，次级火炮炮塔的钢板则厚200MM。主炮塔的顶部装甲厚60MM，次级火炮炮塔的同一部位为50MM，二者的材质均为非硬化钢板。炮塔顶部的防护非常薄弱，以至于在战列舰相互之间的战斗中，是有潜在危险的。容纳100MM副炮的暗炮塔拥有120MM的装甲。至于司令塔，其侧面装甲厚250MM，顶部为100MM。主甲板厚

48MM，上面还覆盖了一层柚木板。

至于推进动力，"拉德茨基"级仍然采用了三重膨胀式蒸汽机，这是奥匈帝国战列舰的传统。尽管英国人正在试验将更加先进的蒸汽轮机动力运用到他们的新型无畏舰和战列巡洋舰上，但波普尔最终还是把老旧的三重膨胀式发动机保留在设计当中，而这也是可以理解的：因为虽然蒸汽轮机的技术很新潮，却没有经过完全的测试，而且采购价格非常昂贵。德国人和美国人也在他们第一级别的无畏舰中保留了三重膨胀式发动机，并等待观察来自英国的实验结果。在"拉德茨基"级战列舰中，12台亚罗式水管锅炉驱动着2台4缸垂直三重膨胀式引擎，能产生19800匹马力的最大额定功率。在海试中，"弗朗兹·费迪南大公爵号"的极速甚至超过了20.5节。该级主力舰拥有两根推进器和两具螺旋桨，其煤舱最多可装煤1350吨，在航速为10节的情况下，这些海上巨无霸可以航行4000海里。

⊙ 亚罗式水管锅炉，为"拉德茨基"级战列舰的动力之源

六、精锐之师——"特格特霍夫"级战列舰

在1909年1月，蒙特库科利海军上将提出了一个崭新的海军造舰计划，即在1908年奥匈帝国吞并波斯尼亚-黑塞哥维那之后兴建4艘新式无畏级战列舰，但该扩军行动遭到意大利的抗议。蒙特库科利关于建造无畏舰计划的野心勃勃的言辞，在1909年4月震惊了意大利媒体，使得意大利政府匆忙地提出要开始投入资金，以为自己的皇家海军建造首款无畏舰——"但丁·阿利吉耶里"级。当"但丁·阿利吉耶里"级开工时，蒙特库科利的建造计划仍然停留在纸面上。当蒙特库科利提到未来的奥匈无畏舰要和"拉德茨基"级战列舰一同完工时，这使得意大利的海军上将迅速意识到，奥匈帝国海军将开始营造一个严重的威胁。尽管他不是故意的，不过还是使一战前的地中海地区的海军军备竞赛更加紧张了，且蒙特库科利没有能力对意大利的所作所为做出迅速反应。政府无法预料的衰落，与1909年4月和匈牙利重新联合的争论，令布达佩斯失去议会超过一年之久。布达佩斯政府的缺失意味着建造无畏舰的新海军预算无法得到批准，这是由双帝制麻烦的法案通过

⊙ 奥匈帝国海军总司令蒙特库科利上将提出要建造新式主力舰后，宿敌意大利马上回应要打造"但丁·阿利吉耶里"级无畏舰（上图）来应对威胁

程序造成的。

对于蒙特库科利而言，此刻缺乏新资金是不合时宜的。这不仅是因为会冒着落后于意大利战列舰项目的风险，而且还由于"拉德茨基"级战列舰的建造已经接近尾声。没有新项目上马，使得的里雅斯特技术工厂、斯柯达兵工厂和维克奥兹钢铁厂将被迫解雇熟练的工人，这意味着当新无畏舰的建造最后被批准时，制造商将没有技术娴熟的劳动力，来及时地来完成巨舰的修建。如果所有这一切还不够糟糕的话，那么蒙特库科利还会得知意大利人已经谋划建造3艘新式的无畏舰，即"但丁·阿利吉耶里"级之后的"加富尔伯爵"级。对于舰队指挥官来说，幸运的是，海军不是唯一关心、等待战列舰建造的团体。来自的里雅斯特技术工厂、斯柯达兵工厂和维克奥兹钢铁厂的代表在1909年夏天会见了蒙特库科利，以讨论在不等待政府授予他们经费的情况下就开工修建2艘新式无畏舰的事宜。这是用他们的财政利益来保持其船坞和铸造工厂的正常运行，而且蒙特库利特不想要损失任何与意大利人进行无畏舰争霸赛的时间。尽管他假设工业部门会利用最终即将到来的政府出资而开始建造新型战列舰，但是蒙特库科利还是被迫寻求贷款，以他自己和海军做担保，为的是使战舰早日开工。这是有风险且非法的投机，不过著名的罗斯柴尔德银行（拥有的里雅斯特技术工厂、斯柯达兵工厂和维克奥兹钢铁厂的许多股份），在接受来自弗朗兹·费迪南自身的保险后，向海军提供了贷款。弗朗兹·康拉德·冯·霍兹恩多夫——奥匈帝国武装力量的总参谋长，以及外交部长，也给予蒙特库科利的方案以鼎力支持。

⊙ 1910年4月12日的里雅斯特造船厂照片，该船厂是奥匈帝国最重要且多产的战列舰诞生地

就这样，当来自奥地利

和匈牙利议会的预算代表团最终于1910年秋天聚集时，蒙特库科利已经有2艘无畏舰处于建造中了。令人惊讶的是，代表团接受了蒙特库科利对于无畏舰建造开端的"封面故事"，在他知晓意大利已经开工兴建"加富尔伯爵"级战列舰的事实后，同时还向政客们逐渐灌输建造新型战列舰的紧迫感。在形势不

⊙ 阜姆的匈牙利甘兹·达努比乌斯船坞的组装车间（"特格特霍夫"级的第四艘"伊什特万号"即在此建造）

利的1910年年度预算里，海军允许拨给最先2艘无畏舰动工的必要资金，并且蒙特库科利于1911年财政年度中接收了最初的资金，以在未来进一步建造另外2艘无畏舰。为了获得匈牙利方面对建造第二批2艘战列舰的支持，蒙特库科利保证它们中的一艘将由位于阜姆的匈牙利甘兹·达努比乌斯船坞建造，连同数艘未来的巡洋舰和驱逐舰一起施工。到了1911年3月，奥匈帝国的无畏舰项目终于被官方批准了。

当蒙特库科利开始商议秘密的修建项目时，的里雅斯特技术工厂已经致力于数艘无畏舰的设计工作了。波普尔海军上将，在完成"拉德茨基"级的设计后，于1907年从海军部队退休，后来作为一名技术顾问在的里雅斯特技术工厂工作，并且以首席工程师的职位结束了其生涯。他参与过数款无畏舰的设计，排水量从20000～25000吨，搭载8～12门305MM主炮，安装在双联装炮塔里。尽管他命令不要为战舰设定预算，但蒙特库科利深知他确信预算代表团最终会批准造船的项目（同时意识到之前的预算仅允许建造较小的船只），并且坚持为更小的排水量做出更加紧凑的设计。当讨论到设计参数时，蒙特库科利和的里雅斯特技术工厂得知了意大利决定将三联装主炮塔运用到"但丁·阿利吉耶里号"上。幸运的是，奥匈帝国海军在面对这种发展趋势时所做出的快速反应，是处于有利位置的。早在"但

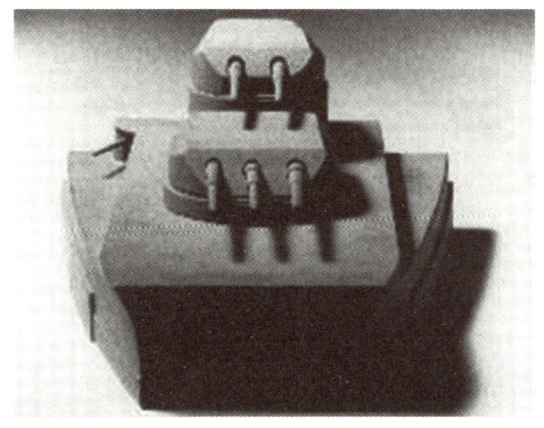

⊙ 斯柯达兵工厂为"特格特霍夫"级战列舰研发的背负式主炮塔。实际上，真正制造出的巨舰搭载的主炮塔都是三联装布局，而不是图中更高炮塔的双联装

⊙ "斯柯达"兵工厂为"联合力量号"战列舰设计的主炮塔装甲板

丁·阿利吉耶里"下水之前，斯柯达兵工厂就在海军的要求下制造了一个按比例缩小的三联装炮塔实物模型，以测试这种设计的可行性。测试被证明是成功的，其显示出三联装炮塔比使用大量的双联装炮塔能更有效地使用甲板空间，而且对于奥匈帝国设计宗旨的特性来说是特别重要的，因为这能减重。斯柯达兵工厂继续研发三联装炮塔的设计，当时俄国人对其表现出了浓厚兴趣，并想为他们第一级别的无畏舰购买奥匈的相关产品。所以当奥匈帝国海军决定将三联装炮塔合并到其新式无畏舰上时，斯柯达兵工厂立即准备开始建造。

第一艘奥匈帝国海军的无畏舰，即"联合力量号"，于1910年7月24日在的里雅斯特技术工厂铺设龙骨，1911年6月24日下水，1912年12月5日完工。"特格特霍夫号"则在与前者同年的9月24日开建，1912年3月21日下水，1913年7月21日完成建造。"欧根亲王号"于1912年1月16日开工，同年的11月30日下水，1914年7月17日建成。而"伊什特万号"则于1910年1月29日在达努比乌斯船厂建造，1914年1月17日下水，在经过漫长的建造后，终于在1915年12月13日大功告成。当时，船厂缺乏足够的经验建造如此大型和复杂的舰只。蒙特库科利明知达努比乌斯船厂没有为这样浩大的项目做好准备，但合同是一个政治需要，是为了获得匈牙利对他修建计划的支持。相对于它们的火力而言，"特格特霍夫"级无畏舰是相对紧凑的，这再次反映出帝国在海军建设上投入的有限经费带来的限制。在满载条件下，该级战列舰的排水量为21595吨。其水线长152.2米，全宽27.3米，最大吃水深度8.9米。的里雅斯特船坞建造

⊙ 1911年6月24日，刚建造完毕的"联合力量号"舰体在船厂下水

的前 3 艘"特格特霍夫"级的标准载员为 31 名军官和 1066 名水手,最后一艘"伊什特万号"则为 38 名军官和 1060 名水手。同"拉德茨基"级一样,"特格特霍夫"级战列舰的上层建筑也被最小化了,仅仅包括司令塔、指挥舰桥及舰艏和舰艉桅杆的装甲辅助控制站。该级舰是平甲板的,并且水兵住舱的空间非常拥挤。

(一)武器装备

"特格特霍夫"级的主要武器是 12 门 305MM 斯柯达 L45 K10 型海军舰炮,与"拉德茨基"级搭载的主炮相类似,安装在 4 座三联装炮塔内。与"拉德茨基"级不同的是,K10 型主炮的身管长了 5cm,因而在开火时要求填充更强的推进装药。该型火炮的俯仰角为 -4 度至 20 度,最大射程为 25 千米。在处于长射程时,"特格特霍夫"级战列舰上高大的观测平台为炮手提供了更高的精准度。该型战列舰搭载的主要武器的特殊之处是,其巨炮安装在三联装炮塔内,并以背负式的布局方式布置在舰艏和舰艉。主炮塔安装在水密炮塔轴上,后者可以随着炮塔旋转,并且向下一直延伸到双重底。从舰底向上,是发射火药装填平台,再往上是发射药筒装填平台。然后炮弹通过升降机提升至传输平台,后者能作为一个临时的弹药装填区域,直到炮弹被运输到火炮平台。火炮平台的后部顶盖有一个突出的瞄准站,在这里安装着一部巴尔·斯特劳德型测距仪。每座主炮塔配备的人员有 1 名军官、1 名电气工程师、1 名火炮机械工程师、37 名炮手和 50 名水手。

该级战列舰的次要武器包括 12 门 150MM 斯柯达 L50K10 型副

⊙ 在皮尔森的斯柯达工厂为"联合力量号"组装第一座三联装主炮

⊙ "特格特霍夫号"战列舰舰艉的两座 305MM 主炮塔

⊙ "特格特霍夫"级搭载的150MM斯柯达L50K10型副炮，图中的这门火炮已作为岸防炮使用

⊙ 炮手正在试射"特格特霍夫号"舰艇主炮塔顶部安装的70MM炮

炮，位于手动旋转的暗炮塔内，每边舷侧6门。如同其他所有的奥匈帝国战列舰一样，由于这些火炮过于接近洋面，因此它们在恶劣的海况下几乎无法使用。然而，该级战列舰搭载的第三级武器数量比之前的"拉德茨基"级更多。18门70MM斯柯达L50K10TAG型火炮安装在舯部的甲板上，还有数门位于第二和第三主炮塔的顶部。上述火炮中的一些被类似的70MM斯柯达L50K10BAG型防空炮所代替，它们安装在主炮塔的顶部。BAG的衍生型号是双用途的反鱼雷艇/防空炮，它没有保护炮手的防盾，这可以使炮手在瞄准目标时没有障碍。火炮由各自主炮塔内的舰员控制。当开火时，防空炮弹会释放出缕缕硝烟，这属于早期的曳光弹。

对防空炮的重视，反映出在第一次世界大战前不久和期间，奥匈海军对航空轰炸关注度的提高。第三级武器包括2门47MM斯柯达L44型速射炮、2门66MM斯柯达L18型海军登陆支援炮和2挺施瓦兹劳斯8MM M7/12机枪。另外，"特格特霍夫"级还装备了4具533MM鱼雷发射管：其中1具在舰艏，1具在舰艉，其他2具位于战舰每边的舷侧。在一战期间，没有奥匈帝国海军的战列舰在战斗期间发射过鱼雷。

（二）装甲防护和动力机械

"特格特霍夫"级战列舰的主装甲带由280MM厚的克虏伯表面渗碳硬化装甲钢制成，其向舰艏和舰艉逐渐减薄至150MM。更薄的装甲没有完全延伸到战列舰的前部和尾部，110～130MM厚的装甲位于装甲带和舰艏、舰艉之间。暗炮塔在装甲带之上，由180MM的装甲保护。主炮塔、炮座和司令塔的侧面覆盖着280MM的硬化钢板，炮塔顶部的倾斜部分由 150MM 的装甲保护。然而，炮塔和司令塔的顶部仅由 60MM 的普通克虏伯钢板保护。其双层装甲甲板，分别厚 30MM 和 48MM，覆盖在弹药库和轮机舱之上。"特格特霍夫"级保留了波普尔设计的带防雷装甲的水下防护系统，该系统由延伸至水线装甲带底部的双重底构成，最外层舱壁的厚度为 10MM，且拥有 50MM 的防鱼雷装甲（由两层 25MM 厚的钢板组成）。由于水下防护系统的总厚度仅为 1.6 米，因此很难抵御鱼雷的战斗或水雷的爆炸，这也导致了"联合力量号"和"伊什特万号"战列舰的最终沉没。

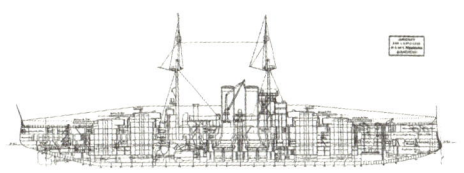

⊙ "特格特霍夫"级战列舰的内部结构剖视图

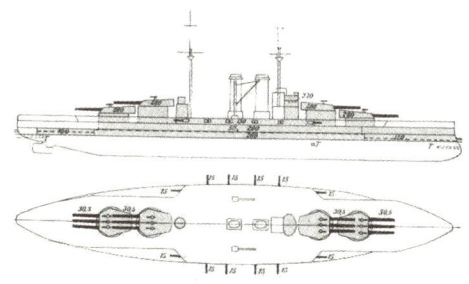

⊙ "特格特霍夫"级战列舰的火力和装甲厚度分布图，其拥有奥匈帝国主力舰中最强的攻击与防护力量

巨舰的推进装置为 4 台帕森斯式蒸汽轮机，每 2 台装在一个独立的发动机舱内。蒸汽轮机由 12 台巴布考克 & 威尔考克斯锅炉提供动力。推进系统的最大功率为 27000 匹马力，战舰的最高设计航速为 20 节，螺旋桨直径 4 米。这 4 艘战列舰可携带 2000 吨煤，以及附加的 267.2 吨燃油。"特格特霍夫"级在 10 节速度下，最多能够航行 4200 海里。

⊙ 1911 年款式的帕森斯式蒸汽轮机，为"特格特霍夫"级战列舰提供了强劲动力

⊙ 巴布考克 & 威尔考克斯锅炉是一战时期所有的奥匈帝国海军战列舰中最先进的动力装置

七、鏖战地中海——奥匈帝国战列舰的一战风云史

（一）保卫科托尔海军基地

具有讽刺意味的是，奥匈帝国海军主力舰在大战中最活跃地参加作战行动的是老旧的"君王"级岸防战列舰。奥匈帝国于 1914 年 8 月 28 日向塞尔维亚宣战后，第一个对塞尔维亚提供援助的国家是小邦黑山共和国，它在同年 6 月就对奥匈帝国宣战了。安东·豪斯海军上将，代替蒙特库科利担任了海军部部长和海军总司令。他立即做出了回应，用巡洋舰、驱逐舰及鱼雷艇炮轰和封锁黑山的港口安蒂瓦瑞。黑山的国王尼古拉斯命令他麾下的军队开始作战，于 8 月 8 日进攻位于科托尔湾的奥匈帝国海军基地。科托尔是奥匈帝国海军在亚得里亚海最南部的港口。越过边境，便是洛夫琴山脉，在这些高地上，黑山人布置了一些炮兵阵地。8 月 8 日，黑山人的火炮开始向奥匈帝国的要塞射击。

◉ 安东·豪斯上将，是第一次世界大战期间奥匈帝国海军最主要的高级将领和指挥官之一

◉ 一战时期，风景如画的科托尔港，战火的硝烟打破了这里的宁静

仅有少量驻扎在科托尔港的战舰开始反击，其中吨位最大的莫属"卡尔皇帝六世号"旧式装甲巡洋舰。科托尔要塞和"卡尔皇帝六世号"一起向洛夫琴山上的炮台回击，并得到了海军水上飞机的侦察援助。在湾内的奥匈帝国舰船，于 9 月 13 日得到了来自普拉港的"君王号"、"维也纳号"和"布达佩斯号" 3 艘战列舰的增援。这些旧式主力舰搭载的 12 门 240MM 巨炮是备受欢迎的，其火力和射程均远超了洛夫琴山上的炮兵部队。在接下来的数周内，每天发生两次的火炮对轰较量，在奥匈军队要塞内的 150MM 火炮、海湾内舰艇上的舰炮和洛夫琴山上的炮台之间进行着。

◉ 在科托尔港下锚的"维也纳号"战列舰

在同年的 8 月 13 日，奥匈帝国海军对

抗黑山共和国的战争出现了新的格局，因为在那天英国和法国都对奥匈宣战了。法国人意识到占领科托尔可以令自己的战舰在亚得里亚海区域获得一个合适的舰队基地，便于9月18日—19日在安迪瓦瑞，让由4门150MM和4门120MM海军舰炮组成的火炮支队进行登陆作战，该支队由护卫舰舰长格雷利尔指挥，将与洛夫琴山上的黑山国炮台并肩作战。而且，如果科托尔湾周围的奥地利要塞数目减少的话，法国就会派遣军队协助黑山人，以便占领海军基地。舰长格雷利尔花了一个月的时间向内陆进

⊙ 第一次世界大战时的黑山国陆军官兵，他们顽强地抵抗着奥匈帝国的进攻

发，但是，最后他的部队还是被组建并布置在洛夫琴山南侧的要塞里。观察站和无线电站也修建在格雷利尔麾下部队所驻扎的山上。10月19日，法军的火炮开火射击了。

为了对付洛夫琴山上新加入的法国炮兵部队，奥匈军队需要超出敌方射程的大口径火炮。10月21日，豪斯上将派遣从普拉港起航的"拉德茨基号"战列舰加入在海湾处的"君王"级舰队。因装备有面向舷侧的4门305MM炮和4门240MM炮，"拉德茨基号"扭转了科托尔地区的炮轰作战局势，使胜利的天平更加垂青于奥地利人。尽管如此，舰长还是下达了保存弹药的严厉指示，以防法国人或英国人向科托尔派出战舰进行干预。"拉德茨基号"于10月22日的早些时候到达了目的地，而且其军官通过奥匈军队的水上飞机所提供的照片得知了洛夫琴山周围的敌军炮塔的位置。当天下午，"拉德茨基号"在海湾的某一点下锚，离敌方炮兵有11千米远。下午4时27分，它的305MM主炮开始朝库克山脊的炮兵开火。通过得到驻扎在勒佩塔尼的奥匈帝国气球基地的系留气球和位于霍赫维马克的观察站的帮助，"拉德茨基号"的射击非常精准，由舰上的一名军官负责指挥。

法国人和黑山人被迫关注着他们对要塞的炮击效果，此时在海湾里的奥匈帝国战舰超出了敌方射程，但他们却仍然在接下来的几天内继续向目标倾泻炮弹。"拉德茨基号"每天都开火还击，使一些炮弹直接命中了敌军火炮和要塞的阵地。在10月24日，一门法

075

⊙ 从洛夫琴山山顶俯瞰科托尔湾，当年奥匈帝国海军与黑山国及其盟友在此进行了血战

军的120MM炮被击中，但是盟军仍然继续炮击科托尔的要塞。由于已经熟知了盟军在早晨太阳升起来后才炮击的策略，"拉德茨基号"于是在26日上午日出之前就开了火，抓住了法国人和黑山人疏于防范的时刻。大量的盟军炮兵部队和要塞在重炮轰击之下被摧毁，包括其他的法制120MM火炮，因此在上午10时整，来自洛夫琴山的盟军防御工事停火了。27日，"拉德茨基号"向海岸的更近处航行，同时炮击黑山军队的阵地。考虑到没有能攻击"拉德茨基号"的大炮，而且在海湾中并无其他战列舰的援助，格雷利尔只好决定将他残存的火炮向后撤离1000米远，并承认战败。同样地，黑山军队也放弃了他们在库克山脊的要塞，并朝内陆的更深处撤退。到11月，法国高层指挥部决定中立并放弃占领科托尔的战争。随着旷日持久的盟军炮击威胁和对科托尔围攻的结束，"拉德茨基号"于1914年12月16日胜利返回了普拉港。

当奥匈帝国的军队最后有能力于1916年1月初对黑山国发动一场进攻时，"布达佩斯号"在海湾上协助地面部队以对抗洛夫琴山的防御工事，战列舰上搭载的240MM和150MM大炮猛轰了黑山人的阵地。在1916年1月10日，奥匈的地面部队夺取了洛夫琴山口和邻近高地上的法国火炮阵地。为了使其火炮提升足够高的角度以打击位于山脉顶部的黑山军队防线,"布达佩斯号"不得不纵倾 7 度。海军的炮击在摧垮山上敌人守军的士气上扮演了决定性的角色,结果黑山军队在两天后要求停战。对洛夫琴山的炮击也突出了奥匈帝国海军战列舰作为移动的重型炮台的可行性,而这一角色将在一战中的亚得里亚海上继续演绎。

⊙ 1914 年,在洛夫琴山上的法军炮台停火后,位于科托尔湾的"拉德茨基号"战列舰

(二)炮击安科纳

豪斯海军上将之所以犹犹豫豫,其主要原因之一是他相信意大利人将不会在冲突中保持中立,因而不让他的战列舰在大战初期几个月中远离普拉港以执行任何作战行动。当意大利于 1914 年 8 月宣布中立时,豪斯预料到,如果有机会出现,意大利将不会害怕打击它的传统敌人(其中就包括奥匈帝国)。意大利的政客们和军队将领梦想获得对意大利的未收复领土,或被奥匈帝国占领数十年的讲意大利语的省区的控制。所以,意大利将不再可能是三国同盟中的一部分了,但是目前它已经处于整个欧洲大战的边缘了,因而能表现得更加自由。在首相安东尼奥·萨兰德拉领导下的意大利政府,决定遵循一条被他定义为"神圣利己主义"的路线,这直接意味着意大利在战争中扮演的角色,无论如何都将只对意大利是最有利的。盟军特别热切地敦促意大利能在 1915 年春天时参战,当时的意大利海军可以用于牵制亚得里亚海中的奥匈帝国海军,此刻越来越多的英国和法国战列舰则需要参加即将到来的达达尼尔战役。

1914 年至 1915 年冬天,在目睹了奥匈帝国于加利西亚和塞尔维亚遭受的重大失败后,并确信哈布斯堡帝国已濒临崩溃的边缘,意大利政府于是在 1915 年 4 月 26 日签署了《伦敦条约》,从而使自己成了英国人和法国人的盟友,并加入到了一战的烽火狼烟当中。

⊙ 一战期间,对奥匈帝国的海上利益构成最大威胁的自然是意大利皇家海军。图为意军"朱里奥·恺撒号"战列舰

豪斯海军上将计划在战争刚爆发时就立即对意大利实施打击，他的预定目标是海军设施、公路、铁路及其他能够维持意大利沿着西海岸和亚得里亚海进行联系的路线。如果意大利军队在向伊松佐河前线推进时，遭到身处在他们自己领土内的奥匈战舰的炮击，意大利皇家陆军在战争早期时的旺盛士气立即就将遭到打击而衰落。如果在奥匈针对意大利的战争中，罗马不久之后能宣布其中立，则豪斯早就已经计划采取这样的行动了。当罗马方面准备在1915年5月加入战争时，豪斯已经开始派遣侦察飞机飞往威尼斯和亚得里亚海北部海岸的上空。得知那片区域内没有意大利皇家海军的主力，这对于豪斯而言是一个意外惊喜，并且鼓励他去采取更具侵略性的行动。豪斯猜测意大利皇家海军的战列舰不是在布林迪西就是在塔兰托，于是他派遣了3个由轻巡洋舰和驱逐舰组成的侦察集群向南航行，并保持戒备。如果位于南部的意大利重型舰只试图拦截主要的奥匈帝国舰队，那么豪斯仍然会热切地避免一场主力舰队之间的决战行动，并能从他的侦察集群中获得足够的

一战爆发之前，驻扎在普拉港内的"特格特霍夫"级战列舰

警告。这些集群于同年5月19日向它们的巡逻海域出发，并且豪斯下令在普拉港的剩余船只保持点火航行，以便使它们一遭遇到敌人，就能及时逃离。在5月23日下午4时整，意大利和维也纳的外交关系决裂的消息传到了普拉港。很快，意大利便向奥匈帝国宣战了。4个小时过后，为了鼓舞他麾下的战舰上的船员的士气，豪斯上将亲自登上了"哈布斯堡号"。"哈布斯堡号"之后便驶离了普拉港，跟随最强大的奥匈帝国海军力量扬帆远征。

在他和炮击舰队离开一个小时之前，豪斯派遣了另一个侦察集群，其中包括"锡盖特堡号"和"赛达号"巡洋舰，以及两艘驱逐舰，向南航行至佩达索和塔杰尔之间的地区。整个夜晚，奥地利人的舰队都在向西航行，其小集群从主体舰队中脱离，为的是驶向它们的特定目标。大约在5月24日零点30分，在奥匈舰队的官兵中，有一些感到愁眉紧锁，因为当时的"锡盖特堡号"巡洋舰发现了意大利的"费拉拉城号"飞艇，在"韦莱比特号"驱逐舰向天空射击时，飞艇迅速离开了。意大利人会对奥地利舰队出现在亚得里亚海北部地区的情况发出警告吗？奇袭的突然性会消失吗？豪斯上将继续向前推进，他派遣了一大群驱逐舰和鱼雷艇赶在主体舰队的前面，以扫雷和侦察目标区域。使奥地利人

感到兴高采烈的是，安科纳港在和平时期灯火通明，并且当豪斯的侦察舰队接近时，也没有发出警报。出其不意的袭击目的已经达到！3时40分，豪斯接收到了消息，即他的前线鱼雷艇报告，在接近海湾入口处没有发现水雷。然后，他亲自率领第Ⅲ战斗舰队（配备"卡尔大公爵"级战列舰）和第Ⅳ战斗舰

⊙ 遭到奥匈帝国海军炮击前的安科纳港

队（配备"哈布斯堡"级战列舰）的战列舰一起攻击，并且转向朝目的地航行，此时离海岸有3000米远距离。4时04分，一名火炮军官做了最后的测量，对他们的目标进行了测距，豪斯于是下令开火。

几秒钟后，大口径炮弹开始如雨点般地落到了整个安科纳港和城市里。"哈布斯堡号"的火力被防波堤上的卡罗·西佩里炮台、火车站和城市里的一座兵营所分散。"巴本堡号"测试其火炮，以轰击里古洛·安科尼塔诺船坞、城市的发电所和卡布奇尼炮塔。"阿帕德号"上的巨炮也打击了城市的堡垒、煤气站、引水渠和防波堤上的炮台。在第Ⅳ战斗舰队的舰船之后，"费迪南·马克思大公爵号"瞄准了该市北部的兵营、旗语站和无线电站，也支援了对防波堤上炮台的炮击。"弗里德里希大公爵号"弹如雨下，炮弹落到了码头和城市南部的兵营里。"卡尔大公爵号"支援了对兵营的射击，还炮轰了恩里科·恰尔迪尼炮台。最初，构成第Ⅰ战斗舰队的战列舰（"联合力量号"、"特格特霍夫号"和"欧根亲王号"）和"弗朗兹·费迪南大公号"被命令后撤，以进一步远离海岸。它们瞄准了所有在安科纳外围的陆上炮台，因为后者可能会攻击奥匈海军的老式战列舰，其中特别令人关注的是城市外围的阿尔弗雷多·维萨奥炮塔。奥地利人的海军情报获悉，该目标区域可能安装有5门250MM大炮和一些120MM或150MM火炮。

⊙ 1915年5月24日，"巴本堡号"战列舰正在猛烈炮轰安科纳港的里古洛·安科尼塔诺船坞

⊙ 在完成对安科纳港的炮击任务后,一艘"特格特霍夫"级战列舰返航至普拉港,激动的水兵们正在欢呼

豪斯想要确认那些火炮能不能对他的战舰构成风险,所以他向其麾下最强大的作战部队分配任务,以处理这些潜在的威胁。

跟在后面的"哈布斯堡号"和"卡尔大公爵号"也开始了它们的炮击,期间没有受到意大利地面炮兵的反击。豪斯上将然后命令他麾下更加重型的战舰集中攻击城市和港口中的其他目标。瞬间,3艘"特格特霍夫"级和"弗朗兹·费迪南大公号"的炮弹密集地落到信号站、无线电站、左侧仓库和储油柜上。24日黎明破晓时,安科纳与其他沿着意大利东海岸线的地点都受到了奥匈舰队的攻击影响。到当天上午晚些时候,所有由豪斯指挥的战列舰都安全返回了普拉港的锚地,奥地利人没有遭受任何损失。炮击可能没有造成重大的物质损失,但是对意大利人产生了负面的心理影响,结果使其沿着海岸进发的部队耽误了3天的行军时间。此外,这还导致了戏剧性的结果——因意大利军队在战争初期的拙劣表现震惊了意大利海军领导人,以至于意大利舰队的战列舰将绝不介入北部亚得里亚海的冒险中,直到战争结束。

(三)血洗科特尔拉佐

1917年10月24日,德国人和奥地利人发动了为期12天的伊松佐战役,又被称为卡波雷托战役。最后,同盟国军队通过使用飓风般的密集火力、重型武装的突击部队和渗透战术,才打破了意军前线的胶着状态。11月初,推进中的德国和奥匈帝国军队开始接近皮亚韦河,距离两周前的前线有将近60英里远,但是中心部队的推进势头却开始衰落,因为他们的补给线变得过分延伸和负担过重。11月16日,当时驻扎在的里雅斯特、作为守卫港口的警戒船只的两艘巨舰"维亚纳号"和"布达佩斯号"战列舰,随着9艘鱼雷艇和5艘扫雷艇,驶出的里雅斯特,并且向西航行。在援助地面部队的

⊙ 1917年爆发的伊松佐战役,德奥军队和意军在此进行过空前激烈的战斗

努力中,战列舰的目标是炮轰靠近皮亚韦河口的科特尔拉佐地区的沿海炮台。上午 10 时 35 分,在离科特尔拉佐 9～10 千米远时,战列舰搭载的 240MM 和 150MM 大炮开火了。在仅仅半个小时长的炮击中,大多数的意大利炮台就已被摧毁了。只有两座沿海炮台仍继续向战列舰射击,但是它们没能击中目

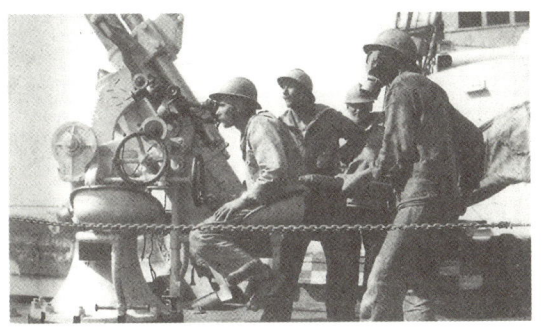

⊙ 为了对抗意军飞机的进攻,"特格特霍夫"级战列舰安装了 70MM 斯柯达 L50K10BAG 型防空炮

标,其发射的炮弹落点离目标还有 200～500 米远。10 时 50 分,当意大利飞机抵达上空时,炮击中断了。这些战机在 1200～1500 米高的空中投掷它们的炸弹,有数枚差点儿命中了战列舰。第二轮空中打击被两架及时赶来的友军水上飞机(从的里雅斯特飞来掩护进攻部队)挫败。

"维也纳号"和"布达佩斯号"继续它们的炮轰,直到下午 1 时 30 分,当时有敌军飞机被发现正在迅速接近中。突然,5 艘意大利武装鱼雷摩托艇出现了,用来对抗奥匈海军的战列舰。当战列舰上的 150MM 火炮调转炮口以应对这个新的威胁时,5 架意大利战机又出现在了地平线上。数分钟内,"维也纳号"和"布达佩斯号"连忙躲避着鱼雷和炸弹。意大利人没能取得一次命中,只好逃跑并消失在了视野中。下午 2 时 30 分,一架奥匈帝国的水上飞机发现了战列舰,后者收到了位于科特尔拉佐的炮台被成功消灭的信息。奥匈帝国军队然后转移至的里雅斯特,并且毫无惊险地返回了港口。在炮击期间,没有一名水手损失,"维也纳号"和"布达佩斯号"只受到了轻微损伤(被地面炮台发射的数发炮弹和近失弹所伤)。奥匈帝国海军的炮击对卡波雷托战役的影响极其有限。在奥地利人和德国人的部队远离他们的补给线时,主力军队的推进在仅仅 3 天后便停止了。然而,对于意大利皇家海军而言,此次进攻也颇为尴尬,因为奥地利人原本有能力攻打意大利的沿海地区,并可以毫发无损地返回。

而且,事实上,奥匈帝国海军战舰搭载的大炮目前在协助奥匈地面部队作战,给指挥海军行动的意大利将领造成了巨大的不安。至于"维也纳号"、"布达佩斯号"和意大利

⊙ 意大利皇家海军装备的武装鱼雷摩托艇,对奥匈帝国的大型舰只构成了巨大威胁

皇家海军的武装鱼雷摩托艇，在未来还将有另一次狭路相逢的机会。

（四）"维也纳号"折戟沉沙

在1917年12月9日晚上，意大利"9PN号"和"11PN号"鱼雷母艇，每艘拖拽着一艘武装鱼雷摩托艇，接近的里雅斯特湾。"9号"武装鱼雷摩托艇，由路易吉·里佐海军上尉指挥；"13号"武装鱼雷摩托艇，则由安德里亚·菲拉里尼上尉坐镇，它们进入穆贾湾，并且试图用鱼雷攻击下锚的"维也纳号"和"布达佩斯号"。在战列舰成功地炮击了科特尔拉佐后，意大利皇家海军热切地渴望能够回击奥匈帝国海军。两艘战列舰如此靠近前线，也给意大利皇家陆军和采取行动的皇家海军造成了巨大的恐慌。在袭击了科特尔拉佐之后，意大利人派遣"9PN号"和"11PN号"鱼雷母艇在夜间进入的里雅斯特湾执行侦察任务，以探究穆贾湾里的港口内部防御设施。他们注意到了港口周围进行日常扫描的探照灯、防波堤之间的防鱼雷网和遍及整个港口的移动武装汽艇。由于已经收集了关于港内奥匈帝国防御工事的足够信息，里佐海军上尉因此对他自己领导发动的一场武装鱼雷摩托艇的袭击充满信心。"9号"武装鱼雷摩托艇装备有一款特殊的电动切割设备，用来剪断防鱼雷网。这些小艇还拥有电动"爬行"发动机，以便它们能够在不被发现的情况下偷偷地进入海港。

在鱼雷艇的指挥官对集合地点的商议取得了一致同意之后，里佐和菲拉里尼牵引住它们的拖绳，并且偷偷地摸进了的里雅斯特湾。晚上11时55分，武装鱼雷摩托艇渗透到穆贾湾的主防波堤的北部尽

⊙ 一幅幻想之作，反映了在1917年12月9日—12月10日，意大利里佐海军上尉指挥小鱼雷艇接近普拉港内目标的情景

⊙ 当残骸在的里雅斯特被打捞起，并于20世纪20年代在意大利大卸八块后，保存下来的"维也纳号"岸防战列舰的部分舰艏

头。在继续推进之前,里佐爬上了防波堤,以观察是否有警卫执勤。令他惊喜的是,沿着防波堤,没有看到一个人,而且港湾周围的探照灯全部熄灭了。鱼雷艇然后进入了第一层防雷网。在悄无声息地剪断了7层防雷网后,它们闯进了内部海港。与此同时,一具监视海湾且扫描港口数分钟的探照灯,在之后也熄灭了,从而使意军鱼雷艇免受侦测。20分钟过后,意大利人进入了港口,奥匈帝国海军战列舰的轮廓已经在远处若隐若现了。12月10日凌晨2时32分,在两艘小艇密谋好鱼雷偷袭计划后,里佐下达了攻击的命令。"9号"武装鱼雷摩托艇向"维也纳号"发射了鱼雷,而"13号"武装鱼雷摩托艇则向"布达佩斯号"发射了鱼雷。片刻之后,"维也纳号"被击中,传出了两次几乎同时发生的爆炸巨响。而射向"布达佩斯号"的鱼雷则没有命中目标,并在靠近海军飞机场的海岸上无损害地爆炸了。在简略地欣赏了自己的攻击所诞生的杰作后,里佐命令小艇撤退。

在"维也纳号"战列舰上坐镇的指挥官利奥波德·胡贝尔·艾德勒·冯·施艾本海恩海军中校,在睡梦中被爆炸惊醒了。几乎没有穿衣服的他向值班人员询问,是否观察到有敌军的战舰,但被回答没有发现任何目标。"维也纳号"严重地向右倾斜,被两枚鱼雷命中了右舷前部发动机舱。岸上港口防御工事的指挥官阿尔弗雷德·冯·寇德尔卡海军上将,也听到了爆炸声,还下令让探照灯四处扫描,以探测海湾内的入侵者。唯一被发现的蛛丝马迹是意军鱼雷艇开始围绕着倾斜的"维也纳号"转圈。里佐海军上尉是一心想除掉这艘奥匈战列舰。胡贝尔下令工程师向配平水箱注水,但是战舰受到了致命的损伤。随着海水灌入多个舱

⊙ 在意军鱼雷艇偷袭中幸存的"布达佩斯号"战列舰

室,而且下甲班的舰员没有关好水密门,"维也纳号"在仅仅遭雷击后5分钟便向左翻转沉没。当它倾覆时,胡贝尔和舰员们正待在甲板上,随即便跳入水中。他们和其他幸存者抓住漂浮的残骸不放,直到被来自"布达佩斯号"和海军飞机场的小艇救起。46名水兵随舰沉没,永远地躺在了港口底部16.5米深的海里。在沉没仅数日后,潜水员被派往检查残骸的状况,但是几乎一半的战舰被埋在了泥泞的海底,因此打捞被认为过于困难。里佐绝妙的成功很大程度上归功于奥匈人对保护他们主力舰的粗心大意,特别是那晚忘记了

派遣为战列舰巡逻的汽艇。这是一场原本很容易被阻止的灾难，但却不可挽回地降低了奥匈帝国海军官兵的士气。

（五）"伊什特万号"葬身鱼腹

奥匈帝国战列舰在一战时期涉及的最后一次重大行动，来源于海军的叛乱，这些暴动于1918年2月1日发生在科托尔港内驻扎的数艘大型舰只上。两天后，3艘"卡尔大公爵"级战列舰航行进入海湾，并且要求叛变者投降，后者也受到了海岸炮塔和其他港口里仍然效忠皇室的战舰的炮轰威胁。

⊙ 奥匈帝国海军主力舰上的水兵，其中比例额最高的是捷克人

于是，暴动结束了，有超过800名水兵从现役中被解散。其中的原因部分归咎于遍及整个舰队的低落士气，这是由于舰队司令马克西米利安·恩杰格凡海军上将上任后数月内的无所作为而造成的，他在暴动后被解除了职务。战舰舰长米克洛斯·霍尔蒂·德·巴亚马雷被卡尔一世皇帝亲自选为新任舰长，以代替恩杰格凡。霍尔蒂本是"诺瓦拉号"巡洋舰的指挥官，他于1917年5月率领一艘巡洋舰成功地袭击了奥特朗托海峡。如果能令舰队中的任何人被逐渐灌输进主动进攻精神，则卡尔皇帝相信霍尔蒂会是这份工作的合适人选。

⊙ 米克洛斯·霍尔蒂上将，奥匈帝国海军的末任总司令，于1918年7月9日—7月10日领导了奥匈舰队的最后一次重大作战行动

霍尔蒂正面临着一个无比艰巨的任务：他不仅要解决整个海军的士气低落的问题，而且相比其前辈，他还要指挥一支规模更小的战斗舰队。"布达佩斯号"还待在船坞里，舰上搭载的前主炮塔被一门斯柯达380MM L/17型榴弹炮所代替。"君王号"和所有的"哈布斯堡"级战列舰退役了，它们所搭载的舰员则用于配备数量日益增长的U型潜艇和海军航空兵武器。"卡尔大公爵"

级的战列舰被派往科托尔，作为警戒船只，以替代叛乱后退役的装甲巡洋舰。留下的"拉德茨基"级和"特格特霍夫"级，则被作为战斗舰队的核心力量，并驻扎在普拉港。霍尔蒂花费了一些时间来熟悉如何管理舰队运行，因此没有立即拟定大范围的作战计划，不过新指挥官已感到，采取更多提高整个舰队士气的行动是急需的。1918年春末，霍尔蒂准备用他的主力舰发动一场进攻行动，遂带着他的热忱（指于前些年率领其麾下巡洋舰在战斗中奋勇拼杀）出击。这将是自1915年炮击安科纳以来，舰队的战列舰经历的首次主要作战行动。1918年6月8日，霍尔蒂随"联合力量号""欧根亲王号"驶出普拉港。在接下来的一天中，"伊什特万号"和"特格特霍夫号"也紧随其后出发。在离开科托尔与"卡尔大公爵号"战列舰集合后，数艘由霍尔蒂指挥的巡洋舰和驱逐舰发动了"打了就跑"的袭击（对抗敌军的航线和海运），同时他计划用其战列舰于奥朗托海峡北部设下埋伏。这位海军上将希望追杀盟军巡洋舰，直到它们进入等待中的己方战列舰的包围圈中。

当月9日，在进入傍晚数小时后，位于亚得里亚海相反的一侧，意大利鱼雷母艇"15OS号"和"18OS号"离开了安科纳，每艘牵

⊙ 1918年春天，"布达佩斯号"的前主炮塔被移除，更换成了一门斯柯达380MML/17型榴弹炮，从而使战列舰摇身变成一座移动的沿海炮塔

⊙ 这艘"哈布斯堡"级战列舰曾在1913年退役，不过于大战爆发后的第二年又活跃起来

引着一艘小艇，即"15号"和"21号"武装鱼雷摩托艇。武装鱼雷摩托艇被下令整夜搜索在达尔玛西亚海岸（沿着阜姆和科托尔之间的奥匈帝国的主要补给线）外围的目标。武装鱼雷摩托艇再次由路易吉·里佐海军上尉指挥，他热切地渴望着参加战斗。夜晚的巡

逻平安无事地度过了。刚好在 10 日凌晨 3 时前，里佐命令他的武装鱼雷摩托艇继续赶到与鱼雷母艇的集合地点。3 时 15 分，里佐发现一股烟云在舰艉后升起，便命令他的小艇调转航向以探个究竟。里佐所发现的使他感到无比的兴奋。正围绕着苏萨克岛以 14 节速度地悠闲航行的是两艘奥匈帝国无畏舰及它们的护航舰只。里佐登上了"15 号"武装鱼雷摩托艇，命令它开足马力朝无畏舰航行。3 时 25 分，武装鱼雷摩托艇加速穿过了奥匈舰队的护航屏障，并发射鱼雷。"伊什特万号"上的舰员观察到海面似乎风平浪静，除了西面之外的视野（那儿的视线被轻霾所阻挡）均良好。5 分钟后，沿着无畏舰舯部的左舷发出了一次低沉的爆炸声，片刻之后传来了第二声巨响。瞭望员迅速扫描着地平线上的敌舰，但是什么也没有发现。然后，他们看到了"TB76 号"鱼雷艇调整航向，并用舰艏的火炮朝意大利人射击。在"TB76 号"的射击激起的水柱前方，奥匈军人发现了两艘意大利武装鱼雷摩托艇正在朝远处迅速逃离。"伊什特万号"被里佐的"15 号"鱼雷艇发射的两枚鱼雷命中。在数分钟内，武装鱼雷摩托艇扔下了深水炸弹以阻挡"TB76 号"，并且马上加速逃出了鱼雷母艇火炮的射程。里佐因此为他自己赢得了第二枚军人英勇黄金勋章。

◉ 正在指挥武装鱼雷摩托艇的路易吉·里佐，"维也纳号"和"伊什特万号"的沉没都是他的辉煌战果

在被鱼雷击中不久后，战列舰舰长海因里希·塞茨命令战舰的蒸汽轮机停车。后部锅炉舱进水了，而且在爆炸撕裂了两个锅炉舱之间的防水隔壁之后，海水开始漏进前锅炉舱。右倾发展到 10 度后，通过反向注水，倾斜被纠正至 7 度。舰长塞茨发信号示意，要"特格特霍夫号"战列舰准备拖带受重创的"伊什特万号"，但是"特格特霍夫号"突然离开，全速以 Z 字形航向机动（以防止被敌方的潜艇和鱼雷艇偷袭）。"21 号"武装鱼雷摩托艇发射的鱼雷没有命中无畏舰，却迫使它的舰长下令采取规避动作。紧张过度的瞭望员有几次虚假地声称看到了潜望镜，之后炮火射入了空荡荡的海里。这种对潜艇幻觉的狂搜乱寻持续了一个多小时。在反向注水后，舰长塞茨命令"伊什特万号"的蒸汽轮机重新开机，以 4.5 节的慢速蠕行，向布尔顾尔杰的海岸航行。在下甲板，损管队伍在控制进水上面临着困难。海水开始漏进前部锅炉舱和邻近的弹药库。防水隔壁没能成功地阻止进水的

蔓延，因为铆钉已开始从固定它们的孔洞中脱落。试图用堵漏网垫和吊床塞住裂缝的努力失败了，而且最后，前锅炉舱还是进水了。除了左舷的两台还在运转外，所有锅炉迅速停止工作了，从而无法产生足够的动力来使抽水泵保持运行。无畏舰再次停在了海面上。作为低效的水下防护系统造成的恶果，建造质量低劣的防水舱壁（很大程度上归因于达努比斯船坞缺乏建造大型战舰的经验），以及抽水泵的无法运转，使得海水继续蔓延到了其他的舱室。

⊙ 被两枚鱼雷命中后严重右倾的"伊什特万号"，大多数舰员们已登上甲板，准备跳海逃生

5时20分，当"特格特霍夫号"战列舰从徒劳无功的搜索中返回时，"伊什特万号"指示它的姐妹舰尽可能快地拖带自己。因为其右倾角度不断增加，并且最终令安装副炮的暗炮塔也淹没在了水线以下。舰员拼命地工作着，准备进行拖带，但是在5时38分，"伊什特万号"突然向右严重倾斜，把拖绳给扯断了。当"特格特霍夫号"逐渐后退时，弃舰的命令下达了。舰员们井然有序地在倾斜的甲板上排成队，其中一些人跳入了水中。6时05分，"伊什特万号"终于翻转并倾覆了。舰长塞茨和船上的高级军官匆匆地抛弃了舰桥，当战列舰翻了个底朝天时，有许多水手在龙骨上急跑，不少人被依附在舰体上的锋利的甲壳动物所伤。7分钟过后，无畏舰的船底没入了海浪中。4名军官和85名水兵在鱼雷爆炸中被杀死，或随舰沉没，余下的船员被"特格特霍夫号"和

⊙ 在被鱼雷击中2个小时35分后，"伊什特万号"最终仍然逃脱不了死神的召唤，魂归大海

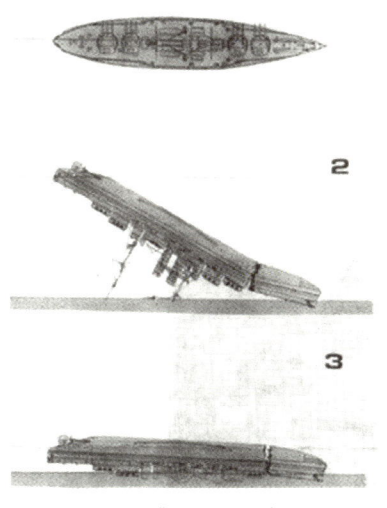

⊙ "伊什特万号"的沉没示意图

护航舰只救起。当攻击"伊什特万号"的消息传到海军上将霍尔蒂那里时，他决定放弃袭击奥朗托海峡的行动，从而使其出其不意的作战行动失败了。不知道里佐偶然遇到"伊什特万号"是否是纯属巧合的事，但霍尔蒂确信当时意大利人知道了他舰队的行踪，还相信敌人派遣了潜艇或武装鱼雷摩托艇来攻击其麾下的战列舰。到6月11日上午，霍尔蒂麾下剩余的无畏舰安全返回了普拉港。如此一来，便结束了奥匈帝国海军主力舰队在一战期间最后的作战行动。

（六）末日洗礼

1918年10月29日，在奥匈帝国土崩瓦解之时，离普拉港不远的萨格勒布宣布帝国分裂成了斯洛文尼亚、克罗地亚和塞尔维亚（由南斯拉夫的领土构成）。同年10月31日下午4时45分，海军上将霍尔蒂在卡尔皇帝的指示下登上了"联合力量号"战列舰，正式将奥匈帝国海军残余战舰的控制权，转交给了由南斯拉夫国家委员会派遣的代表团。片刻之后，克罗地亚的红、白、蓝三色国旗在前帝国海军旗舰上冉冉升起，并迅速在普拉港内的所有其他战舰上飘扬。"联合力量号"的舰长扬科·武科维奇·德·波德卡佩尔斯基被任命为海军少将及新南斯拉夫舰队的指挥官。舰上的气氛是令人欣喜若狂的，而且庆祝典礼将会整夜举行。与此同时，亚得里亚海对面的意大利海军部的情绪也是非常激昂的。在数年内，意大利高层指挥部紧跟着迅速变化的奥匈帝国的政治形势，并且通过被截获的无线电报得知，奥匈帝国舰队要转交给南斯拉夫

⊙ 1917年6月3日，登上"联合力量号"检阅奥匈帝国海军官兵的卡尔一世皇帝

国家委员会。自从盟军的胜利在1918年秋天变得不可逆转以来，意大利的政客们和海军上将们已经开始垂涎于奥地利的沿海地带、相关设施及奥匈帝国海军的战舰，他们不愿意让这些宝贝落入新兴的国家[①]手中。

1918年10月31日18时30分，意大利"65PN号"鱼雷母艇，携带了一套新型水

---

① 指南斯拉夫。

下装置离开威尼斯,在其后面拖带着更为小巧的"95号"武装鱼雷摩托艇。这套水下装置,被称为"水蛭",是一枚人操鱼雷,可以粗略地转变成一艘微型潜艇,带有两名潜水员的座位和转向操纵机构。当意大利人接近布里奥尼岛时,"95号"武装鱼雷摩托艇,正在康斯坦索·齐亚诺的指挥下,托带着"水蛭"加速朝普拉港驶去。22时13分,"95号"武装鱼雷摩托艇到达了距离港口入口600米的地方。两名蛙人全身穿着潜水服装,军官拉斐尔·罗斯蒂和拉斐尔·保鲁奇爬上了"水蛭"并出发了。他们在航行途中遇到了一些困难,尤其是试图使自己穿过反潜网时,但最后还是进入到了内部港口。在内部港口里的导航,对于蛙人而言是轻而易举的,因为自从战争爆发以来,战舰上和港口内的探照灯破天荒地都打开了。

大约在11月1日凌晨4时30分,罗斯蒂和保鲁奇接近了港口里的一艘"特格特霍夫"级战列舰。在"水蛭"的艇艏装有两颗炸药,他们把它们放在战舰的船体上,其带有的磁性引信通过一根6米长的绳子绑在了炸药上。炸药和艇体之间的6米空隔距离能够增加爆炸的威力。在将一颗炸药放置在战列舰的船体上后,意大利人设定好计时器并开始逃离。突然,一具战列舰的探照灯照耀到了微型潜艇上,瞭望员发现了"水蛭"航行产生的尾迹。罗斯蒂和保鲁奇很快设置好了第二颗炸药上的计时器,并驾驶"水蛭"快速离开,它穿越了海港,直

⊙ 一架水上飞机飞过"联合力量号"战列舰,前者可以在后者出海时为其提供侦察

⊙ 意大利"水蛭"型人操鱼雷和驾驶它的蛙人,对大型战舰有着致命的威胁

到撞上一座防波堤,而这并不是什么防波堤,其实是停泊的邮轮"维也纳号"。两名意大利人被带上了战列舰,此时他们才得知这是"联合力量号"。他们警告奥匈海军上将武科维奇,说剧烈的爆炸即将发生,还要其下达弃舰的命令。大约在6时20分,一次低沉的爆炸震撼了"联合力量号",这艘巨舰在片刻之后便向右倾斜达20度。仅仅10分钟后,它便翻滚着沉没了,带着约400名舰员魂归大海,其中许多人仍然在甲板下睡觉(在夜晚的庆祝活动中玩得筋疲力尽),而待在船上的海军上将武科维奇也随舰葬身大洋了。在来

⊙ 被"水蛭"放置的炸药迅速击沉的"联合力量号"战列舰

自"联合力量号"的幸存者被救生艇救起的过程中,港口被第二次爆炸声给震颤了。此时依旧装在"水蛭"上的炸药在"维也纳号"的船底下爆炸了,击沉了邮轮。

在"联合力量号"被击沉两天后,意大利和奥匈帝国的指挥官在伊松佐河前线互相签订了停战协议。停战协议在1918年11月4日正式生效,而且意军海军进入了奥地利的沿海地区,并于次日占领了普拉港。由于普拉港内的许多前奥匈海军战舰上的人员配备不足,因此它们的南斯拉夫军官和舰员,于11月10日开始将战舰拱手让给了意大利人。不过,在此之前有两艘战列舰逃跑了:11月7日,在一次大胆的行动中,登上"拉德茨基号"的军官和水手发动了引擎并航行出港口,"兹里尼号"则在三天后跟随前者逃跑了。当"兹里尼号"穿过防波堤时,瞭望员恰好发现意大利舰只正在接近中。战列舰的指挥官海军少校马里杨·波利奇,命令升起美国国旗,并勇敢地穿过了困惑的意军阵线。战列舰沿着海岸线航行,直到它们抵达靠近斯巴拉多的卡斯特利湾,那儿停泊着一小群美国的驱潜舰。波利奇率领他的舰队向美国海军上尉 E. E. 斯帕福德投降,宁愿将自己的战列舰让给美国人而不愿转交给意大利人。此后,它们作为美军战舰"拉德茨基号"和"兹里尼号"进入美国海军服役,二者都配备了来自驱潜舰海岸警备队的舰员。

⊙ "兹里尼号"的舯部特写,该舰后与"拉德茨基号"一起向美军投降

尽管在1919年9月10日,盟军和奥地利共和国之间签订了《圣日耳曼条约》,但是前奥匈帝国海军战列舰的最终命运还是没有被确定,直到下一年的到来。"君王号"、"布达佩斯号"、"哈布斯堡号"、"阿帕德号"、"巴本堡号"和"费迪南·马克思大公爵号"被转让给了大英帝国,并且全部被卖给意大利进行拆解。"卡尔大公爵

号"、"弗里德里希大公爵号"和"欧根亲王号",被作为战利品转交给法国。其中,前两艘被解体,但"欧根亲王号"则被法国海军用来测试航空炸弹和水下爆破,最后于1922年6月被当作炮击靶舰而击沉。至于"弗朗兹·费迪南大公爵号"、"拉德茨基号"、"兹里尼号"和"特格特霍夫号",则被转交给了意大利。

⊙ 1922年6月,"欧根亲王号"被法国人当作靶舰而击沉,可见其舰上的火炮都已被拆除

因为对巴尔干半岛怀有领土野心,所以意大利的领袖们强硬地拒绝考虑新生的南斯拉夫拥有一支优势海军的可能性。最终,塞尔维亚王国、克罗地亚和斯洛文尼亚只能继承12艘旧式的奥匈帝国鱼雷艇。意大利皇家海军也要求占有大多数现代化的前奥匈帝国战列舰,宣称用它们来代替自己在一战中损失的主力舰。虽然接收了它们,但这些巨舰并没能在意大利的旗帜下幸存多久。依据1922年签订的《华盛顿海军条约》,这些战舰均于20世纪20年代中期回炉解体了。在浮夸的胜利炫耀中,意大利皇家海军于1919年3月在威尼斯展开了一场盛大的检阅,其中就包括"特格特霍夫号"和"弗朗兹·费迪南大公爵号"战列舰。两舰悬挂着意大利国旗,如同在罗马凯旋式中上街示众游行的被俘的敌军官兵。然而,这个出人意料的情况是纸包不住火的。这些战列舰,和奥匈帝国海军的其他船只,在战争期间仅仅作为"存在舰队",用以控制亚得里亚海,这正如奥匈帝国的海军上

⊙ 正在意大利进行拆解的"特格特霍夫号",其被移除的305MM主炮,后来在二战时期被用于装备重型海岸炮台

⊙ 1922年,各列强在美国首都签订了《华盛顿海军条约》,严格限制了各国海军实力的发展,同时也注定了战后幸存的奥匈帝国海军战列舰的命运

将们所计划的那样。

八、结语

  回顾上述大洋巨擘的悲壮历程，我们不难发现，在那个时代的特定历史条件下，无论是老旧的"君王"级岸防战列舰，还是代表奥匈帝国最高造船水平的"特格特霍夫"级无畏舰，其诞生都是相当来之不易的。不得不承认，奥匈海军相比其他殖民大国，实力并不强大，也没有获得骄人的战绩。但是，这16艘战列舰在浴血海疆时倾尽全力，证明了自己的宝贵价值，捍卫了帝国的尊严。即使哈布斯堡的战旗早已落下，昔日的战舰也早已折戟沉沙，但世人将永远铭记这些奥匈帝国巨无霸的海上雄姿！

半狮半狐的罗马枭雄

——幸运的苏拉发迹史

作者：章毅

有仇报仇，有恩报恩，连本带利，加倍还清。

——苏拉

⊙ 苏拉头像

一、浮浪子弟与寡妇的遗产

黎明时分，第勒尼安海犹如一面平静的镜子，尽管那儿距离奥斯提亚（ostia）①还有一段相当长的距离，但依然可以依稀听到划桨战船的声音。首先传来的是轻缓而有节奏的敲击声，仿佛是有人在敲鼓。渐渐地，每次敲击声都伴随着两个清楚的声音，先是木桨撞击水面的沉闷拍打声，继而是木桨离开水面带来的波涛声。这种有节奏的声音已经成了公元前2世纪罗马人生活的一部分，正是这种狭长、轻捷、专门用于海战的船只保护着这片海面的安全，让无数来自地中海沿岸的船只能顺利地到达奥斯提亚。船只上装载着西西里的粮食、北非的马匹、希腊的油

⊙ 奥斯提亚码头附近的仓库遗迹

---

① 位于台伯河入海口，距离罗马仅40公里，是罗马从海外输入商品的主要港口。

⊙ 奥斯提亚遗迹俯瞰图

料、西班牙的金银、小亚细亚的工艺品、黑海沿岸的腌鱼和木材，这些货物在奥斯提亚会通过可以在台伯河航行的小船转运到永恒之城——罗马。

公元前2世纪后半叶的罗马已经成为地中海世界无可置疑的霸主，在之前的一百年里，罗马人摧毁了古代地中海世界任何一个可能对他们的霸权造成威胁的敌手，将地中海变成了一个"罗马湖"。在大征服尤其是在彻底摧毁了迦太基并在希腊化世界确立"罗马的秩序"之后，共和国不仅重新夺取了罗马早期因王政垮台而丧失的在南部意大利的商业霸主地位，并且把其商业霸主的地盘迅速扩展到整个古代地中海世界。巨额的资本、贸易、无数奴隶与土地现在统归罗马人掌控，而每天运抵奥斯提亚港的无数财富不过是这一巨大富源中流出的微不足道的一部分罢了。这一富源的规模之大使得整个罗马社会从上到下、从控

⊙ 双耳细颈陶罐，主要用于装载橄榄油或者葡萄酒

制元老院的极少数的"显贵"到最底层的平民都目瞪口呆,很快,他们中的绝大多数人在这条金河之中疯狂地打起滚儿来。

但正如人类历史上绝大部分的社会一样,突然涌入的巨大财富只对很少的一部分人是有利的,夏日里的瓢泼大雨对于奥林匹斯山上的诸神来说是免去暴晒和减少尘土的幸事,而对于山脚的农民来说,却是毁掉他们半年辛苦劳作的灭顶之灾。共和国中高级官吏的位置几乎被极少数"显贵"垄断了,即使在贵族当中,这些"显贵"也只不过是很少的一部分,甚至只属于少数十几个甚至几个家族,这些寡头们只允许"自己人"掌握权力。如果说贵族中的下层骑士还可以通过包揽税收和高利贷分享一部分利益的话[①],那占共和国的绝大部分的平民阶层在这个浪潮中绝对是失大于得。从北非、埃及、西西里等地源源不断涌入的廉价粮食使得意大利的谷物种植根本无利可图,加图在《农业志》中就将谷物种植列在土地用途的第六位,在此之前的葡萄园、橄榄园、林园、果园、牧场所需的资本和技术并非是普通农民能够承担的,节节胜利的对外战争带来的大量廉价奴隶又使得失地农民失去了当雇工的机会。虽然在第二次布匿战争后,共和国就取消了人头税,但沉重的兵役让他们的经济状况更是雪上加霜,从涌入的财富中落到平民碗里的唯有作为罗马公民所得到的那份廉价口粮。无数失去土地的农民涌入罗马寻找生计,这导致地价腾贵,拥有城内土地的富人们在贫民区修建了大量质量低劣的高层住宅以供出租之用。楼与楼之间是如此

⊙ 古罗马平民居住的贫民窟

的狭窄,以至于除了正午时分,底层的居民们在屋内根本见不到阳光。在一楼的走廊上摆满了染织行会用了收集人尿的陶罐[②],苏拉在青年时代就是租住在贫民区中的一栋多层公寓的,而且他住的是一楼,想必这位未来的独裁者早年深夜醉归时没少碰倒放在他门前的陶罐吧。

卢奇乌斯·科涅利乌斯·苏拉,从他的姓氏中不难看出他出身著名的科尔涅利乌斯氏族,在罗马的传说中有一个著名的预言:"将有三个出身科尔涅利乌斯氏族的人统治罗

---

① 按照罗马的传统,元老被禁止经营农业以外的行业,因为那不符合元老的身份。
② 人尿里含有氨,羊毛在染色之前必须脱脂,古时罗马人经常用人尿来处理羊毛。

马！"但这一切并没能给这个年轻贵族带来什么好处，他的直系祖先中上一次担任执政官已经能追溯到皮洛士战争的时候了，距离当时已经有近两百年了；更糟糕的是，这位先祖还因为触犯法律而被开除出了元老院，罪名是拥有一个超过 10 磅的银盘。近两百年时间没有人进入元老院的家族在罗马的政治生活中早已被边缘化了，苏拉唯一能够依靠的只有他自己。

在许多历史著作中都提到苏拉的早年生活是十分放荡的，这是实情，主要是由于苏拉个人的性格，他掌权后对于上流社会的"正经人"不假辞色，但对于许多身份低微的伶人、小丑、妓女乃至奴隶却态度温和，颇为友善，这是不太符合当时贵族社会的道德规范的。在那些通宵达旦的酒宴上，苏拉甚至经常开一些不符合自身身份和年龄的玩笑，即使到了晚年，他依然和一位梅特罗拜斯的伶人保持着不清不楚的亲密关系。后来在苏拉的葬礼上，这位伶人还戴着苏拉的面具作为塑像。苏拉晚年缠身的各种传染病更证实了这一点，如果那些古代作家对他疾病的表征没有描述错误的话，这位独裁者在晚年应该患有十分严重的消化器官肿瘤和梅毒，这些疾病与他早年的放荡生活是有关系的。

当然，那些传闻也有相当一部分来自政治对手的诋毁，历史上的苏拉站在了民主派的反面，罗马人民因而十分憎恨他。而他本人对于当时当权的"显贵"们来说，也不是个"正人君子"，因为他的财富和名声并非从父辈继承而来。一次，苏拉在宴会上吹嘘自己在朱古达战争之中的功业时，一个贵族就问他："你父亲过世时没有给你留下什么产业，

⊙ 罗马面具，通常用蜡制成，用于戏剧和葬礼

而你现在变得如此富有，这样说来，你怎么能算得上是个诚实君子？"显然，对于那些显贵们来说，从祖先继承巨额财富是一个诚实君子的必要条件。

不难想象，当时苏拉应该是颇为尴尬的，原因很简单，苏拉摆脱贫民窟走上仕途的第一桶金来自一个贵族寡妇的遗产。这位名叫奈克波里斯的寡妇相貌平平，但家境殷实，苏拉对其大献殷勤，最终赢得了对方的芳心，不但能够成为入幕之宾，而且那位寡妇在去世之后，还将自己的遗产全部赠予了苏拉。后来，苏拉还得到了一位去世的亲戚的遗产，有

了这两笔横财，苏拉才能脱离贫民窟并走上政坛。

看到这里，可能很多读者会觉得苏拉生得一副好皮囊，不然如何能够得到那位寡妇的欢心？可是根据史书上的记载，苏拉生了一双蓝色的眼睛，红色头发，目光慑人，皮肤白皙异常，上面长满了鲜红的粉刺，以至于后来在他围攻雅典城的时候，敌对方的一个小丑就曾经编出了这样一句阴损的讽刺诗："要说苏拉是何人，麦粉上面撒桑葚！"不难想象，即使是年轻时候，苏拉的容貌最多只能说是端正，和英俊是没有什么关系的。那只能解释为苏拉在性格方面善解人意，得到了奈克波里斯的真心。可能许多人会觉得苏拉这些作为有吃软饭的嫌疑，但如果考虑到当时的社会背景，就会知道苏拉的做法是非常具有代表性的。古罗马的家庭制度是绝对的父权制，即父亲是一个家庭的绝对主宰，从某种意义上讲，其他家庭成员就是父亲的奴隶。按照《十二铜表法》，父亲甚至有三次合法地将自己的儿子卖为奴隶的权力，在此之后，儿子才可以脱离父亲的管辖，而妇女则必须受男人的监护，婚前是父亲，婚后是丈夫，丈夫死后是丈夫的某个男性亲属。显然，在这样的家庭中，除了父亲以外的其他家庭成员是没有权力独立处置自己的私有财产的，年轻男女通过与富有的年长异性结婚来改变自己的经济地位在古罗马是无可非议的。到了公元前2世纪，罗马贵族妇女的地位逐渐提高了，她们渐渐能够独立处置自己的那一小部分私有财产，通常是她们自己的嫁妆及其利息，苏拉得到的那笔遗产显然就是这种钱。年轻人通过讨好年龄较大的富有女性来发财致富，这种情况在当时是非常普遍的。

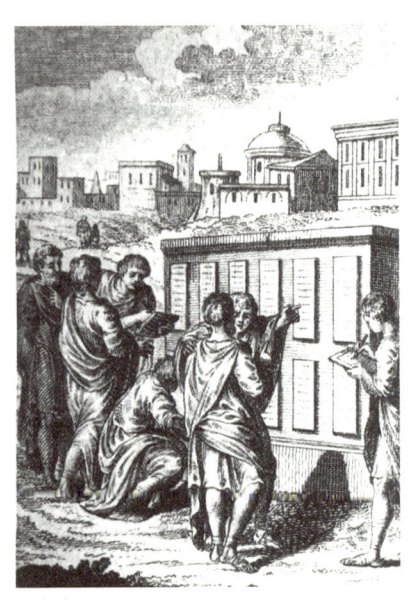

⊙ 颁布《十二铜表法》的情景

在政治方面，古罗马的政治规则是"有钱人才能当官"。根据规则，共和国的官吏必须从低级做起，并且共和国的官吏是根本没有薪水的，美其名曰"共和国的官员应该无偿地为公众服务"。其实这是贵族们将有才能的穷人排挤出政治生活的一个伎俩，毕竟穷人无法依靠财产生活，必须通过劳动养家糊口，如果没有薪俸，穷人自然无法从政。如果说高级官吏中的执政官、财务官、监察官、法务官等还可以以权谋私来赚钱或者等卸任以后前往行省捞一把，低级的营造官等不但要无薪工作，而且往往还要掏自己的腰包用于市政建设来讨市民的欢心，好为将来的政治前途铺路。比如，恺撒在当上营造官之后，为了讨好民众不但掏光了自家的腰包，还四处举债。结果等他卸任前往西班牙当总督的时候，债主们将其团团围住，若非克拉苏为他担保了800塔兰特①的债务，恺撒几乎无法上任。以苏拉早年住贫民窟四处寄食的窘境，假如他像那位贵族说的"正人君子"那样生活的话，估计一辈子也没法在仕途上起步，因为只有极少数出身显贵或者得到显贵支持的人才可能以"正人君子"的身份走上政坛。

二、元老院和罗马人民

在开始描述苏拉辉煌的政治生涯之前，请读者们允许我先拿出一章的篇幅叙述一对兄弟的生平。虽然当这对兄弟离开人世的时候，苏拉还不过是个半大的孩子，但可以说，这两人的一生就是罗马共和国晚期近百年一切冲突的根源，也是苏拉一生功业所基。这对兄弟就是提贝里乌斯·格拉古和盖乌斯·格拉古。

⊙ 格拉古兄弟，左侧为兄长提贝里乌斯，右侧是弟弟盖乌斯

从公元前2世纪中叶开始，罗马共和国就到达了其势力的巅峰，环顾罗马人已知的世界，已经不存在任何能与共和国抗衡的势力存在，地中海沿岸满是行省和向共和国纳贡的城邦、王国。少数几个还能保持独立的国家诸如埃及的托勒密王国、叙利亚的塞琉古王国，也不过是过去的伟大帝国残留下的可

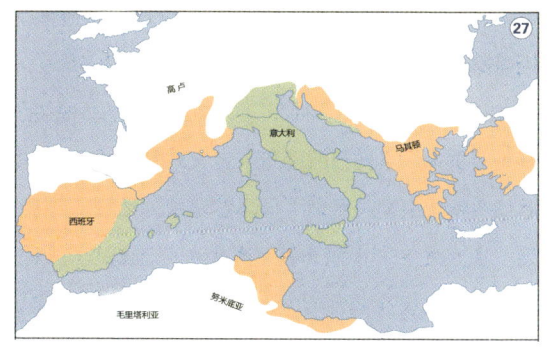

⊙ 公元前1世纪初罗马共和国的疆域（绿色为公元前201年时的疆域，黄色为公元前100年时增加的）

---

① 用作货币单位时，1塔兰特大概等于27公斤白银。

怜影子。它们能够苟延残喘，并非是因为其有强大的兵力自保，而是因为罗马人还保持着一种功利的想法：与其将其变为行省，不如继续保留下来作为抵御蛮族的缓冲地带更为有利。

⊙ 带有"SPQR"（罗马共和国）字样的军团鹰标

但正如我们祖先总结的历史格言一样："入则无法家拂士，出则无敌国外患，国恒亡。"没有了外部威胁后，罗马的贵族们也失去了过去的节制和警醒，在接下来的近一百年时间里，罗马共和国几乎每隔十来年就爆发一次内部冲突，而且冲突的规模越来越大，甚至演变为毁灭性的内战，直到屋大维建立了独裁统治，将共和制变为元首制度（共和国亦变为帝国），才恢复了平静，而这又是为什么呢？

这就要从罗马共和国的名字说起了，罗马共和国的全称是"元老院和罗马人民"（Senatus Populus Que Romanus，缩写为SPQR①）。不难看出，罗马共和国实际上是由两个部分组成：即元老院和罗马人民，或者说贵族和人民。

由于历史久远，要追述古罗马社会各等级的起源是颇为困难的。不过从词源学上，可以确定拉丁文中的"贵族"（patricius）是从"父亲"（pater）一词演化而来的。所以有一种说法认为，在古罗马，只有那些有合法的父亲而且自己也有合法的儿子的人才能被称为贵族。这一点还可以从古罗马历史上的一种特别现象中得到印证，即只有贵族间才可能有真正的婚姻，平民与平民之间的婚姻从法律上讲不过是一种比较正式的同居罢了。因此，古罗马的贵族家庭是建立在一种极其森严的父权制度之上的，在这种制度下，姓名和财产都是沿着丈夫一系传播的，父子、父女的关系高于其他的亲属关系。在一个典型的罗马贵族家庭中，父亲是一个彻头彻尾的暴君，他对所有的家庭成员拥有绝对的权力，他可以将任何一个家庭成员出卖为奴隶甚至处死。传统上来说，古罗马一共有300个这样的贵族氏族，每个氏族成员都有共同的姓，一个典型的罗马贵族的姓名是由三部分组成的：个人名、氏族名、家族名。以苏拉为例，他的名字为路克优斯·科尔涅里乌斯·苏拉，即他是科尔涅里乌斯氏族的和苏拉家族的路克优斯。

---

① 直至今日，意大利的罗马市政厅落款依然是这个缩写。

在古罗马的贵族家庭中保留着极其严格的氏族继承法，这种继承法要求死者的绝大部分财产保留在氏族之内，尤其是土地这种不动产。按照最传统的说法，每个罗马贵族所拥有的属于个人的私有土地只有半公顷，这实际上只包括他们的住宅以及附属的菜地、果园，占他们所拥有土地的绝大部分的耕地、牧场、林场都算是整个贵族氏族的共有财产。这个家庭只有占有权，但没有所有权，即贵族只能在这片土地上耕种、收获并将其传给自己的后代，但不能随意出卖给本氏族以外的人。除此之外，每个贵族氏族还都有自己特有的宗教传统和氏族墓地，以苏拉所在的科尔涅里乌斯氏族为例，这个氏族的传统是埋葬死者而非通常的火葬。

与贵族不同的是，在罗马共和国的王政时期和共和国的早期，平民是没有氏族组织的，平民男子在他的家庭里也不享有贵族男性在家庭中拥有的那种至尊地位，甚至连平民的家庭都不被认为是真正法律意义上的家庭。平民所拥有的土地是属于个人私有的，而非贵族家庭的那样只有少部分是贵族本人私有的，大多数是氏族的共有财产。从这里我们可以推测贵族们是最早一批建立罗马的人，因此他们完好地保留着他们的氏族组织，而平民则是此后四处投奔而来的外国人或被释放的奴隶，因此他们没有自己的氏族组织。表面上看起来，古罗马的平民过得比贵族要惬意得多，他们不用受到氏族的限制，可以自由地处理自己的财产，男女、父子关系也要平等一些，更接近我们现代人的生活方式。但如果对古罗马尤其王政和共和国早期的社会情况了解得更多一些的话，就会发现情况并不像我们想象的那么简单。

与绝大多数刚刚进入文明阶段的民族一样，古罗马社会的基本单位并非原子态的个人，而是氏族或者家族。古罗马贵族那种森严的父权制度对大多数家族成员来说固然是一种残酷的压迫，但从某种意义上讲也是一种保护。在古代社会，人与人之间遵循纯粹的丛林法则，失去了家族的保护，个人是非常柔弱无力的。氏族的财产公有制固然不如私有财产那么灵活和有激励性，但其成员也绝不会落入无产者的境地（因为有氏族共有土地托底），不会因为负债而成为奴隶。而且，古罗马在征服敌人后分配土地的时候是根据氏族而非个人分配的，平民只能分得养活自己和家人的份地，而贵族们却可以凭氏族成员的身份获得大块的土地，或者以极为低廉的价格向国家租用国有土地。最重要的是，贵族们可以以氏族头领的身份进入元

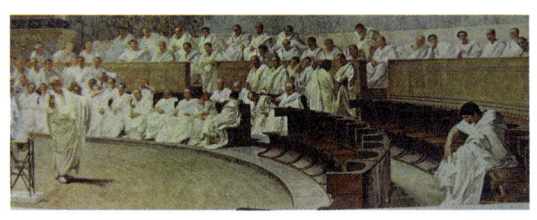
⊙ 正在进行决议的元老院

老院，而平民却只是没有组织的大多数，双方的上下之分可谓是不言而喻。

那贵族凭什么保持自己的优势地位呢？毕竟平民在人数上占据了绝对优势，不管贵族们在传统地位和财产上拥有什么样的优势，从长期来看，胜利者最终总会是人数多的一方。原来在古罗马除了贵族和平民以外，还有一个叫作"clientes"（即食客）的特殊等级。这个等级指的是依赖贵族氏族或者贵族家庭生活的依附民，他们通常是外国人、被释放的奴隶、私生子、脱离了父亲保护的儿子，总之，就是那些无力在社会中独立生存而又并非奴隶的人。食客有权利从保护人那儿得到土地、牲畜，遭到控告时保护人必须替他辩护，而相应的，食客在战争时必须在保护人的部队里服役或出钱出力，在选举的时候投保护人的票。在法律上，食客是其保护人氏族的低级成员，参与其所在氏族的宗教仪式，死后葬于氏族公共墓地。食客与其保护人之间的关系是古罗马社会生活中极其重要的一环，被认为是仅次于家庭内部关系。与奴隶不同的是，食客的权利受到法律的严格保护，在《十二铜表法》的第八表第二十一条中就说："欺骗自己食客的保护人是要受到诅咒的！"[①] 实际上，平民一开始也被认为是一种食客，并非城邦的真正成员。他们与贵族的食客唯一不同的是，他们并非依附于某一个具体的贵族氏族，而是依附于罗马国家。

从以上所描述的早期罗马贵族与平民的差异不难看出，这两个族群的来源截然不同，罗马的贵族们是以一个大家族甚至氏族公社为单位参加建立罗马国家的活动的，并在后来相当长的时间里完整地保留了这种基于血缘关系的组织；而平民则是以个人，至多是以小家庭的身份，加入罗马国家的。显然，贵族在罗马国家的建立中起到了主要的作用，他们是罗马最原始的公民，也只有他们是拥有充分权力的"罗马人民"，而平民只不过是后来者和国家的依附者。随着时间的流逝，这群最早的"罗马人民"演化成为一个十分闭塞的群体，为了将他们与新的广大罗马人民相区分，后人将其称为"显贵"。

从罗马建城的第一天起，平民与贵族这两个集团就为争夺权力而展开了激烈的斗争。王政时期，在倒数第二个国王塞维乌斯·图里乌斯所主持的军事改革之前，罗马的平民甚至没有权利加入军队。原因很简单，在古代城邦国家里，军队都是统治阶级镇压被统治阶级的工具，自然只能由全权公民组成。罗马共和国也不例外，其军队是由 300 个贵族氏族和他们的食客组成的。而城邦的最高权力机构便是由这 300 个氏族组成的 30 个库里亚

[①] 恺撒在高卢时的副将阿比努斯世代都是庞培家族的食客。当恺撒与庞培的关系转变为敌对时，阿比努斯就立刻转投庞培。当时的人都认为这样做是理所应当的，显然，在罗马人看来，当上下级关系与保护人和食客之间的关系发生冲突时，坚持后者更加符合罗马人的道德。

⊙ 罗马元老院会议召开时的情形

（每 10 个氏族组成 1 个库里亚）组成的"库里亚会议"，会议规则十分简单：每个库里亚独立地讨论提案并各有 1 票，当有超过半数（即 16 票）的库里亚同意时，就通过提案。这种投票方式非常有利于氏族头领控制议程。当时元老院的权力无外乎是批准库里亚会议的决议，并作为国王的顾问而存在。尽管元老院形式上不过是国王的一个咨询机构，本身并没有法定的权力，但由于每个元老院成员本身就是贵族氏族的首脑，强有力的氏族组织给予了元老们巨大的影响力，因此，实际上，国王在一切重大问题上都必须与元老院保持一致，毕竟罗马的"国王"其实不过是一个终身制的军事统帅加最高祭司罢了。不难看出，在当时罗马的政治生活中，是没有平民的位置的。

公元前 5 世纪初的塞维乌斯·图里乌斯改革撬动了贵族统治的第一块基石，他对全体自由居民——包括贵族和平民，进行了一次人口和财产普查，然后将其按照财产的多少分为 5 个阶层，不同等级的居民按照财产的多少担负不同程度的军事义务。改革后的结果是，除去财产低于 12500 阿司[①]的无产者以外，其余的平民也可以加入军队。他们随之也得到了一定的政治权利。他们可以在本等级的"百人团会议"中表达意见，当然这并不意味着平民可以推翻贵族的统治，因为百人团选举的票数不是简单地根据每个阶层人数的多少来分配的，而是根据不同阶层提供的百人队的多少来决定票数的。由于贵族有更多的经济资源来武装自己和自己的食客，因此第一等级拥有 98 个百人队，占总数 193 个百人队

---

① 阿司是古罗马标准货币，1 阿司等于 12 盎司的罗马磅（326 克）。

103

的二分之一强，而且百人团投票的方式是先由第一等级投票，然后依次由其他阶层的百人队投票。当赞成或者反对的得票数过半时，投票就可以结束，无须唱读剩下的较低阶层的选票。显然，在这种制度下，除非第一等级和第二等级出现了尖锐对立，否则后面几个阶层是没有机会投票的，平民们能够在政治生活中起到作用的起码前提是贵族阶层内部出现了分裂。在这种情况下，原有的库里亚会议的作用也逐渐被百人团会议和后来的"人民大会"所替代。

⊙ 塞维乌斯·图里乌斯建立的百人团会议

显然，贵族们在改革中对平民做出这个让步的主要原因是大规模的对外战争需要更多的人力资源。当然，这也是因为改革者塞维乌斯·图里乌斯的身份特殊，这位罗马国王并非本地人，而是一个外来者——埃特鲁里亚人。他进行这次改革也有拉拢平民以对付桀骜不驯的本地罗马贵族的目的。

塞维乌斯·图里乌斯的下场并不是很好，他的继承人是自己的女婿塔尔克维纽斯，这个极其傲慢的埃特鲁里亚人以暴力的方式从自己的岳父手里夺取了王位，他甚至将塞维乌斯·图里乌斯丢在路中央，然后和自己的妻子图里亚驾车从塞维乌斯·图里乌斯的身上碾过去。塔尔克维纽斯是一个野心勃勃的国王，他完全不把元老院放在眼里，用死刑、没收财产和放逐等惩罚方式来对付任何敢于违逆他意愿的人，哪怕是最高贵的罗马贵族。

⊙ 赛克斯图斯和卢克蕾提亚

塔尔克维纽斯的行为引起了罗马贵族的愤怒，引发反抗运动的导火索是他的儿子赛克斯图斯，这位傲慢的王子强占了贵族科拉提图斯的妻子卢克蕾提亚。怀恨已久的罗马人在卢克蕾提亚的丈夫和另一个贵族布鲁图斯的带领下将塔尔克维纽斯赶出了罗马。成了流亡者之后，这位颇有才能的强人国王与共和国进行了数十年的战争。为了不让这一幕重演，罗马的贵族们发誓绝不再让罗马出现国王，以两个一年一任的执政官来替代国王。从此之后，罗马成了一个共和国，或者说是一个贵族寡头共和国。

没有了国王，贵族和平民之间也就不存在一个君主作为仲裁和缓冲了。而且贵族共和制度和国王不一样，没有办法把自己的政权用"神的后裔""君权神授"等名义粉饰，毕竟人民可以接受一个世代传承的君主为神灵的后裔，天生具有统治的权力，却无法接受一群贵族们都是神灵的后裔，世代坐在自己的头上作威作福。对于一个国王来说，从家族统治的长远利益考虑，有节制地收取赋税以换取千秋万代的统治比竭泽而渔地掠夺要有利得多。但在轮流坐庄的贵族共和制下，每一个贵族都只会为自己氏族的甚至家族的利益考虑。因此，在成为共和国以后，罗马贵族与平民之间的矛盾反而激化了。

罗马平民与贵族的斗争贯穿了共和国历史的始终，其焦点主要在三件事情上：政治上的权利平等、债务奴隶制度以及参与国有土地的分配。根据史料记载，矛盾的第一次大爆发是在公元前494年，当时罗马正在与沃尔西人、埃魁人和萨宾人进行激烈的战争，由于许多平民处于债务的重压之下，他们的情绪非常不稳定。为了安抚平民，贵族们许诺改善债务人的处境，但当敌人被击退之后，贵族们却忘记了诺言。于是，军队中的平民就离开罗马迁徙到阿尼奥河对岸的阿温提努姆山去了，并在那儿建立了营地。贵族们恐慌了，因为罗马失去了一大半军队，甚至有人传言平民们将建立一个完全属于自己的国家。在双方接下来的谈判中，贵族们不得不做出让步，让平民选出自己的官吏——保民官、平民营造官等，这些官职最重要的职责就是阻止贵族官员欺辱平民。显然，平民的意图是建立一个"国中之国"——即与罗马元老院平行的政权机构来保护自己的利益。

在接下来的百余年里，平民在与贵族的斗争中节节胜利，他们迫使贵族们把口口相传的法律变为落实在文献上的成文法——即著名的《十二铜表法》。平民也拥有了自己的氏族，保民官也同样拥有了不可侵犯的神圣性和绝对否决权。公元前445年的《卡努列优斯法案》还废除了贵族与平民之间的婚姻壁垒，这实际上就废除了旧有的贵族氏族制度的基础，如此一来，平民进入高级官吏的行列也就只是时间问题。这些胜利逐渐抹平了贵族与平民在政治权利上的差异，平民中的富有者也逐渐走进了贵族的行列，他们与没有沦落的贵族们逐渐融合。为了与过去的贵族们相区别，当时人们将其称为"新贵"。共和国里的平民与贵族之间的区别由血缘逐渐变为财产，斗争的焦点也逐渐转向后两个问题：国内公民的债务奴隶制与国有土地分配。

在《十二铜表法》中，对无力还债者的处理如下：负债人有30天的犹豫期来筹集钱还债，假如 30 天后他依然无力偿还债务，那么债权人就可以将负债人带到法庭要求强制执行。若是无人替债务人作保，那么债务人将被带到债权人的家中，戴上 15 磅以上的枷锁或者足枷。在债权人家中的这段时间，债务人可以自己养活自己，但每天债权人必须给他不少于 1 斤谷物的食物。如果 60 天内还没有人替他还债，债权人就可以将债务人杀死或者卖到"台伯河那边去"（即卖到国外去）。更为野蛮的是，假如同时有多个债权人的话，法律甚至允许在 60 天的最后一天将债务人的肢体砍断以分别补偿多个债权人的损失。

不难看出，《十二铜表法》中关于债务的严酷做法对于平民来说是非常不利的。由于平民和贵族实行不同的财产所有制，平民比贵族更容易出现两极分化，也更容易落入债务的深渊中，尤其是考虑到古代世界的借贷利率通常达到年利 50% 以上，所以很少有人能从债务中挣脱出来。

在长年的对外战争中，罗马得到了大片的土地，这些土地属于国家所有。通常情况下，元老院会将土地租给当地的战败者，收取的租金会纳入国库用作公共开支。对待这些土地，贵族和平民的态度截然相反：贵族们通常倾向于保持这些土地的国有性质，因为掌握着大权的他们可以以象征性的价格常年租用国有土地，或者将国有土地作为公共牧场，贵族有更多的牲畜和人力来占有和开发国有土地；平民们则要求将国有土地分配给他们，成为个人的私有财产，他们的理由是：正是平民的浴血奋战，才征服了这么多土地，平民自然有权分享胜利果实。在土地问题上双方进行了非常激烈的斗争，在公元前 393 年攻克埃特鲁里亚人的首府威伊后，每个平民都得到了 1 公顷的土地。公元前 326 年通过的《佩铁里乌斯·帕披里乌斯法》，标志着平民在债务和土地问题上的决定性胜利。在这个法案中，债务奴隶制度在罗马公民中被废除了；在此之前的《李锡尼乌斯 - 塞克斯提乌斯法》中，限制了贵族占有国有土地的上限（125 公顷），还限制了对国有牧场的使用，即任何人不可以把超过 100 头大牲畜（牛或者马）或者 500 头小牲畜（羊或者猪）赶入国有土地上放牧。

公元前 4 世纪，平民对贵族的胜利缓解了共和国内部的矛盾，为接下来击败皮尔洛、迦太基乃至征服希腊和继业者国家的战争打下了良好基础。但到了公元前 2 世纪中叶，情况又发生了新的变化。对整个地中海世界的征服给罗马带来了无数的财富和奴隶，但这一切是以罗马乃至意大利盟国的自耕农的整体破产为代价的。从第一次布匿战争开始，战争持续的时间越来越长，范围越来越大，平民们不得不旷日持久地在军队中服役，家乡的田庄却因为战争和缺乏劳动力而荒废。当战争结束战士们解甲归田后，却发现因战利品和贡税而变得极其富有的贵族们已经将他们的田庄据为己有，即使他们能够侥幸保住自己的土地，也会很快破产，因为从北非和西西里征服地输入的大量粮食将罗马的粮价打压到了一个极低的水平。这些破产的农民不得不到流落到罗马城谋生，但绝大部分工作已经被输入的奴隶占据了。这些破产的罗马和意大利农民对土地的向往很容易被野心家利用，变成共和国的威胁。于是，在接下来的一百多年时间里，罗马共和国一直被动荡和内战缠绕，格拉古兄弟就是在这样的历史背景下走上历史舞台的。

三、格拉古兄弟之死

提贝里乌斯·格拉古和盖乌斯·格拉古兄弟两人所属的显普洛尼乌斯氏族是平民出身的贵族氏族，他们的父亲担任过保民官、行政长官、监察官，并两次当选为执政官，不过在兄弟两人还年幼的时候就已过世了。他们的母亲科尔涅里亚是在撒马击败汉尼拔从而赢得第二次布匿战争的阿非利加那·西庇阿的女儿。科尔涅里亚是一个非常杰出的母亲，她让两个儿子接受了良好的希腊式的教育。他们的老师是著名的修辞学家米提里奈的狄奥芬和哲学家库麦的布洛西乌斯，这在当时是很罕见的。良好的早期教育给格拉古兄弟未来的政治生涯打下了良好的基础。需要特别提到的是，由于幼年丧父，格拉古兄弟是在自己的外祖父——阿非利加那·西庇阿的身边长大的。

在罗马贵族中，西庇阿是以醉心希腊文化而著称的，在他的身边形成了一个主要由其私人密友组成的小圈子，著名的希腊历史学家、《历史》的作者波利比乌斯便是其中的重要成员。在他们看来，希腊化世界之所以被罗马征服，最大的原因就是以罗马为首的意大利同盟中存在一个庞大的自耕农阶层。要想保持罗马的军事威力，唯一的办法是在意大利本土限制奴隶制农庄，同时给失地的农民分配土地，恢复旧自耕农阶层。西庇阿很清楚，这么做必然会遭到贪婪的新贵们的全力反抗，甚至要付出自己

⊙ 格拉古兄弟与他们的母亲科尔涅里亚

107

⊙ 迦太基的陷落

的生命为代价，因此他让这个观点停留在"学术探讨"的程度，而没有变为政治上的主张。但年幼的格拉古兄弟却接受了这个观点，并在后来将之作为自己毕生的奋斗目标。

当提贝里乌斯·格拉古还是个少年时，他就作为姐夫西庇阿·埃米里亚努斯①的部下参加了第三次迦太基战争。在这场战争中，格拉古因为第一个登上敌人的城墙而得到了公民桂冠的奖赏，他的心中应该就是在那时长出了要进行土地改革的萌芽。因为迦太基就是一个鲜明的反例，这个国家虽然极其富有，土地却属于少数大地主所有，城市里充满了无业的暴民，国家则依靠雇佣军保卫。虽然拥有汉尼拔这样的军事天才，最后还是被罗马毁灭了。回国后不久，格拉古就和当时的首席元老阿庇乌斯·克劳狄乌斯的女儿结婚了，这为他踏上政坛打下了基础。

公元前137年，格拉古前往西班牙参加与努曼西亚人的战争。努曼西亚是西班牙的一个小城邦，仅仅拥有3000左右的战士。但在这场战争中，罗马人一开始处于非常不利的态势，当地复杂的地形让强大的罗马军团非常不适应，由于统帅曼启努斯的一次疏忽，致

---

① 即在第三次布匿战争中毁灭迦太基的小西庇阿，他被大西庇阿之子收为了养子。

使罗马人被包围在一个地形非常不利的地方。格拉古的父亲曾经在西班牙担任过总督，在土著人中享有信守承诺的美名，因此，担任财务官的格拉古提出由自己与努曼西亚人议和以挽救士兵们的生命。格拉古的建议被采纳了，士兵们的生命得到了挽救。但回国之后元老院要继续进行与努曼西亚人的战争，为了避免背上毁约的恶名，元老院将身为主将的曼启努斯交给努曼西亚人任凭对方处置，仅仅是靠着在元老院有着极大势力的姐夫的保护，格拉古才逃脱了同样的命运。这应该是格拉古第一次意识到元老院制度的荒谬和缺陷。不久后，他回到了意大利。在途中，他看到道路两旁大片的土地荒芜着，耕种这些土地的并非是自由的意大利人，而是戴着镣铐的野蛮人奴隶，这应该就是触发他发动土地改革的直接原因。

公元前134年夏天，提贝里乌斯·格拉古竞选第二年的保民官。在竞选过程中，他将土地改革作为自己的竞选纲领，赢得了罗马平民的热烈支持，罗马人民将格拉古的竞选诺言刻在了廊柱和墙壁上。必须说明的是，提贝里乌斯·格拉古要求实施土地改革的初衷并非是造福平民，而是为了恢复罗马的军事威力。因为在古代人看来，自耕农是最好的兵源，一无所有的无产者和奴隶没有什么需要保卫的，自然也没有动力拼死奋战，唯有自耕农才会为自己的土地而战。但随着时间的流逝，格拉古却逐渐被自己掀起的民众运动给控制了，他不得不做得比他一开始想做得更加过火，他的纲领也变得越来越激进和有革命性。他的演讲词是这样说的："就连意大利的野兽都有它们栖身的巢穴和洞窟，可是为意大利而征战和阵亡的人们除去阳光和空气之外一无所有，他们像游牧民一样没有房屋，带着妻儿四处流浪。当统帅们在战场上号召士兵们保卫坟墓和神殿不受敌人侵犯时，他们是在欺骗士兵。要知道许多罗马人没有祭祀父亲的祭坛，也没有祖先的坟墓。他们是为了别人过奢华的生活，为了别人发财致富而战斗和死亡的。人们称他们为世界的统治者，而他们连一小块土地都没有。"

提贝里乌斯·格拉古法案的原本今天已经看不到了，不过我们可以知道其大致的内容：

1. 每一个占有国有土地的人的所占土地不能超过125公顷。如果有儿子的话，每个儿子可以另外再有62.5公顷，但一个家庭的所有成员所拥有的国有土地不能超过250公顷。

2. 如有超过上限的土地，必须交还给国库，再分割成7.5公顷的小块分给无地公民。这些公民可以世代耕种这些土地，但无权将其出售。

3. 为了执行这个法案，将成立一个三人的全权委员会。这个委员会的成员将由人民大会选出，任期一年，可以连任。

提贝里乌斯·格拉古的法案激起了那些占据了大片国有土地的贵族们的反对，甚至就连原本支持进行渐进土地改革的贵族们，比如西庇阿集团，也开始改变了立场，因为他们认为格拉古的法案太过火了，更不要说假如这个法案真的通过了。提贝里乌斯·格拉古肯定会成为委员会的首脑，在分配土地的过程中他将会拥有极其巨大的权力，并得到无数失地平民的拥护，甚至可能成为国王，这无疑触动了贵族阶层最敏感的一根弦。

反对者们采用了一个在罗马政治生活中很常见的办法来阻止提贝里乌斯·格拉古通过法案，他们收买了另外一个保民官马尔库斯·屋大维，对格拉古的土地改革法案行使了否决权。虽然格拉古竭力劝说马尔库斯·屋大维改变主意，但对方坚持己见，因为在他的背后还有许许多多的贵族们。

提贝里乌斯·格拉古能够感觉到空气的紧张，为了防止被暗杀，他在出门前不得不携带着武器，身边皆是宣誓向其效忠的武装护卫。为了迫使政敌做出让步，他甚至禁止所有高级官吏处理国家事务（即对任何高级官吏颁布的法令使用保民官的绝对否决权），除非马尔库斯·屋大维不再行使否决权。但在特里布斯大会上，马尔库斯·屋大维依然照旧行事。当格拉古前往元老院要求解决自己与马尔库斯·屋大维的争端时，迎接他的是辱骂和嘲笑。最后，当他回到自己的支持者身边时，提贝里乌斯·格拉古向所有人提出了这样一个问题："一个不再为罗马人民的利益而行动的保民官是否应该继续留在自己的职位上呢？"

在接下来的特里布斯大会上，提贝里乌斯·格拉古最后一次请求马尔库斯·屋大维不要否决他的议案。当遭到拒绝后，格拉古便要求就马尔库斯·屋大维是否还应该待在保民官的位置上进行表决。35个特里布斯一致回答像马尔库斯·屋大维这样违背人民意志行事的人不应该继续担任保民官，就这样，屋大维被剥夺了保民官的职位，而土地法案也当场通过。公民大会还选举了三人委员会的人选：提贝里乌斯本人、他的岳父阿庇乌斯·克劳狄乌斯，还有他的弟弟盖乌斯·格拉古。这虽然给了反对改革者大量的口实，但只有这样才能确保委员会里不被塞进扯后腿的破坏分子，改革方能进行下去。

虽然不是有意的，但提贝里乌斯·格拉古的行为还是触犯了一个禁忌问题：是元老院还是罗马人民才是共和国家权力的真正来源？对于这个问题，贵族和平民是有不同答案的。在接下来的日子里，格拉古每前进一步都会遇到重重阻碍，占有国有土地的人千方百计地证明这块土地是他们的私有财产，而被分配了土地的那些贫穷公民还需要农具、耕牛、种子才能开始他们的新生活。这又需要另外一笔钱，元老院是绝对不会出1个阿司的。

公元前132年的保民官选举期到了，为了不让自己的政策半途而废，格拉古必须连任。他的反对者们声称"按照惯例，保民官是不允许连任的（实际上，保民官的连任是有先例的），格拉古是要执行暴政，想要成为国王"，他们甚至采用造谣的办法攻击格拉古，说是帕加马给格拉古带来了国王的紫袍和王冠。为了让改革进行下去，格拉古又提出了新的方案：缩短军役的期限，将审判委员会的成员从元老阶层扩大到骑士阶层，将罗马公民权给予意大利同盟者。这更激化了贵族和格拉古的矛盾。终于，在一次竞选集会中，贵族和他们的食客与格拉古的支持者发生了冲突。由于十分嘈杂，格拉古就用手指了一下自己的头，表示有致命的危险在威胁他。而贵族们立即向元老院控告提贝里乌斯·格拉古企图索要王冠称王，当时的大祭司西庇阿·纳吉卡立即带领着大群元老和食客赶往格拉古和他的支持者所在的广场，将格拉古本人和他的300个支持者都杀死了。他们的尸体都被丢入了台伯河中，这是罗马人对待罪犯的方法。

就这样，提贝里乌斯·格拉古被杀了，他的姐夫西庇阿·埃米里亚努斯得知这个消息的时候，引用荷马的诗句感叹道："每一个做这样的事的人就是要这样死的！"但提贝里乌斯·格拉古的死并不意味着土地改革事业的完结。元老院在提贝里乌斯·格拉古死后短暂地建立了一些委员会来审判格拉古的拥护者，他的一些朋友被放逐了，另外一些则被判处了死刑，他的老师狄奥芬也在其中。但即使是在这一短暂的反动时期，元老院也不敢废除提贝里乌斯·格拉古的土地法案，因为那就意味着内战的爆发。元老院只是想办法把毁灭迦太基的英雄、格拉古的姐夫西庇阿·埃米里亚努斯塞进三人委员会，想用这个办法来瘫痪分配土地的工作，但人民给出了他们的答案——西庇阿·埃米里亚努斯在总共35个特里布斯中只得到了2个特里布斯的选票。而杀死格拉古的罪魁大祭司西庇阿·纳吉卡甚至不得不逃到小亚细亚，并死在了那里。

随着那些明显属于国有土地的储备逐渐枯竭，土地改革法案的推行变得越来越困难。渴望土地的穷苦公民开始踏上那些还不能完全确定其性质的土地，委员会接到了如雪片般飞来的控告书，甚至连许多意大利联盟者也表示不满，因为他们的利益也受到了伤害，而在这方面意大利的同盟者与罗马是有专门条约的。于是，西庇阿·埃米里亚努斯就在公元前129年以保护意大利同盟者的土地为借口插手了这件事情，他剥夺了三人委员会决定土地是否属于国有的权力，将这个权力给予了当时的执政官。这实际上将土地改革法案无限期地搁置了，因为若是三人委员会无权判定土地的性质，又怎么能分配土地？

此后不久，西庇阿·埃米里亚努斯就去世了。他死得非常突然，前一天夜里还非常健康并准备了第二天在人民大会上的演讲稿，第二天早上就发现他躺在床上停止了呼吸，旁边放着用来起草演讲提纲的涂蜡木板,身上了无痕迹。他谜一样的死亡留给了人们无数的遐想,很多人认为民主派特别是盖乌斯·格拉古才是幕后的凶手,因为他们害怕西庇阿·埃米里亚努斯破坏土地法案的实施,而且与死者亲密的关系让他有机会下手。人民是如此地害怕盖乌斯·格拉古被牵连进这个案子里,以至于用集会的方式强迫停止了对此案的审理。

如果不将他之前在三人委员会的挂名算在内,在公元前124年之前,盖乌斯·格拉古本人在罗马政治生活中起到的作用微乎其微,无论是人民还是元老院都将他看成已死的提贝里乌斯·格拉古的弟弟。人民对他寄予很高的希望,而元老院则尽力让他离罗马越远越好。西班牙、撒丁岛,小格拉古就好像陀螺般绕着罗马打转,但就是没法回到罗马。但到了公元前124年,盖乌斯·格拉古终于迈出了决定性的一步,他提出竞选下一年的保民官。

盖乌斯的参选引起了极大的轰动,从意大利的四面八方来了那么多人投票,以至于许多人不得不在马尔斯广场露宿。由于史料匮乏,我们已经不知道小格拉古在他两年的任期内具体提出了什么法案,只知道他的法案是围绕着三个问题进行的:政治制度的民主化、意大利同盟者的罗马公民权、无地公民的土地分配。显然,小格拉古比他的哥哥考虑得更多,在政治上也走得更远。其实这三个问题是掺杂在一起的:假如不在政治制度上实现民主化,他就无法打破贵族们对元老院的垄断,无法将土地改革进行下去;而不给予意大利同盟者公民权,就等于把他们赶到贵族保守派一边去,仅凭罗马平民的力量是无法通过议案的。他在第一个保民官(公元前123年)任期内就取得了非凡的成功,分别通过了《土地法》《审判法》《粮食法》。这三项法律赋予的权利有:分别给予公民土地,建立由骑士与元老组成的审批委员会监督高级官吏,以远低于市场的价格向公民出售粮食等。通过这三项法律,小格拉古将罗马平民与骑士拉到了自己一边。为了筹集分配土地和廉价出售的经费,小格拉古提出了一个影响深远的建议:在新成立的亚细亚行省征收什一税。征收的方式为包税制,即将税收先以拍卖的方式由包税人竞拍垫款,然后由拍中的商人前往行省征收。这固然增加了国家的收入,但从长远来看,对行省人民来说却是非常残酷的。这些款项除去用于支付分配土地之外,还用于兴建大量的公共工程。这些承包工程者都由以小格拉古为首的委员会分配,于是他成了整个共和国最有权力的人。

通过这一系列手段,小格拉古让平民、骑士以及富有的工商业者都对他非常感激,于是他轻而易举地当选了公元前122年的保民官。实际上,他当时已经成为共和国最有权力的人,人民大会对他言听计从,骑士和从他的法令上发财致富的人们也对他非常感谢。因此，小格拉古觉得自己可以推行第二步的改革计划了：开辟新的殖民地和给予意大利人罗马公民权。显然，前者是因为意大利境内已经没有多余的土地可供分配了，而后者却因为罗马平民不愿意与意大利人分享自己的特权。此时，元老院终于想出了对付小格拉古的办法，他们推选出一个叫马尔库斯·李维优斯·杜路苏斯的贵族竞选保民官。每当小格拉古提出某项提案时，这位杜路苏斯就会提出一个更加激进的反提案，比如，当小格拉古建议在北非建立殖民地以安置无地公民时，杜路苏斯就提出在意大利建立 12 个殖民地，每个殖民地安置 3000 人，而且无须缴纳任何费用。虽然杜路苏斯的提案完全是一纸空文，因为既没有土地也没有经费来执行这个提案，但人民是不知道的，很快，他们就将支持由小格拉古转到了更加慷慨的杜路苏斯身上。

就这样，盖乌斯·格拉古的民望渐渐衰落了。罗马平民不愿意与意大利人分享公民权，而骑士阶层只是为了从元老院那儿得到一部分权力才暂时支持盖乌斯。当元老院对骑士做出一点儿让步后，骑士阶层就收回了对民主派的支持，而罗马平民又因为反对给予意大利人公民权收回了他们的支持。公元前 122 年夏天，小格拉古竞选第二年的保民官失败了，而当格拉古兄弟的死敌路克优斯·奥庇米乌斯当选为执政官后，就宣判了他政治上的死刑。

公元前 122 年 12 月 10 日，盖乌斯·格拉古结束了他的保民官任期，共和国高级官吏在职期间人身不受侵犯的保护也不复存在。在此后不久的一次集会中，格拉古派的人杀死了执政官的一个侍从，因为这个侍从对民主派使用了侮辱性的词汇。这成了一场小规模内战的导火索，这个侍从的尸体被隆重地抬到了元老院。元老们为了这次杀人行为愤怒起来，至少是装出愤怒的样子，奥庇米乌斯被授予无限的权力来恢复秩序。

当天夜里，所有的元老和骑士都带着自己的食客全副武装地占领了卡皮托林山。而小格拉古和他的支持者们则在商量应该如何应对，格拉古决定尽可能地避免流血冲突，但这是不可能的。奥庇米乌斯在第二天早上就要求格拉古到元老院接受控告，当小格拉古派出使者企图谈判时，元老院扣留了使者，并随即发起了进攻。小格拉古在撤退的过程中受了伤，为了避免被敌人活捉，他命令奴隶杀死自己，他的奴隶杀死主人后也自杀了。盖乌斯·格拉古的头被割下来送到了执政官奥庇米乌斯那儿，他的尸体被抛进了台伯河，当天死去的格拉古派共有 3000 人。

就这样，格拉古兄弟的改革失败了。在接下来的几年里，甚至没有人敢于在公民大会上提出稍微过界点儿的议案。但兄弟两人的被杀远非结束，在他们的身后，越来越多的血淹没了整个共和国乃至意大利，甚至整个地中海世界。这些血有罗马平民的，也有罗马贵族的，还有意大利人的。在血海中，旧的共和国渐渐崩塌了，新的帝国渐渐浮现了。格拉古兄弟用自己的遭遇告诉了后来者：改革是一定要流血的，不是流自己的，就是流敌人的；既然如此，还是流敌人的比较好。

四、非洲，非洲！

公元前118年，罗马人在北非的最重要的盟友——努米底亚国王米奇普撒死了，他是长寿的马西尼萨①的儿子。拥有继承权的除了国王的两个儿子以外，还有一位收养的侄儿朱古达。按照国王的遗嘱，王国不得分割，而兄弟三人为此争吵了起来。作为努米底亚王国的保护人，元老院派出了当年的执政官、老加图的儿子波尔克优斯·加图前往非洲作为调停者。出人意料的是，波尔克优斯·加图违背了老国王的遗嘱，将王国在三个继承者中均分了。

突尼斯政府1969年发行的纪念币，正面为当时的突尼斯总统头像，背面即为马西尼萨头像

突尼斯政府1969年发行的纪念币，正面为当时的突尼斯总统头像，背面即为朱古达头像

不难看出波尔克优斯·加图的做法包藏着祸心，元老院又在玩着"分而治之"的老把戏。经过马西尼萨和米奇普撒的治理，努米底亚王国已经由一群互不统属的游牧部落变为了一个新兴的强大王国。虽然无论是马西尼萨还是米奇普撒，一直都是罗马人忠实的盟友，朱古达本人甚至作为同盟者亲自参与了罗马人围攻努曼西亚的战争（即大格拉古参加的那个努曼西亚战争），但元老院的政策就是追求绝对安全。对于共和国的阿非利加行省来说，努米底亚王国过于强大了，也过于接近了，而米奇普撒的死就是一个兵不血刃地解决问题的好机会。

为什么米奇普撒不在自己死前就将王位传给自己的某个亲生儿子，却要等到自己死后

---

① 长寿的马西尼萨活了90多岁，就是他和西庇阿在撒马击败了汉尼拔。

让罗马人有插手的机会?因为马西尼萨的寿命高达90多岁,在他去世的时候,拥有继承权的儿子只剩下米奇普撒一个人了,而且米奇普撒的年纪也不小了。朱古达是米奇普撒的一个早逝的兄长玛斯塔拉巴尔与侍妾之子,因此他没有王族的身份。依照努米底亚的风俗,米奇普撒将自己的侄儿一起在宫廷内部养大。与许多过早失去父亲的孩子一样,朱古达是一个早熟的孩子,他容貌英俊,是个英勇的战士、不知疲倦的猎人、有毅力和头脑的行政人员,还是个出色的将军。朱古达的卓越品行赢得了努米底亚人的爱戴。而米奇普撒对此却颇为忧虑,因为朱古达是如此的出色,而自己的两个儿子相比起来就要平庸得多,且年龄也小得多。但是米奇普撒又不愿意让自己的手沾上亲人的血,以至于授人口实,因此,当请求同盟者的罗马使者来到努米底亚时,国王就将自己勇敢的侄儿作为指挥官派往西班牙,希望努曼西亚人的标枪能够替自己解决这个麻烦。

来到普布利乌斯·西庇阿[①]麾下的朱古达并没有如叔叔希望的那样战死。恰恰相反,他以惊人的勇气和果断在罗马人当中赢得了声望,也得到了西庇阿的喜爱,成了他的朋友[②]。然而,另一方面,军营中的不少罗马人在得知朱古达的身份后,也开始煽动其野心,让他在米奇普撒死后夺取国王的大位。因为凭借战功和个人的能力,努米底亚人中是没有人可以与朱古达相比的。至于罗马可能的干涉,只要有足够的金钱,在那儿没有什么是买不到的。

这一切都被普布利乌斯·西庇阿看在眼里,作为西庇阿家族的成员,应该说西庇阿对马西尼萨的后人有着真挚的友谊,也深深地喜爱着朱古达这个出色的年轻人。在攻占了努曼西亚的临别之际,他将朱古达单独招入自己的帐篷,以私人的身份对这个年轻人做出忠告:"要培养和全体罗马人民的友谊,而非少数几个罗马公民的友谊,不要养成用贿赂达到自己目的的习惯,向少数人购买属于多数人的东西是危险的。如果继续这样好好干下去,名声与王位自然会落到你的头上。但如果操之过急,连自己的金钱都会带来杀身之祸!"

在告诫完朱古达之后,西庇阿写了一封给米奇普撒的信向其称赞了朱古达在努曼西亚战争中的功勋,表明自己非常喜爱朱古达,并且会尽力使元老院和罗马人民同样喜爱他。

---

① 即前文提到的西庇阿·埃米里亚努斯,其全称是普布利乌斯·科尔内利乌斯·西庇阿·埃米里亚努斯,也就是最后攻陷迦太基的那个小西庇阿,他是马西尼萨战友大西庇阿的继孙。

② 古罗马与古希腊的朋友关系是一种极为正式的关系,甚至受到法律的保护,一旦建立就只能以正式的仪式将其废除。

最后，西庇阿以一个朋友的身份祝贺米奇普撒有了一个配得上马西尼萨的英雄继承者。

接到来信的米奇普撒明白拥有了像西庇阿这样一位有力的罗马元老的友谊，想要不露痕迹地处死自己这个有力的侄儿已经是不可能的，于是他决定改用施加恩惠的办法将朱古达变成自己真正的儿子和继承人之一。米奇普撒立即将朱古达过继为自己的儿子，并在遗嘱中加入他的名字，使之成为与自己的两个儿子平等的继承人。几年后，当米奇普撒年老体衰觉得自己时日无多的时候，就依照努米底亚人的风俗，在自己的朋友们面前向自己的三个继承人留下了政治遗嘱。他希望朱古达看在自己对他的抚养之恩和同一血脉的分上爱护这两个堂兄弟，而自己的两个儿子也要像亲生兄长那样看待和尊重朱古达，三人团结起来让家族和王国兴盛。

面对临终的国王的遗言，不管朱古达的内心是如何想的，他还是做出了符合自己身份的回答。但不幸的是，米奇普撒刚刚离开人世，这三兄弟本来就很脆弱的关系便出现了裂痕。依照努米底亚的风俗，三人在给去世的国王举行完葬礼之后，就要聚集在一起商议王国的未来。年龄最小的希延普撒尔性格高傲，他一直就瞧不起朱古达母亲的卑贱出身，便径直坐在了兄长阿多儿巴尔的右手边，以避免让朱古达坐在他们兄弟两人的中间，这个位置在努米底亚人看来是属于最尊贵者的。只是在阿多儿巴尔要求弟弟尊重年长者的时候，希延普撒尔才不情愿地给朱古达让出了座位。随后朱古达建议废除过去5年所有的法律和法令，因为当时米奇普撒的年事已高，精神也不是很正常了。朱古达话音刚落，三人中年龄最小的希延普撒尔就接口说："朱古达说得不错，我也同意。不过朱古达的被父亲收养和获得对王国的继承权本身也是3年前的事情，那也应该废除！"

希延普撒尔的发言触动了朱古达内心深处最敏感的那根神经，由于他的母亲出身卑微，他出生时甚至都没有被父亲列入王族的名单，希延普撒尔这样做等于是要将他这些年来奋斗的成果全部夺去。接下来为划分王国而产生的争吵，更是将朱古达心中为数不多的那一点儿善念消弭干净。公元前117年，希延普撒尔死在了一个由朱古达派出的刺客手中，他的头被很快送到了朱古达的面前。

这个消息很快就传遍了整个王国，努米底亚人因而分成两派，绝大多数人倒向了阿多儿巴尔——老国王的另外一个儿子，因为从血统上看，阿多儿巴尔更有权力赢得王位。但士兵们多半支持朱古达，因为在过去的军事行动中，他已经证明了自己是个慷慨、勇敢、幸运的统帅。内战很快就爆发了，虽然阿多儿巴尔的兵力占优势，但胜利却属于朱古达。比起他的堂兄弟，朱古达在战场上要老练得多。绝望的阿多儿巴尔逃向罗马的阿非利加行省，并向元老院控诉了朱古达的罪行。

阿多儿巴尔的控告是不难预料的，朱古达登上王位后的第一件事情是开出一张名单，上面列举了当时罗马元老院中的有力人士。公元前116年，朱古达的亲信带着大笔的金钱来到了罗马，这些努米底亚人成了罗马最受欢迎的客人。很快，处理努米底亚事务的委员会人员确定了，为首的是奥庇米乌斯——杀死盖乌斯·格拉古的凶手、元老院中最贪婪的人之一，朱古达洒出的大笔金钱起到了作用。

但委员会的处理结果并未让朱古达满意，虽然他逃过了对自己罪行的惩罚，得到的西努米底亚也更为肥沃富饶，但阿多儿巴尔还是得到了半个王国，其中还包括努米底亚王国的首都奇尔塔城。不过，朱古达也明白了金钱对罗马人的效力。很快，他就卷土重来。公元前113年，朱古达指挥军队入侵了阿多儿巴尔的王国，将其包围在了奇尔塔（cirta）城中。在这座城市里有许多意大利商人，实际上，这座城市的主要防御力量是依靠这些商人的护卫，因为绝大部分的努米底亚人都将朱古达视为他们真正的国王。

对奇尔塔的围攻战持续了15个月，期间罗马元老院派出了两个使节团前往阿非利加，但是在朱古达金钱的攻击下，他们什么都没有做就回去了。随着围攻的持续，奇尔塔城内的意大利商人们已经承受不下去了，期望中的援兵始终没有到来，最后他们强迫阿多儿巴尔与朱古达谈判，以保证所有人的生命安全为条件交出城市。阿多儿巴尔没有选择，因为没有这些意大利商人，他根本就守不住这座城市。结果和阿多儿巴尔预料的一样，朱古达一进入城市就将他处死了。按照惯例，被处死的还包括所有手里拿着武器的成年男子——包括那些意大利商人。

朱古达在奇尔塔的屠杀引起了轩然大波，他在罗马元老院的"朋友"们这次也没办法包庇他了，因为这些意大利商人中有许多是活跃的高利贷者和包税人。在这些"吸血虫"的身后是强大的骑士阶层，他们掌握着几个最重要的法庭，即使是执政官、行省总督也不敢违逆他们的意愿，否则当他们卸任后，就会被被告上法庭。①

公元前111年，罗马对朱古达宣战了。指挥官是当年的执政官卡尔普尔尼乌斯·贝斯提乌斯，此人在元老院中也是以极度的贪婪著称的。他率领4个军团在阿非利加登陆后就开始了军事行动，但军事行动并不顺利。努米底亚的骑兵更适应当地的干燥平原的环境，更了解当地的情况。相比努米底亚人，罗马的军团行动要迟缓得多。在进行了几次不成功的接触战后，贝斯提乌斯不得不承认短期内赢得胜利是非常困难的。与历史上那些伟大的人物一样，朱古达对于洞察对手的内心有一种惊人的天赋，很快他就意识到对手的司令官

---

① 古罗马的高级官吏在任期间的行为是不会受到控告的，但卸任后如果被判决有罪，就会被追究。

⊙ 战象

对于金钱要比胜利在乎得多。因此，朱古达向对方提出了一个建议：他愿意在元老院承认他为努米底亚唯一国王的前提下，向罗马投降。作为与贝斯提乌斯友谊的证明，他将支付给对方一大笔钱。不久之后，朱古达在一小支卫队的保护下来到了罗马人的营地，当着罗马将领们的面简单地说了几句为自己辩解的话，然后表示投降。贝斯提乌斯在一次简单的会议后表示接受投降，朱古达国王交出了30头战象、一些牲畜和少量的银子作为罗马人的战利品和自己投降的证明。贝斯提乌斯带着国王的贿赂回到罗马要求凯旋式，可无论是朱古达的王国还是军队都完好无损，就好像战争没有发生过一样。

很难用语言来描述罗马平民对所发生的一切的愤怒，即使在早已不知道什么是羞耻的元老院里，也很难下决心批准贝斯提乌斯的条约，但取消执政官的决定也是不可想象的，更不要说贝斯提乌斯在元老院拥有的巨大势力了。如果不是保民官盖乌斯·美米乌斯冒着生命危险召集了平民集会（15年前，盖乌斯·格拉古就是因为聚集平民而被元老院杀害了），也许贝斯提乌斯就蒙混过关了。受到巨大压力的元老院下令要朱古达必须来到罗马，为贝斯提乌斯的贪污受贿案作证。

在努米底亚，在朱古达的黄金面前，罗马的将军们一败涂地，他们把战象还给了朱古达，一起出售的还有叛逃到罗马人这边的努米底亚人。为了得到更多的钱，这些将军甚至进攻了那些根本没有和罗马开战的中立部落，这给朱古达增加了不少友军。面对元老院的要求，朱古达表现出了惊人的勇气，他换上一身简朴的衣服就来到了罗马。在敌人的主场,他依旧战无不胜。在他的"朋友"们的保护下,朱古达毫发无损地通过了审判,甚至还干掉了一个努米底亚王位的竞争者——玛西瓦,他也是马西尼萨的孙子,拥有王位的继承权。在真相大白的情况下,朱古达甚至还将刺客秘密地送回了国内,而罗马元老院对他做出的处罚居然是驱逐出境!

在接下来的时间里,罗马在阿非利加省的统帅像走马灯一样更换,但与朱古达的战争与其说是更好,不如说是更糟了。朱古达用行动证明了自己不但懂得用黄金战斗,也懂得指挥步兵、骑兵和战象。他甚至在公元前109年初的一次战役中完全包围了罗马的一支军队,迫使全部罗马人只穿着一件内衣从轭门下走过,并按照他的条件签订和约,罗马的军队也必须在10天内离开努米底亚。

朱古达的这次胜利为他赢得了巨大的声誉,高利贷者和包税人已经把罗马在北非的名声弄得臭不可闻。一次次胜利将朱古达不情愿地推上了"解放者"的神坛,北非的所有挣扎在罗马镣铐下的民族都将期盼的目光投向了朱古达。现在情况已经非常清楚了,如果不能迅速消灭朱古达,罗马在北非的统治是不可能继续维持下去的。元老院放逐了许多牵涉到朱古达战争中的人,其中包括奥庇米乌斯——杀死盖乌

⊙ 努米底亚骑兵,请注意没有马镫

斯·格拉古的凶手。元老院选择了克温图斯·凯启里乌斯·麦铁路斯担任公元前109年的执政官,他在元老院当政的寡头集团中是唯一有着清白无暇名声的人。于是麦铁路斯重新招募了军队,不过他并没有依照惯例从贵族中选择副将,而是从自己的食客中选择了盖乌斯·马略作为自己的副将。

这个盖乌斯·马略就是后来一共7次当选执政官的罗马第三位"建城元勋",当时他已经48岁了。作为一个破产骑士的儿子,马略能走到今天这一步,除了个人的才能和努力以外,是离不开麦铁路斯家族的提携的。虽然出任远西班牙行省总督和一次成功的联

⊙ 盖乌斯·马略头像

姻让他已经进入了罗马的上流社会,但是他还保持着罗马农民所特有的那种勤劳顽固和吝啬凶残。数十年艰苦的军事生涯让他有了一双铁手、两条永不疲倦的腿和一颗石头心,他通晓关于战争的一切事宜。但对于军事以外的事情,马略就非常无知了,这就是他后来在政治上表现得那么幼稚和摇摆不定的原因。

面对麦铁路斯,朱古达又拿出了屡试不爽的伎俩——要求缔结和约,条件是支付巨额的赔偿金,当然少不了给麦铁路斯个人的那一份。不过这次的罗马统帅挡住了金钱的诱惑,麦铁路斯要求无条件投降,这是朱古达无法接受的。于是新的战争又开始了,朱古达采取了拖延战术,避免与罗马人进行大规模的会战,而代之以小规模的伏击、追击和在半沙漠地带无休止的行军。战争陷入了长期化的状态,胜利遥遥无期。当元老院把麦铁路斯的权限延长到了公元前107年时,元老院内发生了激烈的冲突,平民派谴责贵族派为了掌握大权而故意拖延战争,要求更换统帅,他们提出的人选就是麦铁路斯的头号副将、不久前在木图尔河战役中立下大功的英雄盖乌斯·马略。

不难想象,当麦铁路斯得知自己的食客和副将马略居然提出要返回罗马竞选执政官时会是什么感受。须知当时的罗马虽然没有明文禁止平民担任执政官,但按照惯例,平民最多只能担任其他高级官吏,而执政官却只能在贵族狭小的圈了里选择。虽然马略拥有除却古老的门第以外的所有担任执政官的条件,但仅凭这一点就足以否决一切了。麦铁路斯回答说:"你应该满足自己的地位,不要向罗马人民提出他们有理由拒绝的要求!"

但这没有动摇马略的决心,这个以倔强而闻名的军人不断地提出要求。麦铁路斯只好敷衍说一旦公务允许的话,马略即可返回罗马。一次,当马略向麦铁路斯提出要求请假回罗马竞选时,麦铁路斯回答说:"不要急着到罗马去竞选。当我的儿子成为一名竞选人的时候,你还有足够的时间竞选执政官呢!"最后一句俏皮话破坏了麦铁路斯和他的副将的关系,因为麦铁路斯的儿子当年才20岁,距离罗马执政官的最低年龄还有整整20年!

如果说在此之前马略的心中还有一点儿"背叛"自己的恩主的愧疚的话,那么在被麦铁路斯这样侮辱之后，马略心中的那点儿愧疚之情也荡然无存了。[①] 他开始在各种场合公开地表达自己的不满之情，无论是对盟友、士兵还是意大利的商人，马略都毫不掩饰地表达这样的意思：如果让自己取代麦铁路斯掌握对朱古达战争的最高指挥权，他将在很短的时间内结束战争。

显然，如果再继续把马略留在努米底亚对军队是有害的，麦铁路斯只得应允了他的副将的要求。马略在接下来的竞选活动中对自己的前恩主的指挥艺术进行了猛烈的攻击，虽然他的口才并不出色，连希腊语都不会，但在罗马军队中服役了近30年的经历以及木图尔河战役英雄的身份让马略的演讲更有说服力。不过，让他当选执政官的最大原因是多年来人民对寡头派贵族们的失望和痛恨，自从15年前盖乌斯·格拉古被元老院的寡头贵族们杀害之后，这些傲慢的"新贵"们就垄断着共和国的权力，践踏着平民的权利。正如马略在演讲中所说的："我个人知道一些人，他们是在当选了执政官以后才开始首次诵读我们祖先的和希腊人的军事论文的。他们的演讲里总是称颂他们的祖先，通过列举他们祖先的功业，他们就以为自己也变得比较光荣了。可是祖先的光荣就好像照在他们后代身上的一束光，后人的德行和缺点都逃脱不了它的照耀。他们的祖先把一切可以留给后人的东西都留给了他们——姓氏、财富、塑像和关于他们的光荣回忆，但却没有把品德留给后人，因为品德是无法像礼物那样授受的。我得承认我没有这样的光荣[②]。公民同胞们！但是谈论自己的功业要光荣得多，他们从祖先的功业中得到的东西却不允许别人从自己的功业中得到。"现在终于又出现一个新的肯为平民说话的领袖了，保民官盖乌斯·曼里乌斯·曼启乌斯甚至越过了元老院的阻碍，直接在人民大会上通过了将非洲战争的统帅权交给马略的法令。

元老院的寡头贵族们保持着不祥的沉默，他们没有正面反对人民大会通过的法令，因为在高卢出现了更加可怕的敌人，森里布人和条顿人已经赢得了两次惊人的胜利（公元前113年和公元前109年）。在此时挑起与平民派的斗争是不合时宜的，他们只是打算用一个狡猾的计策打击马略在人民中的威望。元老院借口在非洲的军团已经服役期满，所以马略需要重新在罗马的公民中招募新兵来组建自己的军队。按照罗马的传统，军团士兵是从

---

① 马略祖上数代都是麦铁路斯家族的食客。保护人与食客之间的关系在古罗马是非常正式的，在《十二铜表法》里面有明文保护这种关系，食客违背保护人的意愿竞选执政官是不合适的，甚至是不道德的。

② 即拥有这样的祖先。

财产在 3000 塞斯特尔提乌斯以上的公民中挑选的，从军是罗马有产公民的义务，同时也是权利，但从军的军饷是极其菲薄的。如果说在第二次布匿战争之前，这种公民兵制度还运行得很不错的话，到了公元前 1 世纪，当兵对于大部分平民来说就意味着家乡的田园荒芜、妻子儿女沦落为流民，所以征兵绝对是得罪人的差事。

马略巧妙地化解了元老院的计谋，他从财产登记表格之外的无产者中募兵，从军者可以获得军饷，甚至在退伍时还有可能得到一块土地成为自耕农或者小地主。一时间，应者云集，而且也没有伤害到平民的利益。时年 31 岁的苏拉也加入了马略的军团，依照他贵族的身份和富有的资财，他登上了 "Cursus honorum"① 的第二级台阶——财务官。

不难想象，苏拉刚刚来到非洲时，他的上司对他的态度是非常冷淡的。放荡的名声、白皙的皮肤、纤细的手脚、贵族的身份，这一切都只会引起马略的厌恶。马略的前半生几乎都是在军营中度过的：吃着粗粝的大麦饼，穿着散发着臭气的皮甲，像士兵一样背着几十公斤的装备和行李每天步行 30 罗里，到达目的地后，还要挖掘宿营地外的壕沟。他以一头骡子的标准要求自己，也以同样的标准要求士兵，像这样的指挥官自然不会喜欢一个像苏拉这样靠继承寡妇的遗产而发迹的浪荡子弟。不过苏拉很快就适应了军营的环境，他毫无怨言地将自己的奴隶和多余的物品出卖掉，只用一只铜杯子来装饮料和煮食物，让自己的行李减少到只用一头骡子

⊙ 行军中的罗马军团士兵，后面的骡子背着修建营寨所需要的材料

---

① 拉丁文，意为"荣耀之路"。

背着，无论在怎样艰苦的环境里都保持着乐观和快活的态度，出色地完成了上司交给他的所有任务。而且即使是和最下层的士兵，苏拉也用很礼貌的态度、语气交谈，毫不在意地和士兵们开一些低俗玩笑。很快，苏拉就得到了马略的赏识和士兵们的爱戴，成了负责骑兵部队的副将。

马略在接过指挥权后，并没有急着立即行动。经过两年的战争，朱古达已经将自己的大部分财富、辎重和亲信集中到了几座非常坚固的设防城市里，而这些城市与罗马的控制区之间往往都被干旱的半草原分隔开来，他本人则和他的军队出没在广袤的原野上。贸然进攻这些据点是非常危险的，因为朱古达总能在罗马人最为疲惫和饥渴的时候发起突袭，给予罗马人造成重大的杀伤后便逃之夭夭。在开始进攻之前，马略指挥着自己的军队进入了一块土地肥沃而又设防并不严密的土地，将劫掠到的一切都分给了他的手下；然后，又进攻了一些设防不严密的据点。在这些战斗中，新招募来的士兵得到了丰富的战利品，又熟悉了战斗的方式，士气变得旺盛起来。

在这些战斗中，马略获得了许多牲畜，他将这些牲畜分给士兵们作为食物，并暗中将皮革保存了下来。这样一来，他就获得了许多盛水的皮囊且不会被敌人发现。在某一天的日落，马略率领着军队离开营地，只带着牲畜和盛水的皮囊，声称是去附近的乡村征收粮食。但马略却率领着所有的军队沿着一条从未走过的路线行军，不告诉任何人真正的目的地，并在白天休息、夜里行军。3 天后的清晨，他们出现在了卡普撒多（capsa）城外，这是朱古达最重要的一个据点。毫无准备的当地人照常打开了城门，外出汲水，罗马人一拥而入将其攻占。马略将城中的居民全部杀掉，将战利品分给士兵们，然后将城市烧毁。

卡普撒多的失陷对朱古达来说是一个重大的打击，因为这座城市位于一个绿洲，四周都是沙漠，被认为是极其难以攻陷的，他的许多辎重和储备都在这儿。卡普撒多的悲惨遭遇给了所有的努米底亚城市一个警告，在马略的剑锋面前没有哪儿是绝对安全的，许多城市在遇到罗马人时选择开城投降。朱古达过去的战术行不通了，因为他获取给养的地方越来越少，他不得不向自己的岳父毛里塔尼亚国王波库斯求援，这是他先前所尽力避免的，因为波库斯一直以来都垂涎于努米底亚肥沃的土地。朱古达不得不许诺在击败罗马人后，将三分之一的国土分给波库斯，并用大笔的金钱贿赂波库斯身边的重要人物。

波库斯欣然接受了女婿的求援，但在一次前哨战中，毛里塔尼亚的骑兵被罗马人击败了。看到胜利不是像朱古达说的那么唾手可得，波库斯的态度改变了，这个狡猾的国王开始寻找把自己的女婿卖个高价给罗马人的机会。不过，在接下来的谈判中，波库斯反复无常的本性暴露无遗，很难说这位国王是在打算出卖他的女婿还是想借口谈判引诱罗马人放

⊙ 修建中的罗马设防营地

松警惕好来个突然袭击。应该说，波库斯还没有打定主意，他的唯一策略就是见机行事，站在赢家一边。

马略对波库斯的这些小把戏很熟悉，这个老兵从 16 岁就跟随着阿非利加那·西庇阿在西班牙的群山间和西班牙土著打仗了。他以一种非常冷淡的态度对待波库斯的使者，并严格约束自己的士兵，每天晚上宿营时都必须挖好壕沟、修筑土垒，不给敌人一点儿可乘之机，并一步一步冷静地向努米底亚的首都奇尔塔推进。显然，马略是将胜利寄希望于士兵们的勤勉和勇气而非波库斯的心血来潮之上。

当马略距离奇尔塔还有一天左右路程的时候，朱古达出现了。他集中了现有的全部军队，从三面向罗马人发起了猛攻。像过去一样，马略让步兵躲在长盾后面，排成严密的阵线，抵御着努米底亚人的冲击，准备等敌人的士气消耗到一定程度的时候，再发动反扑。指挥骑兵的苏拉下令与敌人近身肉搏战，而不是用标枪和弓箭做一进一退的战斗。这是努米底亚骑兵非常擅长的，他们很快就击败了对面的骑兵。正在这个时候，波库斯出现了，他和他的儿子沃路克斯从背后向罗马人发起了进攻，他们因为迷路的原因来晚了。

当朱古达看到自己的盟友已经赶到时，就采用了事先准备好的一个心理战术，他挥舞着一把染血的短剑，对罗马士兵大声叫喊："你们的努力是徒劳的，就在刚才，我已经在一对一的战斗中杀死了马略！"混乱中罗马的士兵无法分辨朱古达说的是真是假，队形出现了混乱。如果不是苏拉在打垮了当面之敌后，转而攻击敌人中央部分的侧翼，罗马人就要输掉这场战斗了。

看到优势转到了罗马人一边，波库斯立即丢下自己的女婿率领着自己的军队逃走了，而朱古达虽然竭力激励自己的士兵坚持住好夺取即将到手的胜利，但苏拉从侧翼发起的攻击决定了一切。罗马骑兵从背后进攻正在奋战的敌人，将成排的努米底亚人杀死在行列里。朱古达战斗到了最后一刻，才凭借自己的武艺和骏马冲出了罗马人的包围圈，他最好的朋友和部下几乎都倒在了战场上。

无疑，苏拉是这场胜利最大的功臣，正是他将罗马人从失败的深渊中挽救了出来。对于马略来说，奇尔塔已经是树枝上等人采摘的苹果。经过数年的苦战，凯旋的曙光终于出现在不远的地平线上了。

这场战役结束后的第五天，波库斯的使节就来到了罗马人的军营。与先前的含糊其

⊙ 奇尔塔之战

辞不同，这次使节毫不含糊地代表波库斯提出要求：希望马略选出两个自己最信赖的军官作为使节，国王希望和他们谈谈他本人的利益以及罗马人民的利益的问题。

写到这里，笔者不得不解释一下上面那句话。波库斯所说的那句话虽然有些拗口，但却很准确地表达了他的真实想法：如果他换边站，那么罗马人将以怎样的比例和他瓜分努米底亚呢？

马略在经过考虑后，决定派苏拉和奥路斯·曼利乌斯前往波库斯那儿。这是一个风险极大的决定，因为这等于是将他手下最好的两名军官的生命交在了波库斯手中（在上一次战役中，苏拉与奥路斯·曼利乌斯分别指挥罗马军队的左翼和右翼）。但马略没得选择，波库斯对罗马军队的情况很了解，派谁前往本身就代表了马略的诚意，随便派出个阿猫阿狗只会让波库斯认为罗马人不过是在敷衍，会大大地影响谈判的结果。而向波库斯"购买"朱古达的人头可能是迅速结束战争的唯一途径。在古代社会，每个人的名望在很大程度上取决于他的家世，像朱古达这样出身高贵又有着出色才能的人，仅仅凭借他的显赫家

世就能从荒原上的无数部落募集到新的军队。因此打败朱古达还不够，只有抓住或者杀死他本人才能结束战争。距离马略在竞选演说中许诺将结束这场丢脸的战争的时候已经过去了近两年，他很清楚，在罗马的麦铁路斯绝不会忘记自己的背叛，假如不能尽快地结束战争，等待着自己的绝不会是什么美妙的下场。

就这样，苏拉踏上了前往波库斯营垒的旅程。在与国王的交谈中，苏拉竭力说服波库斯放弃与朱古达联盟的念头，并许诺假如他站在罗马一边，罗马人民的"仁慈"将会是他想象不到的。不过苏拉的言辞并没有击中波库斯的要害，波库斯只是辩解说他对罗马并无敌意，自己拿起武器不过是行使每一个国王都拥有的权利，保卫自己的土地和臣民罢了，因为朱古达已经把这块土地给了他（即那三分之一的领土），自然他不会允许罗马人蹂躏自己的财产。但是苏拉不可能承认波库斯所提到的领土，这意味着承认朱古达是合法的努米底亚国王，因为只有这样，朱古达才有权利将土地赠予给波库斯。而在罗马的官方口径中，朱古达不过是个篡位者，而且努米底亚王国的土地不过是第二次布匿战争后阿非利加那·西庇阿代表罗马人民赠予马尼西萨的礼物。只有在努米底亚国王保持着罗马人民的身份时才能保持这个礼物，否则罗马人民完全可以将礼物收回以建立行省或者转赠给其他人。苏拉可以承诺将这块土地重新赠予波库斯（当然最后要经过元老院的批准），但不可能承认波库斯现在对土地的所有权。苏拉只得表示波库斯可以派使节前往罗马元老院，谈判进入了僵局。

朱古达先前花在波库斯亲信身上的大笔贿赂在此时起到了作用，他很快就得悉了苏拉与奥路斯·曼利乌斯的到来。朱古达此刻的处境非常窘迫，在上一场战役中他损失了太多的士兵，而波库斯因为临阵脱逃而保存了主力，悬殊的实力差距使得他不但不能惩罚盟友的背叛，还得装出对一切一无所知的样子，拿出更多的钱贿赂波库斯的左右，说服其不要倒向罗马人。

面对波库斯的摇摆不定，马略决定用坚决的军事行动来迫使波库斯做出决定。马略的行动起到了效果，波库斯派出5个亲信前往奇尔塔，他们被授予全权与罗马人签订和约。但是这5个人在路上遭遇了盗匪的袭击，当他们逃到苏拉的营地时，已经没有任何能证明自己外交使节身份的凭据了。而苏拉还是宽厚地安抚了他们，从而得到了这些使节的好感。

马略和阿非利加行省所有的罗马元老级别的官员商议后，决定允许波库斯的使节前往罗马。在与这几位全权代表进行了初步的谈判后，元老院授予了马略全权与波库斯签订友好条约——在波库斯的行为证明自己配得上罗马人民友谊的时候。

得到了回复的波库斯再一次向苏拉发出邀请,他希望马略让这位向自己表示善意的罗马军官作为全权谈判代表。马略给了苏拉一支轻装部队作为卫队,因为苏拉此行除了商议和约细节外,还有一个秘密任务——把朱古达带回来。

在前往波库斯营地的路上,苏拉与迎接他的沃路克斯(波库斯的儿子)遭遇到了朱古达。相对于苏拉的卫队,朱古达的兵力要多得多,随行的罗马人都认为这是一个陷阱。沃路克斯把他们出卖给了朱古达,他们愤怒地要将这个年轻人处死,然后迅速撤退。与其他罗马人一样,苏拉也认为自己成了波库斯又一次反复无常行为的牺牲品,不过他阻止了其他罗马人伤害沃路克斯,也没有将其扣下来作为人质,而是邀请永生的众神为波库斯的背叛行为作证,随即下令沃克路斯和他的人立即离开罗马人的营地,因为他已经不再是罗马人的朋友了。

但沃路克斯拒绝离开营地,他向苏拉含泪辩解他的父亲并没有背叛罗马人,朱古达之所以出现在这里,是因为他已从间谍口中得知了这次行程。这个狡猾的努米底亚人已经没有足够的兵力,离不开波库斯的支援,因此他打算用这次对使团的恐吓和袭击破坏和约的达成。最后沃路克斯提出从朱古达的营地当中穿过,只要他本人在队伍里,朱古达是不敢发动进攻的。为了让苏拉相信自己,沃路克斯愿意离开自己的军队,单独与苏拉在一起。

苏拉接受了这个孤注一掷的建议,果然如沃路克斯所说的一样,朱古达没有敢于发动进攻。因为这就意味着与波库斯公然撕破脸,他只能眼睁睁地看着罗马人通过他的营地。

在接下来的日子里,波库斯表现出一副十分友好的姿态,送给苏拉各种贵重的礼物,并许下无数的承诺,却尽可能避免与苏拉正式会谈,因为他还不清楚罗马人的底线。在他的内心深处,波库斯并不愿意将朱古达交给罗马人,因为这样一来,他就必须单独面对罗马人的兵锋了,而朱古达在削弱之后再也无力威胁他,是一个很好的附庸和缓冲国。但苏拉只是要求与波库斯做一次秘密的会谈,参加的人数要尽可能地少,除此之外,他没有做任何表态。

波库斯最终答应了苏拉的要求,在会晤中苏拉以罗马人特有的傲慢表示,他受执政官的命令来问波库斯是要和平还是战争?波库斯没有做直接的回答,他表示将在10天之后给予答案。但是在当天夜里,苏拉就被秘密接到了波库斯的帐篷里,帐篷里只有4个人:苏拉、波库斯、翻译和一个双方都信任的见证人。

在这场深夜的会晤中,波库斯还是老调重弹,他表示自己并不想与罗马为敌,愿意不再介入朱古达与罗马人的战争,并且不允许朱古达利用他的领土反抗罗马人。他希望以这个条件与罗马议和，如果成功，他将会非常感谢苏拉的[1]。而苏拉在感谢了国王的慷慨之后，直截了当地表示波库斯做出的让步还不够。罗马人已经多次击败了朱古达和波库斯的军队，共和国不需要波库斯的保证，因为胜利就是最好的保证。如果波库斯希望从罗马人民手中得到友谊、联盟和三分之一的努米底亚，他就必须把朱古达交给罗马人，这是他唯一能做也是必须做到的。

面对咄咄逼人的苏拉，一开始波库斯并不愿意做出让步，他分辩说作为一个国王，不能出卖自己的亲属和依靠自己保护的人，假如他将朱古达交给罗马人，他的臣民又怎么再相信自己的国王能保护自己呢？最后，他又提到了与朱古达的条约。而苏拉说朱古达是一个弑亲者[2]，这样的罪人是不受任何法律保护的，波库斯将他交给罗马人是符合法律和习俗的。最后，波库斯决定做出让步，他与苏拉商议做出缔结和约的样子，这样他就有理由把朱古达招来下手逮捕，因为朱古达一直都希望能够和罗马人缔结和约。

面对波库斯的邀请，朱古达实际上处于一种两难的境地：假如他拒绝，这固然可以保住一时苟安，但无异于慢性自杀，因为假如波库斯与罗马人单独议和，他是不可能坚持下去的；而贸然接受，又等于是以身饲虎。所以朱古达回复，他很愿意做波库斯让他做的任何事情。不过他认为罗马人不值得信任，他曾经与罗马的将军们多次缔结和约，但后来都是一场空。所以他建议波库斯将苏拉交给自己，这样他就可以迫使马略缔结真正的和约，而非虚辞诓骗，因为像苏拉这样一个贵族因为执行公务被俘，元老院是不会置之不理的。

在接下来的几天时间里，在波库斯的脑海里，无论是将朱古达交给苏拉还

⊙ 朱古达的被俘

---

[1] 即许下大笔的贿赂。

[2] 在古代世界，弑杀亲属是极重的罪行，被认为是受到了神的诅咒，不受法律的保护，每一个遇到他的人都可以杀死他。

⊙ 马梅尔定（Mamertine）监狱，古罗马共和国最著名的监狱，朱古达死前正是被关押在这里，喀提林阴谋的同谋者、被恺撒击败的高卢领袖维钦格托列克斯和圣彼得、圣保罗死前都是被关押在这里

是将苏拉交给朱古达，这两种想法都曾经占据过优势。的确，罗马人的武力占有优势，但正如朱古达所说的，他曾经与罗马的将军们多次缔结和约，结果罗马人都以各种理由将其撕毁，将战争持续了下去。那么假如他如约将朱古达交给苏拉，又有什么可以确保他能够得到罗马人民的友谊、联盟和三分之一的努米底亚呢？他会不会成为罗马人下一个征服的目标？成为下一个朱古达呢？要知道朱古达也曾经是罗马人民的朋友呀！

　　那苏拉是如何做到让波库斯交出朱古达的呢？显然，想要用语言打消波库斯的顾虑是不可能的，国王的生活中总是充满了谎言和背叛，什么样的雄辩家也无法打消他的疑虑。但苏拉却成功地使波库斯相信这次罗马人会履行承诺，在他漫长的一生中，他一直保持着这种惊人的魔力。只要愿意，他总是能获得别人的信任，哪怕这个人不久前还在处于敌对的阵营，而且他也能用自己的行动让承诺兑现。纵观苏拉的一生，虽然他对敌人非常残酷，但是对于朋友和服从他命令的部下，他总是十分慷慨和友善的。有些时候，这种慷慨和友善甚至有些不符合他的身份，超过了应有的限度，以至于很多同阵营的人认为苏拉为了自己一个人的好恶喜怒，而把整个共和国的财富随意支配，甚至破坏了长久以来的传统和法律。对于这些责难，苏拉是这么回答的："一个人应该有权利处置他的战利品！"

◉ 马梅尔定监狱门口的铭牌：圣保罗与圣彼得曾经被囚禁于此处

在与朱古达约定和谈的前一天晚上，波库斯终于下了决心，他让人把苏拉请来，告诉对方第二天他将履行自己的承诺。随后，他派往朱古达处的使者也带来了同样的承诺。第二天早上，波库斯和苏拉登上约定地点附近的一座小山，装出一副迎接朱古达的模样。当对方如约而来时，事先埋伏好的骑兵们一拥而上，将朱古达的所有随从杀死，朱古达则被交给了苏拉。这位不幸的国王被送到罗马后关在地牢里，长时间忍受饥饿的折磨。传说他最后处于一种半疯狂的状态，甚至不得不啃食自己的手指，在举行完马略的凯旋式后，他被作为共和国的敌人绞死。

◉ 囚禁朱古达的水牢入口

五、野蛮人的入侵

就这样，这场持续了 8 年的漫长战争终于结束了。战争就像一个巨大的陶轮，将整个世界颠倒了过来。战争毁灭了一大批罗马贵族的政治生涯（如果他们没有死在日耳曼人的剑下），却成就了一个破产骑士的儿子——马略。马略于公元前 104 年 1 月 1 日在罗马举行了盛大的凯旋式，并第三次当选为执政官。元老院中的寡头派们不愿意看到通过民主党支持上台的马略坐大，于是他们大肆夸耀苏拉的功劳，仿佛马略是依靠自己副将的能力才结束朱古达战争的。而苏拉也对这一切夸耀照单全收，他原本就是一个虚荣心极强的人，如果说与奈克波里斯的婚姻将苏拉从苏布拉区[①]的泥沼中脱离出来，那么朱古达战争的凯旋则让他第一次能够在各种聚会中可以和最显赫的罗马贵族们平起平坐。这种甜美的滋味不但没有让苏拉餍足，反而更刺激着他的胃口越来越大，他的脑海里充满了凯旋式、执政官以及更多的东西。为了让所有人知道自己的荣耀，苏拉特别制作了一枚镶嵌着红宝石的金戒指。在这枚戒指上以精美的工艺雕刻着他接受波库斯献上朱古达的图案，而在戒指的背面则铭刻着"波库斯献上朱古达，苏拉接受献俘"。苏拉的夸耀行为深深地伤害了马略，诸神在慷慨地赐给这位伟大统帅军事才能的同时，却没有给予其宽阔的胸怀和政治家的伪善，很快，罗马城里的每一个人都知道了马略与他的前副将之间的裂痕。

公元前 105 年 10 月初，正当马略和苏拉在北非和朱古达苦战之时，罗马在罗纳河谷的阿劳西奥[②]与向南迁徙的三个日耳曼部落——条顿人、辛布里人和阿姆布昂人进行了一场决定性的会战。由于两个指挥大军的执政官格涅乌斯·玛利乌斯·马克西姆斯与克温图斯·赛尔维利乌斯·凯披奥不和，导致罗马军全军覆没，16 个罗马军团以及相应的联盟军团、辅助部队一共 12 万人都不复存在了。相比起著名的坎尼战役，阿劳西奥战役对罗马共和国的打击更加沉重，因为在坎尼战役中参战的只有 8 个罗马军团，全军中的罗马公民只有 4 万人；而在阿劳西奥战役中失去的 16 个罗马军团中，每个军团中至少有 4700 人是罗马公民（4400 重步兵、300 骑兵）。一天之内，共和国失去了元老院一半的成员和三分之二能服兵役的男性公民。共和国不要说抵御野蛮人的入侵，就连镇压奴隶和共和国内部其他潜在的反对势力的兵力都没有了，实际上，除了马略，贵族之中根本无人敢于竞选执政官。如果不是日耳曼人接下来的毫无理性的行动（森里布人去了西班牙，条顿人去了

[①] 指古罗马的贫民聚居区。

[②] 今法国南部。

○ 罗马与日耳曼人的战争

北高卢，而不是入侵意大利），共和国恐怕只能迁徙去北非或者西西里了。

看到这里，就不难理解为何元老院里充满了反马略派的贵族，但当马略还在北非的时候就让其缺席当选为公元前104年的执政官（正常情况下，竞选者必须回到罗马登记才能竞选执政官），并且允许了马略招募无产者为军团士兵，并支付其饷银的自作主张，这在正常的和平时期是完全不可想象的。不过即使是在这样的灭国危机之中，元老院依然没有给予马略"狄克推多"（即独裁官）的大权，而只是让其当选为执政官之一，由此不难看出，当时的罗马共和国内部的矛盾之尖锐。

情况的紧急迫使马略在举行完凯旋式后就立即赶往位于罗纳河谷的大军营地，那儿控制着从高卢进入意大利半岛的最便捷的道路，共和国把能找到的每一个士兵都派到了马略的麾下，苏拉作为他的副将也一同前往。不过很快，两者的矛盾就表面化了，引发这一矛盾的导火索正是苏拉的那枚红宝石戒指，罗马人经常将印章刻在戒指上，书信往来时将其作为凭信盖在其上。不难想象，马略在自己副将的书信公文上看到"波库斯献上朱古达，苏拉接受献俘"的字样和图案将会是什么感受，再加上苏拉在执行任务时成绩优异，这越发让贵族们口中"马略不过是因人成事，凭借苏拉才建立功勋的"的说辞显得更有说服力了。

○ 古罗马戒指印章

心胸狭隘的马略开始利用手中的权力报复自己的副将了，苏拉很快发现自己再也无法参与任何可以给自己带来功勋的军事行动了。更糟糕的是，公元前103年，他成了军事保民官，这通常是由初出茅庐的贵族子弟担任，其年龄为21～25岁，主要任务时是作为统帅的参谋，可以列席高级军事会议。苏拉当时已经30多了，早已在努米底亚证明了自己的能力，这等于是一次降级。

不难想象，像苏拉这样一个对于荣誉和权力极度饥渴的人会对上司不公道的压制何等愤怒，但他当时能做的只有隐忍。因为在公元前104年—前102年，森里布人和条顿人就好像一把达摩克勒斯之剑悬在整个罗马社会的头顶上，而共和国唯一有足够能力和威望指挥军队抵抗野蛮人入侵的统帅就是马略。即使是元老院中最显赫的豪门贵族们也不敢挑战马略的权力，他连续当选为执政官就是明证，因为按照共和国政治的潜规则，每位当选执政官的人必须过几年才能再次当选，以免出现一家独大的局面，破坏贵族们之间的权力平衡。只有在森里布人和日耳曼人的入侵威胁下，这种极不正常的现象才可能出现。

但到了公元前102年，情况发生了微妙的变化。在此之前，还没有任何一个人能够连续三次当选为执政官，即使是人民大会也开始强烈反对马略当选了，须知正是平民的支持才使得马略战胜了麦铁路斯并获得了朱古达战争的指挥权。为了当选，马略甚至不得不离开军队赶回罗马，并与当时平民派的领袖护民官路克优斯·阿普列优斯·撒图尔尼路斯结为了政治同盟。这位第一流的演说家在公民大会上说："在共和国危难的时候，让马略这样的统帅失去指挥军队的权力（执政官为罗马军队的统帅），就是卖国贼！"撒图尔尼路斯的演讲起到了决定性的效果，马略又一次当选为执政官。但是，元老院也推出了自己的人选——克温图斯·路塔克优斯·卡图鲁斯，相比起前两年的执政官，卡图鲁斯的门第和威望都要强得多，显然元老院希望他能够阻止马略独享胜利的荣耀。

在政治上具有敏锐观察力的苏拉抓住了这次机会，他转换门庭投到了卡图鲁斯麾下。这位马略的同僚虽然品行敦厚、门第高贵，在元老院中有着无瑕的名声，但却有着一个致命的弱点——对于军事所知甚少，这在和平年代倒是无所谓，但在面临强敌时却是致命伤，苏拉的到来替他补上了这块短板。卡图鲁斯欣然接纳了苏拉，并委以重任，信任有加。苏拉也干得很出色，讨平了许多阿尔卑斯山脉的蛮族，并收集了大量的粮食，为自己的仕途更上一层楼打好了地基。

无疑，苏拉的背叛行为让马略对他的恶感更加深重，不过这位统帅此时已经没有精力花在这些个人恩怨上了。森里布人和条顿人就好像两头蒙上了眼睛的公牛，在高卢和西班牙的土地上游荡了两年之后，终于转向南方，朝意大利冲来。这些体格壮硕、性格残忍、不知恐惧是何物的野蛮人的数量极其庞大，以至于他们不得不分成两路，否则就无法从道路两旁的村落获得足够的补给：条顿人沿着较为平坦的利古里亚沿岸地带[①]进入意大利，而森里布人则选择了通过崎岖的阿尔卑斯东北部的山路进入意大利。

得知这一消息时，马略还在罗马，他立即以最快的速度返回罗纳河谷，在那儿他已经选择了一个很好的位置建立了设防营地。这个营地正好位于通往阿尔卑斯山路和通往沿海地带的交叉路口上，敌人是不可能绕过这个营地的，为了防止敌人对营地采用围困战术，马略甚至让士兵们在那两年的时间里挖掘了一条运河直通海边，这条运河甚至到了中世纪时依旧在使用。而卡图鲁斯则留守在山南高卢，抵御条顿人从阿尔卑斯东北通道的入侵，两个执政官各自所辖的兵力最多都不会超过4万人。

面对汹涌而来的条顿人，马略并没有贸然地让军队出营迎战，恰恰相反，他对于任何急于逞血气之勇要求出营战斗的人都给予了非常严厉的谴责，甚至称之为"共和国的叛徒"。马略很清楚，这是一场与他过去所经历过的完全不同的战争，营地外的日耳曼人不是为了金钱、财物、奴隶以及其他任何物质利益发动战争的，他们不懂得什么是奴隶，也不需要金钱（在阿劳西奥战役中，被俘的所有罗马人和意大利人都被杀死祭神，战利品也被沉入河中），这些野蛮人所需要的是空闲的土地来安置他们的人民。假如自己在这儿被打败了，共和国和他的人民将被从大地上抹去，就仿佛从来没有存在过一样。这是一场你死我活的求生之战，为了胜利，马略可以牺牲一切，哪怕是罗马军队的荣誉。

⊙ 女祭司

[①] 利古里亚是古代地名，其位置大概位于阿尔卑斯山脉西麓和利古里亚海之间。

看到罗马人龟缩在营地里不出来，条顿人就开始劫掠焚烧四周的村落，并以各种傲慢的行为和言辞侮辱敌人，显然，他们的目的是为了激怒罗马人让其来到平地上决一死战。不过，马略还是压制住了士兵们的冲动，并利用狡猾的迷信手段，让士兵们相信神灵选择了一个更好的地点和时间惩罚这些渎神的野蛮人。马略弄了一个女祭司在军营里，装作对她言听计从的样子，然后通过女祭司的口告诫士兵们在此时此地迎战野蛮人是不吉的。当条顿人发现既无法让罗马人离开他们的营地也无法用冲击的战术攻下这个设防严密的营地时，他们就决定绕过营地，将马略留在身后向意大利进军。在通过罗马人的军营时，这些傲慢的野蛮人向不远处的敌人高声叫喊："如果罗马人有什么话要带给妻子，我们很乐意代劳，因为很快我们就会和罗马人的妻子在一起了。"

⊙ 迁徙中的日耳曼人

马略等条顿人刚刚完全通过营地后，就率领全军出发，尾随着敌军，他极其谨慎地选择险要的宿营地，以免遭到敌人的掉头反扑。虽然这种可能性微乎其微，因为条顿人的数量极多，据说花了6天时间才通过罗马的营地，其中还有大批非战斗人员，这么庞大的队伍短时间内是很难掉过头来展开队形进攻罗马人的。直到条顿人的大军即将进入阿尔卑斯山脉时，马略才让军队强行军，超越了日耳曼的队列，挡在敌人的前面，准备进行决战。

与过往一样，马略抢占了一块地形险要的高地，并开始挖掘壕沟、建筑壁垒。但出乎他意料之外的是，还没等到营垒修筑完成，战斗就突然爆发了。导火索是一部分罗马士兵的仆役和轻装部队前往高地下的河流打水，而与此同时，条顿人的先锋部队安布罗尼斯人正在河流旁淋浴、进餐。由于一直以来马略保守的策略，这些野蛮人对罗马人颇为轻视，并没有把这些仆役和轻装部队放在眼里，却遭到了这些人的突然袭击。安布罗尼斯人立即排成了队形，开始用武器撞击盾牌，发出整齐的颂歌声，向高地上的罗马营地发起了进攻。日耳曼人当时还处于蛮荒时期，并无文字书籍，祭司们口口相传的歌颂神灵与古代国王的功绩的歌谣便是其文化和历史的唯一载体。日耳曼的军队其实就是各部落的成年

◎ 战斗中的日耳曼人

男子,虽然各部落源自一个祖先,但时间久远,各部落之间的言语风俗早已不同,唯一能够将他们联系在一起的便是对同一神灵的祭祀。日耳曼人的宗教虽然形式简陋,但他们却极为质朴虔信。因此在临战之前,随着祭司齐声咏唱颂歌,战士们齐声应和,其精神自然汇为一体,颂歌完毕后,进攻便即开始。

站在高地上的马略冷静地观察了安布罗尼斯人的行动,他发现敌人的进攻太过轻率,使得全军被河流分成了两部分,前锋与后继部队脱节了。他立即下令前锋发起逆袭,同时主力从高地向下移动。由于安布罗尼斯人无法在河岸上组成一个完整的战阵,所以他们很快就被罗马人所击败,许多人被挤入河中,成了被屠杀的对象。随即,罗马人渡过了河,开始进攻残余的敌人,被击败的安布罗尼斯人向己方的车阵逃去。这时,一件非常可怕的事情发生了,无数安布罗尼斯的妇女冲出了车阵,她们挥舞着刀剑和战斧,疯狂地砍杀她们的丈夫和儿子,迫使他们回头与罗马人决战。这些妇女们甚至比男人们更加勇敢,她们用手和罗马人争夺盾牌,甚至徒手抓取锋利的剑刃,而不在乎自己的手指是否会被锋利的剑刃割伤甚至切断。当最后一切都无可挽回的时候,她们杀死了车阵里的老弱和伤者后自尽,而不愿让自己和孩子沦为罗马人的奴隶。

当战斗结束时,天色已黑,数万安布罗尼斯人已经命丧黄泉。可是罗马人还来不及享受胜利的喜悦,就在马略的催逼下回到高地继续修筑营垒。整个夜晚,高地上的罗马人都能听到四周的荒野里传来可

◎ 日耳曼家庭

怕的声响，那不是失败者的叹息和呻吟，而是野兽的咆哮和诅咒。日耳曼人正在悼念白天战死的同胞们，这种可怕的声音在四周的山丘和河岸间回荡，让人不寒而栗，无法入眠。

对于马略来说，幸运的是，条顿人没有在当天夜里和第二天发动进攻。当时，罗马人的营垒还没有完全修筑好，士兵们也还很疲惫。当马略完成了他的营垒后，就决定进行会战。他观察到条顿人的后方有大片草木丛生的斜坡和山谷，可以供伏兵隐蔽之用。于是他派出了一个由3000重装步兵组成的别动队，迂回到敌人的后方。第三天清晨，他让自己的军队在营垒前排开阵势，然后用骑兵诱使条顿人进攻，被激怒的条顿人仰攻高地。但崎岖的山坡让他们既无法排成严密的队形，在标枪等投掷兵器方面也比较吃亏。在数次冲击无果后，条顿人不得不退回到平地重新整队。但此时马略的伏兵出现了，高地上的马略也发动了进攻，在两面夹击下，条顿人被击溃了。随后马略进行了追击，攻破了敌人的车阵，被杀死和俘虏的条顿人超过了10万人。

赢得了胜利的马略，按照罗马人的传统，将一部分战利品堆积起来，在军队的环绕下焚烧掉以感谢神灵护佑。这时，从罗马赶来的使者带来了一个喜讯——马略被选举为公元前101年的执政官，这是他第五次被选为执政官！

正当马略处于荣誉的巅峰时，卡图鲁斯和苏拉的日子却不那么好过，娴于军事的苏拉在仔细分析了防区的地形后，认为与其冒着被森里布人各个击破的危险将兵力分散在几个阿尔卑斯山的隘口，还不如将兵力从山区撤回意大利（当时的罗马人认为山南高卢不是意大利的一部分），利用阿迪杰河来防御。他在阿迪杰河的渡口两岸修筑了坚固的要塞，然后用桥梁将两岸的要塞连接起来，使之成为一个整体。但森里布人并没有贸然攻击渡口，他们首先在河流的上游用树木和大量的泥土修建了一座堤坝，河水在堤坝的阻拦下无法向下流，最终激流冲开了堤坝，裹挟着大量的泥土和树木而下，将木桥冲垮了。阿迪杰河两岸的罗马军队被分开了，失去了对岸的桥头堡，卡图鲁斯和苏拉不得不撤兵。

幸运的是，森里布人并没有追击，他们在占领的土地上享受着战利品和舒适温暖的天气，相比起寒冷贫瘠的黑森林，位于阿尔卑斯山以南的土地要舒适得多，他们在山南高卢度过了一个公元前102年的冬天。这些森里布人不是没有得到条顿人被歼灭的消息，但他们认为这根本不可能，甚至还把带来这个噩耗的人处以酷刑。而马略在歼灭了条顿人以后，也带领着军团从那尔波高卢赶回意大利与卡图鲁斯汇合了。他的到来让卡图鲁斯立即拱手让出了最高指挥权，虽然他在地位上与马略是平等的，都是共和国的执政官。

不久之后，森里布人的使者就来到了，他们傲慢地向马略提出要求：除了他们现在占领的土地以外，罗马人还要割让一些土地给他们的兄弟。马略便询问他们谁是森里布人的兄弟,使者回答是条顿人。此时罗马人不禁大笑起来,马略用嘲讽的语气回答说:"你们不用为兄弟考虑,他们已经得到了土地,而且永远不会被夺走!"随即,马略命令将被俘的条顿酋长们带出来,与森里布人的使者见面。

森里布人的国王在得知这一切后,就亲自率领一小队骑兵前来罗马营前挑战。马略接受了挑战,并约定在今天米兰附近一个叫作维西立的地点交战,这个地方地形平坦,利于罗马人发挥他们骑兵的优势。

根据苏拉在其回忆录中的记载,马略让自己的军队组成两翼,卡图鲁斯的组成中央,在交战时,两翼会首先与敌人接触,然后中央向后收缩,引诱敌人前进,两翼迂回最后包围敌军。这样一来,卡图鲁斯的军队与敌人交战的机会比较少,马略就能独揽战功。但实际上,马略这么部署是因为他对卡图鲁斯军队的战斗力没有什么信心,因为他们是新败之师。

森里布人组成了一个长、宽几乎同为 6000 米的巨大方阵,总兵力超过 10 万,而马略的兵力约为 3.2 万,卡图鲁斯的约为 2.3 万。不过马略占据了背光的方向,而且当时正是夏至后的几天,炎热的天气让习惯了北欧寒冷的森里布人极为不适应。按照习俗,森里布人将每一排的士兵都用铁链连接起来,这样他就无法独自转身逃走,但这反而让他们无法进行灵活的进退,成了罗马骑兵的猎物。经过苦战得胜后的罗马人冲进了森里布人的营地,他们却看到了一副惨绝人寰的景象:留在营地里的妇女穿上黑色的丧服,杀死了逃回营地的丈夫和兄弟,勒死了年幼的儿女,然后自杀。因此,被俘者虽然有 6 万之众,但死于剑下的

⊙ 森里布人的战败

森里布人却超过俘虏两倍有余。

赢得了辉煌胜利的马略带着他的军队返回了罗马,等待着他的是两次凯旋式和民众们热情的欢迎。不管卡图鲁斯和苏拉在自己的回忆录中怎么抱怨马略不公道地独揽了全部的荣誉,但人民一直将马略而不是其他人视为条顿人和森里布人的征服者和"罗马的第三位

奠基者"，在举行宴会祝酒时，也会高呼"为了诸神和马略"，即使是伟大的阿非利加那·西庇阿也未曾拥有如此崇高的荣誉。

而苏拉的运气就不是那么好了。他觉得自己已经赢得了足够的战功和声誉，所以想要在仕途上更进一步，进入元老院。于是他参选了法务官，这

⊙ 凯旋式中的日耳曼妇女

样他在卸任后就可以进入元老院，拥有成为较低一级的行省总督的资格。可是事与愿违，苏拉的参选失败了，因为拜他的炫耀所赐，几乎所有的罗马公民都知道他和北非的毛里塔利亚国王波库斯关系密切，而当时罗马角斗场里的猛兽几乎都是来自北非。共和国的公民们一致认为与其让苏拉去当法务官，还不如让他先当几任市政官，让大伙一饱眼福则更为有利（市政官的职责之一就是自己掏腰包给市民提供各种娱乐）。结果，苏拉直到数年之后方才如愿以偿。

不过，苏拉在钱财上倒是不吝啬，他举行的表演让罗马的公民们在很久后都津津乐道，100头狮子和努米底亚猎人的搏兽表演，即使在罗马也不是能经常看到的。很多人认为苏拉为了对抗马略，所以在此时就已经倒向了元老院，实际上并非如此。马略当时正处于权力的巅峰，他接下来的目标是通过法律把自己在军事方面的独裁大权稳固下来，并无余暇去报苏拉的旧怨。而在征服了森里布人和条顿人之后，马略的军事声誉已经无可争辩。元老院也不再采用抬高苏拉的手段来贬低马略，而苏拉

⊙ 与野兽搏斗的角斗士

139

低微的出身和极其旺盛的权力欲反而惹来了不少同僚的妒恨。在他们看来,像苏拉这样一个暴发户是根本没有资格与自己并列的,用大笔的金钱讨好民众来换得选票,更是破坏了共和国的权力规则,这也为苏拉掌权后采取发布"公敌名单"的大肆屠杀埋下了伏笔。

六、马略与民主派的联盟

回到罗马的马略并没有忘记自己还欠某人一个大人情,那就是平民派的领袖护民官路克优斯·阿普列优斯·撒图尔尼路斯。不要忘记,正是撒图尔尼路斯的努力才让马略史无前例地连续三次当选为执政官。不仅如此,撒图尔尼路斯还在公元前103年担任护民官的任上强行通过了一项法案,法案给予所有参与朱古达战争的马略老兵(仅限于罗马公民)每人100优盖鲁姆(25公顷)的份地,这些土地将从阿非利加行省中的国有土地划分。这个提议遭到了贵族们的激烈反对,当时,一个站在贵族一边的护民官企图否决该提案(在罗马共和国,护民官有绝对否决权),从平民人群中投掷来的雨点般的石块迫使他立即离开了会场,提案才得以通过。显然,这个提案将极大地提高马略手下的士兵的士气,而且退役后老兵的利益也将和马略捆绑在一起,这使得马略的势力壮大到了无人可及的地步。现在该轮到马略来回报撒图尔尼路斯了,撒图尔尼路斯和他的支持者们需要有一个胜利的领袖和军队来对抗元老院,以实现格拉古兄弟未曾完成的伟大理想——将罗马公民权扩大到意大利并向所有罗马公民分配国有土地!

第一步就是,让马略当选为执政官,撒图尔尼路斯当选为护民官,并宣布他们当选后将会通过新的粮食法案。这个法案将盖乌斯·格拉古的粮食法案又更向前推进了一步,把国家仓库出售给全体罗马公民的粮食从每莫狄乌斯[①]六又三分之一阿司降低到六分之五阿司,这实际上就是向每个罗马公民无偿发放口粮。元老院竭力反对这两人的当选,在他们看来,这无异于国王的复辟,因为得到免费口粮的平民会将感激之情全部倾注在撒图尔尼路斯和马略身上,再加上马略的武力,还有谁能对抗这两个人呢?

但马略老兵的短剑决定了一切,此时共和国的选举已经和战争无异了,候选人在讲坛上用舌头和金钱战斗,而他们的支持者则在街头用石块、棍棒甚至短剑战斗,马略的老兵们甚至杀死了贵族支持的保民官候选人奥路斯·努恩尼乌斯。元老院的威望、金钱、法律乃至传统在纯粹的暴力面前显得如此的无力,这在共和国的历史上还是第一次,马略与撒

[①] 容积单位,1莫狄乌斯约为8.7公升。

图尔尼路斯都如愿以偿地当选了。

马略与他的盟友当选之后，就着手于实现他们的纲领，确切地说是撒图尔尼路斯的纲领，因为马略在政治上并不比他手下的老兵们高明多少，继续掌握最高权力就是他的最高目标，至于要做什么才能保持最高权力，他就不知道了。在这方面，撒图尔尼路斯就要高明得多，他提出了第二部土地法案：即将土地分给在马略的军队里服役7年的老兵（从公元前107年出征非洲开始）。与第一部法案相同，每个士兵将得到100优盖鲁姆的土地，这些土地将从山北高卢行省划拨。但与第一部法案不同的是，可以分到土地的不但包括所有罗马公民，还包括军队中的意大利同盟者，由于这些土地将以公民殖民地的形式组织起来，因此实际上，所有的意大利老兵都被授予了罗马公民权，至少给予了拉丁公民权。而这个法案的领导权则被给予了马略，这无异给予了他无限期的独裁大权：因为建立如此多的公民殖民地是一个非常漫长的过程，在这个过程中，马略实际上都拥有无限的权力。为了确保元老们不在通过后作梗，这个土地法案的末尾添加了一个保留条件——所有的元老在就职后5天内必须宣誓遵守这个法案，否则就会被逐出元老院并处以巨额的罚款。

如果说第一个土地法案和粮食法案只是在元老院掀起轩然大波的话，那么说第二部土地法案则将整个共和国都投入到了波涛汹涌的大海之中。不用说元老院的贵族们是反对这个法案的，现在连过去支持马略的那些人也改变了态度，富有的骑士们被马略的同盟者采用的那些激烈手段给吓住了，在他们看来，如果通过这个法案，下一步就是爆发革命和没收财产了。罗马的平民们也拒绝支持，因为他们一直都反对让意大利同盟者上升到和自己平起平坐的地位，更不要说分配土地了，在罗马人看来，这是自己的祖先用鲜血和生命换来的特权，绝不可以与其他人分享。

现在恐怕很难想象当时公民大会的景象了，共和国的每一个阶层都在采用惯用的手段反对法案的通过：保民官行使了否决权，高级官吏和祭司们则以占卜时的不祥之兆为借口来否决提案，而公民们则报以咒骂和石块。但法案的支持者更加强大，在投票的那一天，成群结队的马略老兵和意大利人来到广场旁，他们脸色冰冷、队形整齐，手里拿着棍棒和锋利的短剑，仿佛站在维西立和努米底亚的战场上。

元老院和公民大会在明晃晃的剑刃下屈服了，所有的元老都在神灵面前许下了将遵守土地法案的誓言——除了一个人，那就是克温图斯·凯启里乌斯·麦铁路斯，这个傲慢的贵族宁可被放逐出意大利也不愿意向背叛自己的前食客的法案宣誓。

但誓言并不能让法律自己运行，所有的官吏们都在怠工，公民们也充满了反对的情绪，马略老兵的短剑在这个问题上可帮不了什么忙。而最糟糕的是马略本人的态度，他就好像一头不情愿的驴子，每当撒图尔尼路斯催促一下，他才向前走几步，而一旦撒图尔尼路斯忙于其他事时，他就停下脚步甚至倒退几步。这个伟大的统帅在军事上有多么刚毅果决，在政治上就有多么犹豫无知，他完全不清楚自己已经和撒图尔尼路斯上了同一条船，没有回头路可以走了。更糟糕的是，马略与许多元老和骑士有商业上的联系，这固然让他赚了很多钱，可也让他的心距离支持者越来越远。

正如所有的事情一样，马略的第六个执政官任期快要到头了，罗马城内充满了一种内战即将爆发的火药味。撒图尔尼路斯第三次参加护民官的选举，但元老院绝不会允许这个人再次当选。

冲突再次发生了，平民派的执政官候选人格劳提乌斯的支持者用木棒进攻贵族派的候选人盖乌斯·美米乌斯，将后者用木棍打死了。元老院立即宣布进入紧急状态，并授予马略全权恢复秩序。马略在犹豫之后背叛了自己的盟友，接受了元老院的任命。元老院动员了可以动员的一切武装力量，很多元老甚至亲手拿着短剑带着食客来到广场上。而平民派们也拿起了武器，他们甚至打开监狱释放了罪犯，宣布解放奴隶。不难看出，平民派的武装力量要弱得多，不然他们是不会采用这些极端手段的。

公元前100年12月10日，罗马城内开始流传着撒图尔尼路斯已经被支持者宣布为国王的传言。这是元老院攻击平民派领袖的老花样了，他们就是用这种办法干掉格拉古兄弟的，后来暗杀恺撒的理由也是如此。战斗在卡皮托林山下的广场爆发了，数量上占优势的元老派很快就压倒了民主派，迫使其退到了山上。包围者破坏了输水管，迫使山上的民主派投降了。马略还不想完全破坏与民主派的关系，他想保护自己前盟友的生命安全，便带领着一队老兵把撒图尔尼路斯和几个朋友强行护送到了元老院大厅去，但是大群的贵族青年们爬上房顶，拆除了瓦片向屋内的人投掷。撒图尔尼路斯和他的绝大多数朋友都死了，一起死去的还有冲突的导火索——格劳提乌斯。

随着撒图尔尼路斯一起死去的还有马略的政治生命，撒图尔尼路斯费尽心力才通过的土地法案和粮食法案都被废除了，马略的老兵们的100优盖鲁姆的土地也泡汤了。麦铁路斯从流放地回来后，受到了元老院英雄般的欢迎。而马略则成了风箱里两头受气的老鼠——平民派不会忘记他的背叛，而贵族们则不会忘记他是如何才爬上权力顶峰的。马略不得不自我流放，去了小亚细亚，理由是他在与森里布人和条顿人交战时曾经向许愿去朝拜"诸神的伟大母亲"——密特拉女神。

无独有偶，苏拉在完成了他的法务官任期后，也去了小亚细亚的奇里乞亚（Cilicia）行省担任总督。这是一个位于今天土耳其东南部的行省，是当时罗马共和国在亚洲仅有的两个行省之一，北临陶鲁斯山脉，贸易十分繁盛。这倒不是元老院突然转了性，把这块肥肉主动丢给了苏拉这个新人，而是因为当时在黑海地区有一个新的势力正在迅速崛起，这就是米特里达梯六世的本都王国。米特里达梯六世是希腊化世界所产生的最后一位伟大的国王，年仅11岁的他就遭遇了父亲被人毒死的厄运，王国的权力都落入其母劳迪斯手中。但劳迪斯并不喜爱这个

⊙ 正在杀死公牛的密特拉女神，传说正是她溅出的鲜血让世界有了生命

早熟的长子，这个权力欲极强的女人甚至企图将米特里达梯害死，让更好控制的幼子继位，这样她就可以将权力更长时间地保留在自己手中。生命受到威胁的米特里达梯不得不逃入旷野之中生活了7年，跟随他的只有一小撮其亡父的最忠实的奴仆。这一艰辛而又充满了危险的生活锤炼了这个少年的身心，当他在18岁重新夺回王位后，除了一个已被他娶为妻子的妹妹外，米特里达梯处死了母亲和所有的兄弟姐妹，消灭了王位的潜在威胁。幼年时的颠沛流离和所受到的良好教育让米特里达梯六世同时拥有高度的文化修养和极其狡猾残酷的性格。据说米特里达梯懂得24种语言，可以和黑海沿岸的任何一个野蛮部落的酋长直接交流，是个第一流的外交家；他受过非常优良的希腊文化教育，对音乐有很高深的修养；他还是一个很不错的药物学家，研究出了一种万能解毒剂和通过长期服用微量毒药来提高身体抗毒性的办法；他的身形魁梧过人，体格强壮，精通马术和使用武器的技巧，是个出色的战士；除了好色以外，他并无其他嗜好；他饮食有节，习惯忍耐劳累和饥饿，这使他在生命的最后几年（那时他已经年近七旬了）里，依然能够一天骑马走185公里，连续数日不息，对艰苦的行军与作战生活也是甘之若饴。

⊙ 米特里达梯六世头像

这一切都让米特里达梯成为共和国晚期最顽强的敌人。

在公元前 2 世纪的"大征服"运动之后，罗马人将亚历山大东征后遗留下的政治格局完全打破了：马其顿和希腊本土沦为罗马的行省，托勒密的埃及和塞琉古的叙利亚成了仰罗马鼻息的吉祥物，而传统上正是这几个强大势力保护着黑海沿岸的那些希腊殖民城市不受南俄大草原上的蛮族威胁。这些小势力不得不向本都王国请求庇护，无形之中，这就为处于希腊化世界边缘地带的黑海沿岸的本都王国的壮大扫清了道路。到了公元前 1 世纪初，米特里达梯六世已经征服了大半个小亚细亚半岛和黑海沿岸的许多希腊城市，并企图继承亚历山大大帝的遗志，重新一统希腊化世界。显然，罗马元老院是决不会允许这种事情发生的。

在苏拉接到任命的几年前，米特里达梯六世已经将一个儿子扶上了位于小亚细亚中部的卡巴多西亚王国（Cappadocia）的王位，并通过这个代理人控制着这个王国，将势力扩张到了小亚细亚半岛的西南部。本都国王的行为对罗马在亚洲的行省，尤其是奇里乞亚行省造成了威胁，因为这个行省与卡巴多西亚王国只隔着一个托鲁斯山脉。因此元老院迫使米特里达梯六世做出让步，让另外一个名叫亚里奥巴扎尼斯的王室成员继位。由于当时米特里达梯六世正忙于与黑海北岸的斯基泰人交战，便不得不接受了元老院的要求。但在米特里达梯六世击败了斯基泰人、稳定了自己北部的边疆局面后，就掉过头来将亚里奥巴扎尼斯赶走，换上一个叫作哥狄斯的朋友继位，重新将卡巴多西亚纳入囊中。以上就是苏拉来到奇里乞亚行省时的局面。

当时苏拉手中的罗马军队并不多，从他同法务官的级别看，总兵力应该不会超过一个军团。不过他从周边的比提尼亚、弗吉尼业等几个罗马的盟友那里募集到了一些同盟军，然后迅速攻入了卡巴多西亚，将哥狄斯赶了出去，并重新将亚里奥巴扎尼斯扶上了王位。但这仅仅是事情的开始，因为米特里达梯六世本身与罗马有联盟关系，他又不愿意在没有准备好的状态下与罗马人发生直接冲突，于是便请求盟友大亚美尼亚的国王提格拉涅斯二世出兵干涉，眼看一场边境冲突即将演化成大规模的战争。但糟糕的是，此时共和国正处于一种半瘫痪的状态，根本不可能给予苏拉一兵一卒的支援，苏拉只能靠自己把这盘棋下完，这一切是怎么回事呢？

原来在公元前 100 年元老院用暴力消灭了撒图尔尼努斯和他所领导的支持者后，共和国就进入了短暂的"反动时期"，土地法和新的粮食法案都被废除了，共和国恢复了平静。但平静并没有维持多久，因为这种表面上的平静是建立在元老和骑士阶层在共同的危险面前所缔结的同盟之上的。当平民派的威胁被消灭后，这一同盟也就不复存在了。按照公元前104年通过的《格劳提乌斯法》，由骑士阶层控制的审判委员会可以对任何担任行省官员的贵族受到的控诉进行审判。这个法庭本来的用途是为了防止贵族们在行省任职时为所欲为的（意大利本土和罗马是由当地居民产生的元老院治理的），但审判法庭被骑士阶层控制后，反而成为攻击那些稍有良心的行省长官的武器了。因为按照罗马的法律，元老阶层不得经营工商业（当然元老也可以通过释放奴隶来间接经营工商业，不过却会成为政敌的把柄），因此，共和国的工商业实际上多半是控制在骑士阶层手中的。因为相对于东地中海世界，意大利地区的手工业水平较为落后，无法与其竞争，所以罗马骑士阶层的资本主要是用于经营包税人、高利贷这些与行政当局密切相关的行业里。显然，无论是高利贷还是包税人，对于行省居民来说都是强盗，任何一个稍有头脑和良心的行省官员都会把打击这些豺狼作为自己的责任，而元老院的贵族们也明白，假如任凭那些包税人和高利贷商人在行省胡来，行省很快就会变成一块不毛之地，这对于共和国来说也是有害的。因此对于元老们来说，最首要的工作就是把审判委员会从骑士们手中夺回来。但仅凭贵族们的力量是不够的，他们不得不向平民伸出手来，于是一个非常荒谬的景象出现了——不久前还拼死反对撒图尔尼努斯法案的元老院主动提出了同样的法案：发放廉价粮食，分配国有土地，许诺给予部分意大利联盟者公民权，条件是从元老中组建一个刑事法庭来监督骑士阶层的审判委员会。

不难想象，骑士阶层会怎样激烈地反对新的法案，因为这会把他们最有力的武器从手中夺走，这给他们带来了源源不断的金钱。共和国又一次处于内战的边缘，在这种状况下，共和国又怎么可能有精力关心遥远的奇里乞亚行省与蛮族的一次小冲突呢？

但苏拉巧妙地借助与另外一个蛮族王国的政治联盟搞定了亚美尼亚人的威胁。当时在幼发拉底河与印度河之间的广袤土地上最强大的势力是帕提亚人，这个游牧民族在大约公元前700年的时间就迁徙到了今天从顿河到里海沿岸的广袤的大草原上，这些强悍的牧人在接下来的时间里不断地向南部迁徙，企图进入更加富庶、文明的农耕区域。在米底和波斯帝国的史书上经常可以看到他们留下的痕迹，虽然帕提亚人能够赢得几次胜利，但他们无法和南方强大的帝国抗衡，所以不得不承认波斯国王是他们的主人。但是公元前4世纪末的亚历山大东征改变了这一切，统一的东方大帝国不复存在，而随后的继业者国家们相互仇视，继承了波斯帝国大部分土地的塞琉古帝国诸位君主都不得不把主要精力放在叙利亚、巴比伦小亚细亚等西部行省之上，而对于东部广袤的行省则只能听之任之，这就给了帕提亚人崛起的空间。这些可怕的马上弓箭手们举起了反叛的大旗，虽然安条克三世的东征迫使帕提亚人暂时低下了头，但公元前192年爆发的罗马—叙利亚战争将一切都改变了。迦太基的征服者普布利乌斯·科尔内利乌斯·西庇阿在马格尼西亚决定性地击败了安条克三世，迫使其割让了在欧洲的全部领地和托鲁斯山脉以西的小亚细亚，并赔款 1.5 万塔兰特。元气大伤的塞琉古帝国再也无法控制东部的广袤领地，在接下来的数十年时间里，帕提亚人东征西讨，控制了从幼发拉底河到印度河之间的大片土地，同时也成了大亚美尼亚王国和塞琉古帝国的大敌。苏拉与其联盟显然是采取了远交近攻的策略，来牵制提格拉涅斯二世，使其无法介入卡巴多西亚的内乱。

不难看出，苏拉要比帕提亚更加需要这份盟约。但在与帕提亚人的会谈中，苏拉却表现出惊人的傲慢。按照事先的约定，会谈时准备了三张座椅，分别给帕提亚王的使者奥罗巴苏斯、新继位的卡巴多西亚国王亚里奥巴扎尼斯、苏拉三人。原本苏拉应该坐在第三张座椅之上，而他却径直坐在了当中那张象征地位最高的座椅上，仿佛他是接受两个臣子觐见的君主。也正是因为这个原因，那位帕提亚王的使者奥罗巴苏斯被他的主君吊死了，以惩罚他的失职——竟然让"王中之王"的使者位居一个罗马官员之下。

后来这件事情传回了罗马，有些人赞扬他保持了共和国的威严，而还有一些人则认为苏拉过分的傲慢差点儿毁掉了共和国的事业。但如果将苏拉的性格和当时的情况综合起来分析，就会发现他这么做的原因并非只是出于个人的傲慢或者保持共和国的威严。因为从苏拉在朱古达战争和后来与米特里达梯六世打交道的过程来看，只要有必要的话，他是很擅长用礼物和友好的表示来赢得旁人甚至是敌人的好感的。而在当时，苏拉很清楚己方的虚弱和帕提亚人的强大，否则他就不会与其联盟来制衡提格拉涅斯二世与米特里达梯六世了。因此，苏拉这种突兀的行动很可能是一种狡猾的策略，像绝大部分游牧民族建立的帝国一

◎ 人马具甲的帕提亚重骑兵

样,帕提亚人是一个有着极强侵略性的国家,那个奥罗巴苏斯除了表面上的与罗马人结盟的任务,暗地里恐怕还担负着窥视罗马人这个陌生势力的强弱的使命,好在大亚美尼亚王国和罗马人之间选择一个比较软的柿子。假如苏拉不表现得强悍一些,恐怕奥罗巴苏斯回去后就会向帕提亚王提出进攻卡巴多西亚和罗马的建议了。而奥罗巴苏斯后来之所以被帕提亚王吊死,恐怕也不是因为他丢了"万王之王"的威风,而是后来帕提亚王发现他被苏拉的"空城计"给骗了,才惩罚被欺骗的臣子而已。

当时,在奥罗巴苏斯的使团中有一个精研占星术的迦勒底人,他见了苏拉之后非常惊讶,因为在他看来,这个罗马人将会登上权力的巅峰,像这样一个伟大的人物,又怎么能够忍受屈身于行省总督这样一个卑微的官职呢?得知这一切的苏拉将这个迦勒底人纳入自己麾下,在接下来的一生中,无论是面对困难的处境、辉煌的胜利、独裁的权力、数不尽的财富,还是无法治疗的绝症,苏拉对于这一切都表现出一种惊人的泰然。用他自己的话说,面对命运女神斟到他面前的金杯,无论里面是美酒还是毒芹汁(希腊人常用来自杀的毒药),凡人都只有甘之若饴。

七、回到罗马

在完成了自己在奇里乞亚行省的任期后,苏拉回到了罗马(具体时间有好几种说法,不过最晚不会超过公元前92年)。像绝大多数出任行省官吏的罗马贵族一样,苏拉来的时候两袖清风,走的时候宦囊丰实。结果他刚刚回到罗马就遭到了控告,理由是向卡巴多西亚等盟邦勒索巨额金钱,但在法庭审判时,控告者没有出现,接着控告就被取消了。

之所以出现这种奇怪的现象,是因为这个控告是一个政治性的行动。当时几乎每一个出任行省的罗马官员都会在任上大捞特捞,区别无非是吃相好看还是难看,捞的数量多还是少。因为罗马的官吏是没有任何薪酬的,而且许多官职还要自己掏钱补贴,更不要说竞选和收买选票的花费,而当时罗马公民和意大利盟邦都无须向共和国缴纳人头税,公款只能靠行省的进贡和战利品,官员们在罗马任内想贪污都没有机会,假如不能在出任行省总督时狠狠地捞上一笔,在罗马做官就成了亏本买卖。因此勒索盟邦可以说是一告一个准的罪名,苏拉遭到控告说明他当时已经被划入了贵族派的阵营,民主派对他进行了预防性的打击。

回到罗马的苏拉像过往一样享受着奢侈的生活,他的老友波库斯为了讨好他,用重金在卡皮托林山的朱庇特神庙竖起了胜利女神的雕像,并用黄金把朱古达向苏拉投降的浮雕装饰成女神雕像的护壁。这一行为彻底激怒了已经回到罗马的马略，他在元老院拒绝接受波库斯的礼物，双方争执不下。如果不是同时还有一件更加严重的纷争分散了元老院和人民的注意力，苏拉和马略的这次冲突将会引起极为严重的后果。

⊙ 卡皮托林山的朱庇特神庙遗迹

公元前91年，马尔库斯·李维·杜路苏斯当选为护民官，早在公元前123年，正是他那同名的父亲一手促成了盖乌斯·格拉古改革的失败。不过具有讽刺意义的是，马尔库斯·李维·杜路苏斯却捡起了其父亲死对头的旗帜——向更大范围的罗马公民廉价出售粮食、分配土地和将公民权给予意大利同盟者。出现这种荒谬的情况的原因是前文所提到的，元老院企图将审判委员会这一权力从骑士手中夺回来，但没有平民的支持是不可能的。出身罗马新贵集团的马尔库斯·李维·杜路苏斯捡起了格拉古兄弟的旗帜，企图将这一系列自相矛盾的纲领黏合在一起。

杜路苏斯的纲领得到了意大利同盟者的拥护，如果说在第二次布匿战争之前，由于罗马与其他盟邦的地位相差还不是那么悬殊，绝大部分意大利同盟者宁可愿意保留自己城邦的公民权的话；但在第二次布匿战争之后，整个地中海世界的财富都滚滚流入了罗马，同盟者们惊诧地发现，如果一个人不是罗马公民，那他就什么都不是，于是罗马和他的意大利盟邦之间的矛盾焦点就聚集在是否分享公民权这一事件上来了。意大利盟邦者中最勇敢的人结成了一个秘密的同盟，发誓拥护小杜路苏斯，为意大利人共同的事业而奋斗。

⊙ 古罗马银币

当事情刚刚开始的时候，凭借果断的手腕，小杜路苏斯的计划的第一步执行得颇为顺利，他通过了粮食法案和土地法案，赢得了民众的支持。为了获得执行法案所需的经费，小杜路苏斯采用了一个十分狡猾的伎俩，即发行不足色的钱币，每发行8

个戴纳里乌斯①，就有一个是表面镀银的铜币，如此一来就避免了民主派的前辈们为了获得经费而向富人征税树敌过多。

在得到了民众的支持后，小杜路苏斯开始执行自己计划的第二步，也是真正的目的——把审判委员会从骑士阶层手中夺回。随后，小杜路苏斯提出将审判委员会交回元老院，同时元老院从骑士阶层中增补300名成员的一揽子提案。显然，小杜路苏斯这么做的目的是为了将骑士阶层中最富有、最显赫的一部分人拉到元老院这边来，以减弱敌人的反抗力度。在小杜路苏斯的努力和巧妙的手腕下，虽然骑士用巨额的金钱将执政官路克优斯·玛尔克优斯·菲利普拉到了自己这边来，但法案还是通过了。但随着小杜路苏斯声望的增加，事态发生了微妙的变化，这个勇敢的贵族不知不觉间由贵族的代表变成了人民的领袖，因为骑士的反抗越是激烈，小杜路苏斯就越是必须依靠人民和意大利人的支持。看到这一切，元老院的新贵们也渐渐开始动摇了，小杜路苏斯是自己人不错，但格拉古兄弟又何尝不是出自罗马最显要的家族呢？小杜路苏斯的所作所为难道只是为了贵族们共同的事业吗？会不会是想要利用平民和意大利人的支持，戴上王冠居于众人之上呢？

与历史上所有的既得利益集团一样，骑士集团无法在元老院和人民大会上公开赢得胜利，他们就开始用谣言来攻击小杜路苏斯个人。在罗马的街头巷尾开始流传着小杜路苏斯与意大利人的密切关系，坊间的墙壁上到处都是戴着王冠的小杜路苏斯的漫画，在元老院里，他的敌人开始攻击他向意大利人出卖了祖国；而人民则被告知意大利人已经与小杜路苏斯订立盟约，小杜路苏斯给予他们公民权，意大利人将支持他为王，所有反对他的罗马人都将被处死。

在这种情况下，小杜路苏斯在元老院的绝大多数支持者都打了退堂鼓，他们在当年的秋天以小杜路苏斯的法案违背了公元前98年的法律为借口将其给取消了。②

此时的小杜路苏斯还可以利用护民官的权力否决元老院的取消法令，但是他没有这么做。也许是他不希望因为这件事情与其他贵族撕破脸，也有可能是打算等过了这个风头再说。不过我们现在已经没人知道小杜路苏斯当时心里究竟想的是什么了，因为不久之后，这个勇敢的人就在自己家门口被一个不知名的凶手用一把鞋匠的刀捅死了。

小杜路苏斯的被暗杀开了一个先例，在此之前并不是没有罗马护民官死于政治斗争，

---

① 古罗马银币，值10阿司。

② 公元前98年的法律禁止将毫无关系的几件事情捆绑到一个法案里通过，这在古罗马是一个常见的手段，用来强行通过一些正常状况下无法通过的法案。

但都是因为破坏了政治潜规则而被杀的，像小杜路苏斯这种明明已经按照规矩来认赌服输却被刺杀的还是头一遭（他可以用否决权而没有用）。显然幕后的主使者想要拿小杜路苏斯立威，只要敢于触碰那条线（给予意大利人公民权），无论是谁都是死路一条。

小杜路苏斯的死清楚地向意大利人表明了，要想获取公民权，只剩下最后一条路——拿起武器迫使罗马人做出让步。在小杜路苏斯死之前，没有获得罗马和拉丁公民权的意大利居民之间原本就有一个秘密的结社组织，而在小杜路苏斯死后，这个秘密组织就变成了一个反罗马的武装同盟。

八、同盟战争

同盟战争是在公元前91年底爆发的，导火线是位于皮凯努姆的阿斯库鲁姆人与周围的一些公社交换人质，而这是原有的盟约中绝对禁止的（只有禁止盟友直接结盟，罗马人才能控制人数众多的意大利城邦，原有的盟约都是罗马与其他同盟者单对单地签订的）。于是一个罗马行政长官领兵前往，这个性情粗鲁的官员在剧场中向当地民众发表了极具威胁色彩的演讲，结果被激怒的当地民众将这个官员和他的手下全部杀死了，城内的所有罗马人也死于了接下来的屠杀中。马尔西人、佩利格尼人、维斯提尼人等诸多亚平宁山中的部落立刻就归附了阿斯库鲁姆人，组成了北方联盟。不久后，意大利南部的萨姆尼乌姆人、路卡尼亚人和许多其他部落也组成了南方联盟。南方联盟和北方联盟都将自己视为一个统一的意大利国家的一部分，他们向元老院派出使者，提出假如罗马愿意给予同盟者罗马公民权，他们愿意放下武器。元老院断然拒绝了他们的要求，于是同盟战争就这样爆发了。

对于罗马人来说，同盟战争可能是他们所经历过的无数战争中最为艰难的一个。按照罗马的军事制度，出兵时，每一个罗马军团都会有一个由意大利同盟者组成的军团配合，同盟者所受的训练、武器装备与罗马人几乎没有区别，马略改革后，更是有许多意大利人在罗马军团中服役。正是凭借意大利同盟者近乎无限的人力资源，罗马人才能抵挡住像皮洛士和汉尼拔这样伟大的统帅的进攻，进而征服了整个地中海世界。而现在情况变了，罗马人必须和帮助自己征服世界的左手交战。与过往不同，罗马人不再享有对敌人质量上的优势，敌人也受过同样精良的训练，有着同样出色的军官和天才的统帅，使用着同样的武器，而在勇气、坚韧、忠诚上却超过了罗马人。更糟糕的是，无论是南方联盟，还是以阿斯库鲁姆为中心的北方联盟，距离罗马的距离都很近，不再有阿尔卑斯山脉和波河把敌人和罗马城隔开。

对于罗马来说，幸运的是，相比起这一次的敌人，他们有现成的官僚组织和丰富的管理经验，而意大利同盟却是一个年轻的和分散的组织，缺乏组织和补给大规模军团的经验。这就使得虽然双方的总兵力差不多（都是10万人），但罗马的每一支军队规模要远比意大利联盟的大得多（意大利联盟的兵力是分散的）。而且从地理上，参加起义的诸多意大利城邦被他们领土上的罗马和拉丁殖民地切分成了许多不相连的小块，这些殖民地成了罗马军队的据点，意大利人不得不花费许多时间和兵力来包围攻取他们，这就给了罗马动员军队的时间，这些因素不可能不对战争最后的结果造成很大的影响。

按照罗马的传统，当年的执政官路克优斯·尤里乌斯·恺撒和普布里乌斯·路提里乌斯·路普斯担任军队的统帅，他们两人各自率领一半军队进攻南方联盟和北方联盟。而苏拉就在路克优斯·尤里乌斯·恺撒的麾下担任副将，除了他以外，还有许多著名的人物也在军队之中担任副将，比如马略、尼阿斯·庞培（伟大的庞培之父）、克拉苏。两位执政官任命这么多副将是有原因的，由于意大利人在起事之前已经结成了广泛的联盟，所以在非常广大的区域内几乎是同时爆发起义的，而在许多爆发起义的地区里，还有许多忠于罗马或者处于摇摆不定状态的城市和民社，只有将罗马的军队派到这些地区，才能防止局势败坏到不可避免的状态。

战争的第一年对于罗马人来说是灾难性的，苏拉在路克优斯·尤里乌斯·恺撒的指挥下向南方的坎佩尼亚和萨姆尼乌姆地区前进，他们的目的是援救当地还在抵抗的罗马据点和希腊城市，但罗马人被萨姆尼乌姆人击退了，这次撤退造成的直接恶果是位于拉丁地区和萨姆尼乌姆地区边界的重要城市维那弗路姆倒向了起义者一边。控制了拉丁地区进入萨姆尼乌姆地区的重要通道的起义者有了余力分兵进攻坎佩尼亚，使得许多坎佩尼亚城市都成了起义者的据点。

在北方的形势就更为糟糕了，公元前90年6月，马尔西人突袭了正在度过托伦努斯河的罗马军队，执政官普布里乌斯·路提里乌斯·路普斯本人和8000名罗马士兵葬身疆场。继任指挥官的马略尽了自己的全力，但已经65岁的他无论是体力还是精力都不足以扭转战局了。在接下来的交战中，马略陷入了十分窘迫的境地，甚至不得不遗弃大部分辎重以逃出包围圈，无疑这极大地打击了他的威望。托伦努斯河上的惨败使得执政官和许多贵族的尸体被运回罗马，城内的街道上到处可以看见身穿丧服的贵族妇女。为了避免打击士气，元老院甚至颁布了这样一条法令：此后所有的战死者都将在战场附近掩埋。

在恶劣的形势下，连罗马附近的翁布里亚和埃特鲁里亚地区都出现了不稳定的局面，这两个地区的民社即使是在第二次布匿战争坎尼之役后的艰难岁月里依然忠实地站在罗马人一边，可谓是罗马的铁杆盟友，当地居民在语言和风俗上与罗马人几乎是完全相同的。此时，罗马元老院不得不在政治上做出让步。公元前89年初，当年的保民官马尔库斯·普劳提乌斯·希尔瓦努斯与盖乌斯·帕披利乌斯·卡尔波联合提出法案：所有的意大利同盟成员都可以个人身份提出申请，获得罗马公民权，不过只能登记在8个特里布斯中（这样一来，新加入的公民就无法影响罗马的政局，因为罗马一共有35个特里布斯，投票时是按照特里布斯而非个人为单位计票的）。不过这条法令不适用于那些参与起义的人，这个狡猾的伎俩让许多即将加入同盟的意大利城市站在了罗马人一边。

元老院做出最低限度的让步是为了更好地和那些拿起武器的意大利人进行战争，现在罗马人可以把更多的兵力用在起义者的首都，也是第一个拿起武器反抗罗马人的城市阿斯库鲁姆上了。这个城市早在去年就已经处于罗马人的包围之中，起义军最优秀的统帅优达启里乌斯就是这个城市的居民，他率领着北方联盟的主力来救援自己的故乡。在进军之前，他写信告诉同胞自己即将领兵来救援他们，当看到援兵来到时，应当出城进攻罗马人，使其两面遭到夹击。但是当优达启里乌斯与围城的罗马大军苦战时，城内的居民却因为胆怯而不敢出城，当看到战局已经没有希望时，优达启里乌斯带领着为数不多的军队冲破了罗马人的包围圈，进入城内。他谴责自己的同胞，正是因为他们的胆怯，让近在咫尺的胜利溜走了。在几个月后形势已经无可挽回时，优达启里乌斯处死了城内那些主张与罗马签订协定的政敌，在神庙里与自己的朋友们宴饮之后服毒自尽了，他的尸体随即被抬上事先准备好的柴堆上举行了火葬。不久之后，阿斯库鲁姆向围城的罗马军队投降了，拿起武器的公民都被处死了，其余的公民则被没收了全部财产，被赶出了自己的城市，成为一无所有的流民。

阿斯库鲁姆的陷落给了整个北方联盟致命的一击，很快，著名的马尔西人也被征服了，这个民族是如此的善战，以至于在当时有一句谚语："没有战胜马尔西人的凯旋，也没有无马尔西人参加的凯旋。"起义者的首都不得不迁徙到了南方的埃杰尔尼亚城。而在南方，取代了恺撒的苏拉成了南线罗马军队的最高统帅。相比起他的上司，苏拉干得要出色得多，他很快就攻占了庞贝、海尔库拉涅乌姆、斯塔比埃、波维亚努姆诸多城市，到了公元前88年初，南方联盟的主要抵抗也被扑灭了。只有坎佩尼亚的诺拉以及萨姆尼乌姆、路卡尼亚、布鲁提伊的部分地区还有起义者的存在。在战争期间，苏拉对自己的士兵极为放纵，听任士兵们抢掠敌人的土地，将大量的战利品分给他们，而且当士兵们用石块打死担任副将的阿比努斯时，苏拉竟然不做任何处罚，并且说，犯了军律的士兵会格外勇敢,因为他们会想办法弥补自己的罪过。苏拉这么做的原因,是因为他渴望获得刚刚爆发的米特里达梯战争的指挥权,因此他千方百计地讨取士兵们的欢心。

九、婚姻与分裂

公元前88年初,苏拉当选为执政官。他将正在围攻诺拉的军队交给继任的将军,自己却回到了罗马。等待着他的还有另外一件好事,当时的大祭司梅提拉斯将自己的女儿梅提拉许配给了苏拉。相比起出身望族的梅提拉,苏拉虽然战功显赫,但在贵族社会还是一个"新人",显然这并不是一次"门当户对"的婚姻,只能解释为苏拉终于被罗马的"显贵"们接纳了,因此苏拉对自己的岳父梅提拉斯十分尊重和感激。后来在苏拉掌握大权后,恺撒因为娶了民主党魁首秦纳的女儿为妻而逃出罗马,险些被列入公敌名单,正是通过梅提拉斯的说项才得以回乡。

在爱情和仕途上双丰收的苏拉并没有坐下来享受执政官的尊荣,恰恰相反,野心勃勃的他已经将目光投向了遥远的东方。公元前88年的春天,在罗马的东方行省爆发了支持本都国王米特里达梯六世的起义。战争的起因是罗马的附庸国比提尼亚国王尼科美德(附带说一句,后来恺撒受元老院

⊙ 古罗马贵妇

的命令到比提尼亚建立一支舰队,在这儿待了很久,与这位尼科美德四世有了非常密切的关系,传说这两人是同性情侣,以至于后来恺撒的政敌时常嘲笑他为"比提尼亚的王后"),恐惧米特里达梯六世不断增长的势力,企图挑起罗马与本都王国的战争,在他看来,所向无敌的罗马大军一定能够将米特里达梯六世征服。为了确保罗马人站在自己一边,尼科美德向罗马的军官们许下了极其丰厚的报酬,并以极高的利息向他们借了一大笔钱(这样是为了确保尼科美德四世有钱还债和履行诺言,这些罗马人都会支持他),然后就派出军队袭击米特里达梯六世的领地,同时封锁了达达尼尔海峡,扣押了许多属于本都王国的商船。而亚细亚行省总督曼尼阿斯渴望在与米特里达梯六世的战争中发财并赢得凯

旋式，却完全无视祖国正处于怎样的艰难处境中（意大利正在发生的同盟战争和罗马内部的尖锐矛盾），还对尼科美德的玩火行动抱着一种听之任之的态度。米特里达梯六世并没有立即反击尼科美德的入侵，而是派出使者向曼尼阿斯控诉尼科美德所做的一切（当时本都王国与罗马还保持着同盟关系）。

在罗马人面前，本都的使者在拿出大量实据证明是比提尼亚军队入侵造成的损失后，指出本都国王并不是没有力量保卫自己，但是国王是罗马人民的朋友，根据条约，共和国有义务制止侵略者，或者出兵保卫本都。而比提尼亚的使者在回顾了公元前90年米特里达梯六世扶植苏格拉底为比提尼亚国王之事后，指出米特里达梯六世建立了一支拥有300条多列桨战舰的海军，从色雷斯、斯基泰等许多部落招募了大量的士兵，和亚美尼亚建立了同盟，这一切若不是为了对付比提尼亚，根本用不着这么多军队，更不需要这么强大的舰队。而尼科美德是在罗马人的帮助下才重登王位的，没有罗马人的保护不可能保持王位，罗马人应该根据别人怎么做而不是怎么说来确定谁才是他们真正的朋友，谁是包藏祸心的敌人。

双方陈词之后，罗马的将军们一直保持沉默，他们的态度已经说明一切了（一方空口白话，另一方有真凭实据）。本都的使者只得做出让步，声称："如果你们不肯制止比提尼亚的暴行的话，那至少也要保持中立，让本都国王自卫！"

罗马的将军们内心深处是支持比提尼亚的，但是他们不能够当面撕毁与本都的同盟条约，于是在商议之后，他们给了一个非常模棱两可的回答："我们不愿意米特里达梯受到尼科美德的伤害，我们也不同意对尼科美德进行战争，因为这是对罗马不利的！"说完后，他们也不顾本都使者的抗议，就强迫对方离开了会场。

米特里达梯六世得到使者的回复后，立即派出他的儿子阿里阿累西斯率军进攻卡巴多西亚，很快就占领了这个国家。然后本都使者又前往罗马将军处，要求罗马人制止尼科美德封锁海峡的行动，否则国王就要派人前往罗马，向元老院控告他们的行为。

米特里达梯六世这么做可能有两个原因：第一，可以再争取一些准备战争的时间，他认为这样对自己更有利。第二，可以迫使罗马亚细亚行省的将军们在准备不充分的情况下主动进攻自己，因为按照罗马的法律，没有元老院的允许，行省的将军们是不能主动挑起战争的。当然，在共和国的晚期，这条法律已经成了一纸空文，但他们无法阻止米特里达梯六世派使者去罗马。当时同盟战争还没有结束，很有可能元老院会派另一个人来替代现有的总督，对现在的总督就无法开始战争了。

罗马的将军们被贪欲冲昏了头脑，他们立即下令本都的使者离开军营，除非米特里达梯六世把军队撤出卡巴多西亚，否则就无须再派使者来罗马的军营了（意即宣战）。为了防止走漏消息，将军们还派出人押送本都的使者回去。

战争是在公元前88年春天开始的，罗马人招募了大批雇佣兵，用舰队封锁了博斯普鲁斯海峡，然后分兵两路进攻本都。据说罗马人的总兵力有8万人，另外还有尼科美德的5万步兵和6000骑兵。米特里达梯六世的军队包括步兵25万，骑兵4万，三列桨以上的战船300，两列桨的战船100条；另外，还有小亚美尼亚的1万骑兵，镰刀战车130辆。双方军队的数量大得有些让人不敢相信，不过可以确定的是，罗马军队中大部分是临时招募而来的雇佣兵，受过良好训练的罗马军队不会超过两个军团。

初战是在尼科美德的比提尼亚军队与本都国王手下的两个将军指挥的由轻装步兵、骑兵、少量战车组成的前哨部队开始的。无论是比提尼亚还是本都军队，都是希腊化军队与波斯传统军队的混合，即使用超长枪与小盾牌的马其顿式的重装步兵方阵、投矛皮盾的色雷斯轻装步兵、弓箭手投石手、轻装骑兵，本都军队中应该还有一定数量的重装骑兵和战车部队。这两位本都将军是兄弟，分别叫阿基里斯与尼奥托勒马斯，都是卡巴多西亚的王族成员，指挥骑兵和战车部队的阿基里斯可能是本都军队中最出色的将领。

战场是在阿姆尼阿斯河旁的一个大平原，由于本都的前哨部队比比提尼亚人的数量少得多，而且主力的重装步兵还没有赶到，所以尼奥托勒马斯派出一小队轻装步兵去夺取平原上的一个小山包，以避免敌人采取包围的战术。比提尼亚人也采取了同样的行动，双方为争夺山头展开激战，最后比提尼亚人赢得了胜利，这迫使尼奥托勒马斯投入更多的兵力，尼科美德也投入了增援军队。为了避免被在数量上占巨大优势的敌人包围，尼奥托勒马斯不得不向后退却，同时向自己的兄弟阿基里斯发出求援的请求。

阿基里斯冷静地观察了形势，他并没有贸然将手中的军队投入战斗，而是让军队越过平原，迂回到比提尼亚人的右侧，让轻装骑兵用标枪和弓箭突击敌人的侧翼，同时下令镰刀战车部队准备好。遭到突袭的尼科美德犯了一个错误，他下令全体军队转向进攻新的敌人，而没有派出分遣队继续追击尼奥托勒马斯。看到敌人的注意力被吸引到自己这边来了，阿基里斯下令自己的骑兵向后退却争取时间，当他估计自己兄弟的军队重新准备好了以后，就下令骑兵回头进攻，同时发出信号让镰刀战车部队冲击比提尼亚人的侧翼。

看到正面的敌人骑兵掉头进攻，比提尼亚人本能地按照通常步兵对付骑兵的战术收缩队形，将长矛指向正面，这就成为侧面而来的镰刀战车部队的好靶子。因为本都军队使用的镰刀战车部队是古代世界战车部队的终极版，在战车的两个轮轴上各装有约1米长的镰刀，但当战车高速奔驰时，锋利的镰刀会将遇到的一切物体切碎。战车冲进了比提尼亚人的密集队形，将一些人拦腰斩断，而另一些人则被碾碎。当尼科美德的士兵们看到许多同伴被切成两半，却还没有停止呼吸；还有镰刀上挂着的血淋淋的肢体，不由得大为惊恐，军队也陷入了混乱之中。这时，阿基里斯的骑兵从前面发起进攻，尼奥托勒马斯则从后面发起猛攻。经过一段不长时间的战斗，比提尼亚的军队被彻底击败了，只有很少的人保护着尼科美德本人逃走了，绝大多数还活着的士兵、金钱与辎重都落入了米特里达梯六世的手中，而本都军队的主力根本还没有投入战斗。

⊙ 战斗中的镰刀战车

接下来米特里达梯六世显示出他比腓力五世与安条克三世[1]在政治上要高明得多。他优待了所有的俘虏，并给予旅费，将他们全部释放回家了。米特里达梯六世心里很清楚，罗马才是他真正的敌人，而不是尼科美德。只有摧毁罗马在地中海东部的存在，他理想的大帝国才可能存在下去，而要做到这一点，他就必须向所有希腊人表明自己是帮助他们推翻罗马人压迫的解放者。

对于米特里达梯六世来说，幸运的是，要争取到希腊人的心并不难，因为贪婪的罗马商人、包税人和将军们已经替他把绝大多数工作都做完了。早在公元前2世纪初，希腊化世界的绝大多数城邦和小王国都已经陷入了深远的社会危机与经济危机之中，土地和财富集中到了极少数有产阶层手中，而原有的绝大多数公民都沦为了无产者或者陷入了沉重的债务之中。所以，绝大部分城邦的内部矛盾都极为尖锐，有产阶层掌权则采取寡头制；无产阶级上台则宣布废除债务，放逐有产阶层，瓜分其财产的法令。而罗马人的传统政治态度一般是站在有产阶层一边，支持寡头制。在其后行省化的过程中，绝大多数的当地居民都沦入赤贫的境地，因为共和国对行省一般是采取包税人的税收制度，即将每个行政区域的税收拍卖给某个包税人，包税人拿出一笔税金预支给共和国的国库，然后包税人就有权力去该行政区域征税，征收来的税金与预支给国库的钱的差额便是包税人的利润。考虑到

---

[1] 腓力五世与安条克三世两人分别为马其顿王国与塞琉古帝国的统治者、都企图统一希腊化世界，却因为内部矛盾而被罗马人逐个击败了。

在格拉古兄弟的改革后，罗马的审判权掌握在骑士阶层手中，而这些包税人往往就是罗马的骑士本人或者骑士的代理人，他们的行为可以说是无所忌惮。不难想象，在这种制度下，实际征收的税额很可能是共和国得到的税额的几倍甚至几十倍，许多行省居民很快就沦落为包税人的债务奴隶，他们对罗马的仇恨可想而知。

罗马的亚细亚行省，即以前的帕加马王国，又有自己的特点，在罗马征服马其顿王国与塞琉古帝国的过程中，帕加马王国一直是罗马的忠实盟友，并从中获得了很大的好处，变得强大起来。但是当马其顿王国与塞琉古帝国被彻底打败之后，罗马对帕加马的态度改变了，这个变得越来越强大的王国不再是罗马扩张的助力而是障碍了。罗马开始采用各种办法削弱他，比如宣布狄罗斯为完全免税的自由港，绝大部分原本在帕加马进行的商业立刻就转移到狄罗斯了，直到公元前133年，又将帕加马变为自己的一个行省，这样就可以向其征收税金以支付向平民分配土地所需的费用（即大格拉古主持的那次改革）。

因此不难想象，米特里达梯六世对俘虏的宽容政策对亚细亚行省的本地居民会产生什么样的效果。在接下来的战斗中，本都军队轻而易举地击败了在亚细亚行省的罗马军队。罗马人自己也承认，从当地募集来的士兵是根本不能用来和米特里达梯六世作战的，而控制博斯普鲁斯海峡的舰队和守兵则干脆向本都国王投降了。当一个罗马将军逃入一个希腊城市时，米特里达梯六世许诺，只要居民交出这个罗马将军，他将不会伤害这个城市里的任何一个人。城里的居民得知后，立即解散了雇佣兵，将那个罗马将军交给了米特里达梯六世。这场战争的主要策划者——罗马亚细亚行省的总督曼尼阿斯此时终于落入了米特里达梯六世的手中，他将曼尼阿斯绑住双手坐在一头没有鞍的驴子上四处游行，强迫曼尼阿斯对每一个看到他的人说出自己的名字和遭到这种遭遇的原因。在这样羞辱了他之后，米特里达梯六世用一种具有讽刺意味的残酷手段处死了曼尼阿斯——把融化的黄金倒入这个贪婪的罗马人的喉咙。从色雷斯到伊奥尼亚，整个爱琴海东岸的许多希腊城市都派出使者邀请米特里达梯六世派军队来保护他们。就这样，地中海东岸的所有罗马领地与属国都落入了米特里达梯六世的手中，唯一还保持着对罗马人的忠诚的只有罗德岛和南部伊奥尼亚的部分希腊城市，将他与罗马的阿凯亚与马其顿行省隔开的只剩下爱琴海了。

可能米特里达梯六世在罗马的主要敌人里是最幸运的一个，他对小亚细亚的征服几乎是摧枯拉朽式的，罗马人对当地居民的压迫已经将绝大部分民众都推到了本都一边。在失去了亚细亚行省之后，色雷斯、马其顿与希腊本土就好像成熟的葡萄一样任人采摘，而此时的罗马本身却还陷在残酷的内战之中。

米特里达梯六世决定充分利用罗马人不得不交给自己的时间，他首先将自己的首都迁

⊙ 进入罗马亚细亚行省的米特拉达梯六世

徙到了帕加马,位于小亚细亚半岛西北端、靠近博斯普鲁斯海峡的这里控制着东地中海与黑海的交通,而且还是从欧洲进入亚洲的桥头堡。本都国王定都于此显然是已经将马其顿与希腊纳入了自己伟大帝国的未来版图之内了。为了筹措军费和赢得小亚细亚当地人的心,同时也为了消灭新增国土内的隐患,他发出了一个法令:解放奴隶,免除还没有付清给债务人的款项并将债务免除一半,豁免多年他所占领区域的税收。他还向小亚细亚、色雷斯许多地区和城邦发出信件,让他们在同一天内屠杀意大利人(包括罗马人)以及意大利的释放奴隶。

毫无疑问,米特里达梯六世下令屠杀的法令是极其残酷和血腥的,一共有 8 万罗马人与意大利人倒在了血泊之中。在以弗所,甚至连逃入月与狩猎女神狄安娜神庙之中寻求保护的人也被从神像和祭坛之旁拖走杀死了;在帕加马,当地人用弓箭射杀那些紧紧抱着医药女神埃斯克雷波神像的意大利人;在特拉利斯,当地人将躲在市政厅的司灶女神神像旁的意大利人拖了出来,先将小孩当着母亲的面杀死,然后杀死母亲,最后才杀死丈夫。但是要将屠杀的法令与前面废除债务和解放奴隶的法令联系起来看,这些被屠杀的意大利人与罗马人,绝大多数都是跟随罗马军队而来的包税人、随军商人。当罗马征服当地的时候,这些商人向罗马军队购买战俘当作奴隶、战利品;罗马的将军们向战败者勒索赔款时，拿不出足够现金的城邦与国王被迫向意大利与罗马商人借款，支付的利息甚至高达年息的百分之两百以上，国王们不得不以矿产、港口税收等公共资源作为债务的抵押，甚至不得不将自己的公民卖为奴隶还债；再加上共和国的包税制度，小亚细亚乃至希腊除了极少数寡头以外，绝大多数人都非常痛恨这些远道而来的吸血鬼。米特里达梯六世的解放奴隶与废除债务的主要对象就是前面所提到的那些人。即使是今天，没有极其强大的暴力作为后盾的话，要剥夺一个群体的大量财富也是不可想象的，而在古代社会，无论是废除债务还是解放奴隶，伴随着对债主与奴隶主肉体的消灭则几乎是必然的。

米特里达梯六世的行动不但赢得了新占国土的人心，还消除了内部的隐患。除此之外，他对罗马人与站在罗马人一边的寡头阶层的打击还激起了在爱琴海彼岸的希腊人的希望，他们将其称之为新狄奥尼索斯，即酒神或者说"解放者"。在雅典发生了民主派革命，一个名叫阿里斯提奥的奴隶——前伊壁鸠鲁派的哲学家发动了起义，少数当权的富豪寡头逃出了雅典。

从米特里达梯六世的屠刀下逃出生天的意大利与罗马商人都逃往了罗德岛，其中还包括琉西阿斯·喀西约，他是亚细亚行省的代执政官。这个位于小亚细亚西南部的岛屿是东地中海最大的商业中心，拥有一支强大的海军，岛上的居民开始尽可能地募集雇佣兵、修理军舰，准备抵御本都国王即将到来的进攻。

但是米特里达梯六世对罗德岛的行动就不像先前那么顺利了，可能是先前轻而易举的胜利让这位国王有些太大意了。他娶了一个新的妻子，然后前往寇斯岛，在那里收容了当时的埃及国王托勒密十世的儿子。与之一起的还有巨额的金钱，米特里达梯六世将这些财富运往了本都。这些不必要的炫耀无疑给了罗德岛人相当多的备战时间，岛上的居民清楚国王的军队远远多过他们，所以他们在尽可能好地加强对海港的防御，将岛上城墙之外的所有资源加以破坏，使得本都人无法利用这些东西来进攻城市。

最先抵达的是国王的海军，虽然米特里达梯六世有一支很强大的舰队，但他在东地中海的舰队主要是由盟友海盗与伊奥尼亚沿岸的属民提供的，他自己的舰队必须留在黑海以确保国王的后方无恙。国王舰队成分的混杂让他在与罗德岛的海战中吃了不少亏，甚至连他本人的舰队都遭到了误撞，但是数量的优势最终起到了作用。等本都的陆军登陆后，罗德岛的舰队不得不退回港口。因为补给的匮乏使得围攻战无法长期化，米特里达梯六世决定发起一次海陆两面的夜袭，好尽可能快地拿下城市。

为了确保胜利，他建造了一个名叫萨谟布卡的巨大机械，安装在两条平行的船只上，士兵们可以通过吊桥直接从船来到城墙上。为了建造这个巨大的机械，他甚至砍伐了奉献给阿波罗的圣林，因为罗德岛人已经焚毁了其他所有可以利用的材料。

为了确保围攻军队的协调一致，米特里达梯六世让自己的士兵先占领一座叫作阿塔拜里阿斯的小山，从海上和陆地上都可以看到山顶的火光，约定以火光作为海陆两个方面同时进攻的信号。可是一个意外发生了，负责陆路进攻的本都军队被城墙上的守兵发现了，罗德岛人点着了火光通知守兵，而看到火光的海上舰队误以为这是进攻的信号，便在没有得到陆路协同的情况下单独发起了进攻。

本都军队的进攻十分猛烈，尤其是在进攻中使用了萨谟布卡，这个巨大的机械可以将一个装满士兵的封闭笼箱放上城墙，而守兵的绝大部分投掷武器就无效了。对于守兵来说，幸运的是陆地一面的敌人没有同时进攻，他们可以将主力集中到面海的一面来。根据史书的记载，神灵的干涉决定了战局的胜负，被触怒的阿波罗摧毁了这个巨大的机械，并用火烧毁了它，不过更加可信的解释是，这个机械本身的重量太大了，超出了船舶或者材料本身的强度，自己散架了。

萨谟布卡的解体严重打击了本都军队的士气，尤其是很多士兵知道这是用砍伐了阿波罗的圣林的木材建造的。米特里达梯六世不得不做出选择，是通过长时间的围困拿下这里，还是撤兵选择另外一个目标呢？正在这个关头，一个惊人的消息传来了，雅典发生了起义，首领阿里斯提奥的使者赶到，他请求本都国王派出军队帮助他。

在综合考虑了东地中海的形势后，米特里达梯六世决定调整自己的战略：让自己最能干的将领阿基里斯率领大部分舰队和一部分陆军从海上支援雅典；一个儿子阿卡提阿斯率领包括骑兵和战车的主力军队沿陆路入侵色雷斯和马其顿；而自己则返回帕加马，组织军队，制造武器，统筹全局，对于具体的作战则让自己的将军们去负责。阿基里斯的行动十分顺利，他首先征服了提洛岛与雅典周围依旧忠诚于寡头政权的要塞，然后将要塞和提洛岛上的金库交给阿里斯提奥，并交给他2000名士兵，好让这个起义军领袖能够牢固地控制雅典。他本人则加强了庇里优斯[①]的防御，并将其作为他征服希腊的作战基地。本都军队的强大势力和对雅典人的善举赢得了希腊南部与中部的绝大部分城邦的支持，他们都倒向了本都军队。驻守在当地的少量罗马军队和罗马的支持者不得不撤离，到公元前87年，伊庇鲁斯是整个希腊半岛上唯一还在罗马控制之下的地区了。

作为公元前88年的执政官，且又在不久前的同盟战争中证明了自己的才能，手头还有一支受过战争考验的军队，苏拉无疑是距离米特里达梯战争统帅权最近的一个（另外一

[①] 雅典的港口城市，有十分坚固的城墙环绕。

个当年的执政官奎因都斯·庞培乌斯已经年过五旬,而且没有军事经验)。但对权力和荣耀有着无餍渴望的马略也不甘示弱,在马尔斯广场他甚至在众目睽睽之下练习马术以证明自己还有能力统帅大军驰骋疆场,但他迟钝的行动和肥胖的身躯反而引起了围观群众的耻笑,毕竟当时他已经65岁了。为了与苏拉争夺统帅权,马略又一次重操故技,与民主派结为同盟。

当时的罗马可以说正处于内战的边缘,在同盟战争爆发之初,元老院在克温吐斯·瓦里乌斯的提议下设立了一个有关叛国事件的审判委员会,仿佛意大利人的起义是被刺杀的小杜路苏斯阴谋的结果,将许多原本是小杜路苏斯的支持者作为叛国者逮捕了。如果说在同盟战争的大背景下,这一矛盾被暂时地压制下去了,但是到了公元前89年,战争的结局已经明朗的时候,这个矛盾就又浮出了水面。更糟糕的是,此时又发生了债务人和债权人的激烈冲突。与许多古代民族一样,古代的罗马人视放债取息是一种不正当的行为。因为古代社会的绝大部分人都是从事农业,而农业每年的生产效率是固定的,一个农民不管他多么辛勤能干,也不可能在一年长两季稻子的土地上种出三季来,而古代的借贷利率很少低于一年百分之五十的,显然只有极少数借款人能够逃出贷款人的罗网,这对社会的破坏可想而知。所以在古代的罗马法中有规定,盗贼应被处以所盗窃款项2倍的罚款,高利贷者则被处以所收利息4倍的罚款。但是长期以来,在现实中放债取息却是一种普遍的行为,实际上,这条法律早已无人遵守。由于联盟战争的缘故,许多债务人无力按期偿还本金和利息,于是他们就向法官要求援引古老的法律处罚追债者。考虑到许多债务人在军中服役,当时的大法官阿塞利奥就援引古老的法律判决债务人可以延期偿还,被激怒的债权人就趁阿塞利奥在广场上向神灵献祭时将其杀死了。另外,马略的老兵为没有获得土地、公民权等相应的权利对元老院充满了仇恨(只被登记在8个特里布斯,对一共有35个特里布斯而每个特里布斯一票的选举结果没有影响)。公元前88年的罗马就处于这样一种动荡的局面下。

民主派的斯·萨尔彼喜阿斯和马略联合了起来,他企图将一切不满于元老院的现行政策的人团结在自己的旗帜下以成为自己的支持者,借用他们的力量来达到自己的目的。于是,萨尔彼喜阿斯向公民大会提出了以下法案:1.将新获得公民权的意大利人平均登记到35个特里布斯里去,同样的情况也适用于被释放奴隶;2.放债在2000戴纳里乌斯以上的元老将被剥夺资格;3.被审判委员会判决为放逐罪的人均将被允许回国;4.剥夺苏拉的米特里达梯战争统帅权,并将其转交给马略。

这4点建议立即在罗马掀起轩然大波,尤其是第一条,因为新获得公民权的意大利人在数量上远远超过了原有的罗马公民。如果按照老的登记方案，这些新公民最多也只能影响 8 个特里布斯的选举结果，对于拥有 35 个特里布斯的最终选举结果没有太大的影响；但如果按照新方案，平均分配进 35 个特里布斯的新公民将会决定选举的最终结果，这是原有的罗马公民无法容忍的。因此在法案的表决之前，罗马的广场上每天都能看到老公民和新公民用木棒和石块在相互斗殴。随着表决日期的靠近，当时的执政官苏拉和庞培乌斯都很害怕，因为无论表决结果是什么，都会引起更加激烈的冲突，甚至引发新的内战。于是这两人采取传统的拖延战术，宣布因临时的宗教节日，将法案顺延一段时间表决（也可能是争取时间组织力量打击民主派）。

萨尔彼喜阿斯从格拉古兄弟和小杜路苏斯的遭遇上学到很多，他没有坐以待毙，而是让自己的支持者在长袍下藏着短剑在卡斯特和波力克斯神庙前的广场上集合。随后，萨尔彼喜阿斯进入神庙指责正在举行活动的苏拉和庞培乌斯宣布宗教节日是非法的，要求立即通过法案。当苏拉和庞培乌斯开口争辩时，在广场上的萨尔彼喜阿斯党徒冲进了神庙，拔出短剑威胁所有敢于抗拒的人。混乱之下，庞培乌斯逃走了，而苏拉则表示自己必须和同僚商量来推诿。正当此时，庞培乌斯的儿子，同时也是苏拉的女婿，站出来指责萨尔彼喜阿斯的行为是非法的，这个莽撞的年轻人立刻被杀死了。看到这一惨剧，苏拉立刻就明白眼前的问题绝非口舌能够解决的，他立即表示愿意前往市民广场发表取消节日的公告。

看到苏拉已经服软，萨尔彼喜阿斯就只废黜了庞培乌斯一人的执政官职位，并以保留苏拉的当年的执政官职位为条件，要求苏拉将远征米特里达梯六世的统帅权让给马略。苏拉装出一副惊魂未定的样子，答应了对方的要求就立即回家去了。随后，萨尔彼喜阿斯就忙于强迫元老院通过自己的法案了。

但让萨尔彼喜阿斯没有想到的是，苏拉在回到家中后，立即乔装打扮离开了罗马，前往诺拉。在那儿有曾经在苏拉麾下作战过的 6 个军团正在围攻城内残余的意大利起义军，原定这支军队即将前往东方和米特里达梯六世交战。当萨尔彼喜阿斯得知苏拉已经秘密离开罗马，立刻意识到了自己受骗了，他立即派出军事护民官拿着元老院的权杖去接收这支军队，但已经来不及了，苏拉早一步赶到了军营。

十、向罗马进军

正像拿破仑说过的那样：在战争中，时间是最为宝贵的东西，因为土地失去了可以再争夺，军队被消灭可以重新招募，但时间一旦逝去，就再也回不来了。苏拉很清楚元老院的使者随时都可能赶到，必须在此之前把士兵们拉到自己这边。他迅速召集全体士兵，扯开自己的托加，露出身上的伤痕，向其控诉马略和萨尔彼喜阿斯对他们的统帅的侮辱，还说萨尔彼喜阿斯已经把远征东方的统帅权从自己手中非法地夺走了，交给了马略，而这个权力是士兵们和自己在战场上千辛万苦才得到的。

苏拉的演讲激起了士兵们的共鸣，当时罗马士兵的薪饷微薄，每日的收入大概只等于劳动力市场上没有技术的雇工，扣除掉口粮和给百夫长的贿赂（否则士兵就会被派去执行各种做不完的劳务）会更少，士兵们要想发财，只能依靠战利品。因此绝大部分的士兵都渴望着前往富庶的东方去狠狠地捞一笔，但假如统帅权落到了马略手里，马略自然会选择自己的老兵，那这些士兵们的"发财梦"就泡汤了。因此士兵们大声地喊出了苏拉心里想说而又不敢说出口的话："勇敢些！带着我们去罗马吧，我们将会让马略和萨尔彼喜阿斯知道厉害的！"

这时，来自罗马的军事护民官们赶到了，这些拿着神圣的权杖的使者还没来得及宣读元老院的命令，就被雨点般的石块打倒了。愤怒的士兵们用石头砸死了这些可怜人，这种残酷的刑罚在古代通常用在通奸和叛国者身上。军队里的高级官吏被所发生的一切惊呆了，在他们看来，苏拉的行为无异于叛国，士兵们在短暂的疯狂过后很快就会在元老院的命令下放下武器的，那时所有留在军队里的贵族都将会被当作叛国者而被处死，而且他们留在罗马的家人会成为马略和萨尔彼喜阿斯报复的对象。于是除了一个财务官，所有的其他高级军官都逃离了军队。

当马略和萨尔彼喜阿斯从逃回的军官们口中得知诺拉发生的一切后，两个人的态度是截然不同的。愤怒的马略屠杀了苏拉的亲朋好友，并抢劫了他们的财产和住宅；而萨尔彼喜阿斯就聪明多了，他意识到时间是自己最有力的盟友，苏拉是在做一件前无古人的事情——带领士兵向祖国进军，士兵们可能会在一时的冲动下跟随着他，但是当这股冲动过去，对祖国的爱和对传统的尊重会让士兵们平静下来的，而且他也需要时间来组建守卫罗马的军队。因为按照传统，和平时期在罗马附近是不能有军队的。于是他派出使者前往苏拉那儿，责问他为何带领着军队进攻自己的祖国？面对责问，苏拉则回答说：去拯救祖国，使她不受暴君们的统治！

读者们可能会认为这不过是苏拉用来蛊惑士兵的谎言，但实际上在他的一生中，苏拉从来都认为自己所做的一切都是在把共和国从危难中拯救出来。无论是战争、屠杀还是迫害，那些都不过是为了将腐肉从共和国的肌体上切除时所必需付出的代价。虽然苏拉出身贫寒，但他始终是从贵族而非平民的角度来看共和国的。苏拉的确对于荣誉和权力有着超出常人的渴望，但他和马略不同是，他从来都没有主动破坏过共和国的政治规则以达到这个目的，而且在达到目的后也主动地放弃了权力。在他的一生中，通过婚姻得到财富——有钱参与政治生活——通过战争赢得荣誉和更多的财富——用自己的钱来收买民众的选票——去行省榨取到更多的钱——最后赢取大祭司的女儿当选执政官，苏拉就是这样从一个寄居在贫民区的破落贵族到在仕途上节节高升，最后爬上了共和国的权力顶峰。的确，在这个过程中的某些环节不是那么荣誉，比如通过讨好有钱的寡妇赚取第一桶金，不过共和国中后期的政治生活本来也和清白没什么关系，至少他所做的一切并没有破坏当时的政治潜规则。而马略就不同了，从背叛自己的恩主麦铁路斯的那天起，马略就已经走在了违反罗马社会规则的道路上了（根据古罗马的社会规定，食客不得背叛自己的保护人），更不要说后来他所做的一切。须知罗马共和国的正式名称是"元老院和罗马人民"，从共和国建立的第一天起，元老院代表的贵族阶层和平民阶层之间就产生了激烈的斗争。在元老院看来，任何通过给平民阶层好处以换取支持的贵族都是潜在的暴君，因为国王总是会通过讨好平民来压制贵族的，马略和萨尔彼喜阿斯当然是不折不扣的暴君。

当苏拉进军到了罗马郊区的时候，他的同僚兼亲家庞培乌斯出现了，他对苏拉的行为表示热烈的支持。此时元老院派出的第三批使者出现了，他们虽然对萨尔彼喜阿斯的行为感到反感，但更对苏拉背后的6个军团大军感到恐惧，这些贵族们恳请苏拉看在祖国和炉神的份上停止进军，用谈判而不是武力，调节与萨尔彼喜阿斯和马略的冲突。

苏拉很清楚这是马略和萨尔彼喜阿斯的诡计，时间对于双方都是很宝贵的，于是他将计就计，表面上同意了他们的恳求。但当使者们一离开，苏拉就下令向罗马进攻。

苏拉的计谋奏效了，在没有受到抵抗的情况下，他就占领了埃斯奎林门、科林门两个城门和附近的城墙，并且控制了跨过台伯河的木桥。他留下4个军团分别控制这些城门和城外要点后，亲自率领着剩下的2个军团进入了罗马城。这些军队全副武装，仿佛是进入了敌人的城市。遭到突袭的马略和萨尔彼喜阿斯根本没有准备，他们匆忙将刚刚组建的军队武装起来，赶往埃斯奎林门附近的广场，与苏拉的军队展开激战。两支由自己公民组成的军队在城内交战，这在罗马的历史上还是第一次，不过绝不是最后一次。战斗的开始阶段的形势对苏拉有些不利，因为狭窄的广场并不足以让军团发挥兵力的优势，而支持马略的平民们则在四周的房顶向苏拉的军队投掷石块和其他武器。于是苏拉立即下令放火焚烧广场周边的房屋，并下令在城外军营的后备力量立即从苏布拉区迂回切断敌人的后路。随着时间的持续，马略的士兵开始疲惫，后方又受到威胁，马略甚至不得不以给予奴隶自由的条件来获得援兵。但即使如此，马略也抵挡不住苏拉军队的进攻，不得不和自己的支持者逃出城外。

占领了罗马的苏拉，在控制了形势之后来到元老院，他要做的第一件事情就是向自己的仇敌报复。马略、萨尔彼喜阿斯等一共12人被控告"蛊惑群众暴动、用武器反抗执政官、煽动奴隶叛乱"，被宣布为公敌。任何遇到他们的人都有权杀死他们，并得到他们财产的一部分作为奖赏，剩余的财产将被充公。

如此残酷的法令在罗马还是第一次，通常情况下，罗马贵族所受到的最重处罚也不过是罚款或者驱逐到国外去，即使是格拉古兄弟、小杜路苏斯这样伤害了贵族阶级政体利益的人也只祸及本人，对于其财产并不会动及分毫。显然，苏拉认为不用如此残酷的手段就不可能恢复元老院的权威。

在巨额赏赐的诱惑下，密探们像非洲荒原上的非洲豺狗一样追踪着名单上的人们，萨尔彼喜阿斯成了第一个牺牲者，他的奴隶将主人出卖给了苏拉。按照当时的通行道德，奴隶在任何时候都不应该背叛自己的主人，苏拉应该严厉地处罚这个奴隶。但苏拉给予这个奴隶自由，并给予其丰厚的赏

⊙ 怒喝刺客的马略

金。萨尔彼喜阿斯被从悬崖上头朝下丢了下去，在他死后，头被割了下来，陈列在马尔斯广场的演讲坛上。

当时已经年近七旬的马略却奇迹般地逃脱了追捕，仿佛有神灵在护佑这个老人。他趁乱逃到郊区的别墅住了一夜，次日黎明便赶往位于台伯河口的奥斯提亚，那是距离罗马最近的一个海港，也是粮仓所在，每天都有大量船只从西西里、北非、埃及载运粮食和橄榄油前来，直至今日，在当地还能找到堆积如山的装运油脂的双耳陶罐。马略在奥斯提亚找到一条小船，他沿着意大利半岛的海岸向南航行，沿途遭遇了暴风雨，不得不靠岸停泊避风，这个七旬的老人忍受着痛苦和饥饿的折磨，好几次差点儿落入追捕者的手中。为了避免船上的水手和随员将他出卖给敌人换取赏金，马略不得不向他们提起了自己所遭遇的一

◉ 逃亡到非洲的马略

件奇事：他少年时曾经用宽袍接住过一个树上落下的鹰巢，里面有 7 只幼鹰。一名算命的术士告诉他，这预示着他将会成为世间最伟大的人物，命中注定会 7 次当选为执政官。此时马略已经 6 次当选为执政官，这意味着他还有东山再起的一天。

就这样，马略逃到了明特尼，这是一个位于意大利半岛南端的小城市。这个城市的官员逮捕了马略，但碍于他过往的盛名，不敢将他当众处死，于是将其安排在一个单独的房间中，让一个高卢奴隶去暗杀这个老人。却不想这个高卢人在走进屋子时，正好马略翻身坐起，阳光从他背后的窗户射入，他用威严的目光盯着这个高卢人，大吼道："你居然敢来刺杀马略？"刺客被马略的威势所震慑，丢下武器仓皇逃走了，并向官员声称有神灵在护佑这个老人。官员们认为这是神的启示，就将其送出城外，逃出生天的马略在海边找到了一条小船，听天由命地驶入海中。幸运的是，马略在一个小岛上遇到了一条由他的朋友们驾驶的船，并乘船逃亡到了非洲。如果说马略原就生了一副铁石心肠，那么在逃亡中所经历的一切把他的心肠变成了精钢的，在登上非洲海滩的那一刻，这个七旬老人向神灵发誓，将为所受到的一切屈辱和艰辛向苏拉、敌人、背叛自己的祖国报复。

十一、东征

在罗马的暴行终于停止了，苏拉用政敌的财产奖赏了自己的士兵。现在他开始考虑怎么样安排自己离开罗马东征后的政局了，首先他废除了萨尔彼喜阿斯的所有法案，然后从自己的拥护者中选取了 300 人补充了元老院的缺额，确保在自己离开罗马后，元老院依然在自己一派的人手中。如果说前面苏拉所做的目的不过是打击异己和争权夺利的话，那么接下来他所做的就是重建祖国，至少是在以他的办法重建祖国。

首先，苏拉规定以后只要是元老院没有事先讨论的问题，禁止保民官向人民大会提出。这实际上是废除了公元前 287 年通过的法案给予保民官的立法权，又剥夺了人民大会的立法权，这就解决了一直以来共和国存在两个最高权力机关的问题。然后他又废除了公元前241年百人团会议的改革，即将法律表决从人民大会转移到特里布斯会议。这就大大削弱了平民派的权力，因为人民大会是按照一人一票的原则投票的，而特里布斯会议则是按照每个阶层提供的百人队数量（即自备装备的公民兵数量）来决定票数的。虽然现在罗马早就不是按照这个百人队征兵，但并不妨碍富有的贵族阶层拥有更多的投票权。此外，苏拉还削弱了平民保民官的权力，使其无法像过去那样随意变革法案的订立和实施。总的来说，苏拉认为罗马当前的乱局的根源是给予了平民太多的权力，他希望回复到公元前3世纪以前贵族专政的状态。显然，他的努力是不可能成功的，因为罗马已经由一个台伯河畔的小城邦成长为统治着地中海沿岸广袤领地的帝国，将一个成年人重新塞进婴儿的摇篮是不可能的。

在完成了这一切后，苏拉就准备渡海远征希腊了。米特里达梯六世最出色的将领阿基里斯已经占领了雅典，整个希腊都起来响应了他，罗马人只能控制着伊庇鲁斯这个紧贴着亚得里亚海的狭长国度，等待着从意大利赶来的援兵。另外，一个本都将军也指挥着大军进入了色雷斯和马其顿，当地为数不多的罗马军队正节节败退，而海面上则被著名的奇里乞亚海盗控制着，米特里达梯六世已经与这些海盗订立了联盟关系。若是苏拉不尽快出发，那恐怕他就永远也到不了巴尔干半岛了。

即将踏上征途的苏拉的内心深处充满了隐忧。虽然他所做的一切都是为了元老院的权

⊙ 海盗

威,但他带领军队向罗马进军的做法和颁布公敌名单的做法吓到了贵族中的许多人,至于平民就更不用说了,苏拉一下子把他们近200年来奋斗的结果全部取消了,很多贵族们害怕苏拉凭借手里的军队成为新的国王。由于这种情绪,虽然罗马当时实际上还是处于他的军管之下,但公元前87年的执政官中还是出现了一个让苏拉极为不痛快的人,即格涅乌斯·科尔涅里乌斯·秦纳——贵族中最热烈的民主派之一。更加糟糕的是,他的同僚庞培乌斯在前往接收军队的途中被杀了,苏拉担心他本人的人身安全得不到保障,只得赶往即将出征的大军军营去了。

十二、对雅典的围攻

公元前87年春天,苏拉和他的军队在伊庇鲁斯的埃培洛斯登陆。此时他的处境是非常窘迫的,米特里达梯六世已经征服了几乎整个小亚细亚、希腊和大部分马其顿,爱琴海也在他的舰队统治之下,只有小亚细亚的西南部和海上的几个岛屿还站在罗马人一边;而苏拉手中的全部兵力不会超过3万人(大约6个军团)。更糟糕的是,苏拉的囊中羞涩,由于刚刚打完的同盟战争和内乱,共和国国库一贫如洗,元老院甚至不得不将努玛(罗马传说中的第二位国王)供奉给神灵的珠宝拍卖掉,才凑足了9000磅黄金,这些就是苏拉手中仅有的资源。没有钱,没有舰队,没有同盟者,后方罗马的形势动荡不安,前面是强大的敌人,这就是苏拉面临的处境。

摆在苏拉面前的路只有一条:要赢得胜利,而且尽可能快地赢得胜利。米特里达梯六世随时都可能将更多的军队派到希腊来。显然这是一条极为艰险的道路,如前面所提到的,几乎整个希腊都已经倒向了米特里达梯六世一边,罗马人根本得不到同盟军。苏拉一面出兵,一面向自己的老相识米特里达梯六世派出使者,提出以恢复战前状况的条件议和。米特里达梯六世如意料之中的拒绝了苏拉的要求。苏拉立即向雅典进军,双方的军队在彼奥提亚平原进行了初次的交锋。雅典的新兵和由阿基里斯给予的少量骑兵被苏拉的老兵击溃了,当惯了墙头草的其他希腊城邦又迅速更换了旗帜,倒向了罗马一边。

米特里达梯六世在希腊的司令官阿基里斯,可能是他手下最出色的将领。早在苏拉来希腊之前,他就有先见之明地将雅典附近的庇里优斯作为自己的作战基地,并修补好了城墙。被苏拉击败后,他迅速退回了庇里优斯,因为这儿有良好的港口和坚固的城墙,又可以从海上得到足够的补给,而且距离雅典城只有8公里远。苏拉要攻下雅典,就必须同时对庇里优斯和雅典同时围攻,这将极大地考验苏拉有限的兵力,而阿提卡半岛贫瘠的土地则根本无法提供足够的粮食，罗马军队所有的补给都必须用牲畜和人力从彼奥提亚运来。这样一来，与其说是苏拉在围攻阿基里斯，还不如说是阿基里斯在围攻苏拉，因为阿基里斯随时可以从海上离开庇里优斯。最重要的是，阿基里斯并不是米特里达梯六世在的欧洲唯一的司令官，另外一支强大的本都军队正在马其顿行动着，将苏拉牵制在雅典城下对本都是有利的，时间是阿基里斯的盟友。

苏拉也看出了阿基里斯的计谋，但他此时没有选择：雅典附近的庇里优斯是小亚细亚前往希腊最好的港口之一，如果考虑到从伯里克利时代修建的坚固城墙和完善的设施，还可以把这个之一去掉。如果苏拉不能拿下雅典与庇里优斯，米特里达梯六世就可以把一支又一支军队从海上投入到希腊来，考虑到这位实力雄

⊙ 庇里优斯港

厚的国王所控制的广袤领地和国库里堆积如山的财富，这场消耗战的最后胜利者肯定不会是苏拉。其次，正如前文所提到的，在整个希腊的普罗阶层充满着反罗马的情绪，只有极少数有产阶层才倾向于罗马，如果不能赢得一次又一次胜利，那些倒向罗马的希腊城市很快会爆发新的动乱。一句话，苏拉就好像一个深陷于沼泽的人，只有不断赢得胜利才能让自己的脑袋离烂泥远一点儿。

无论是雅典城还是庇里优斯，都被高达20米的双层石制城墙保护着，虽然苏拉发起了迅猛的突击，但都被守城者击退了。苏拉不得不花费大量的时间制造投射和攻城器械，修建围城工事，切断从陆路输入粮食的途径，守城者也不断派出军队攻击罗马人的补给线，战争有了长期化的趋势。而此时的意大利又爆发了新的动乱，属于贵族派的执政官屋大维乌斯和民主派的秦纳发生了激烈的冲突，双方冲突的原因还是老问题，即：将新公民平均分配进35个特里布斯还是只分进8个特里布斯。被赶出罗马的秦纳已经开始招募军队进攻罗马了。不管苏拉多么想回到故乡平定局势，但他首先还是得拿下眼前的城市。为了获得围攻战所必需的木材，他甚至砍伐了柏拉图学院和吕克昂学院著名的丛林，还强行从各处圣所和神殿里面"借"走了其所存放的金银器以铸造钱币给士兵们发饷，仅仅是为了转运士兵所需的粮食和攻城需要的物质，每天就有超过2万头骡子在军中服役。

即使冒天下之大不韪掠夺了奥林匹亚、德尔菲等著名的神殿，苏拉依然无法在短时间内攻下雅典和庇里优斯。整个公元前 87 年的冬天，他都待在庇里优斯城下，因为这个港口要塞是本都军队在希腊最大的据点和后勤基地，更要紧的是，控制着庇里优斯的阿基里斯可以从海路源源不断地得到补给和援兵，将伤兵运送出去。坚守的本都军队的士气也一直非常高，因为他们清楚罗马人没有舰队，即使最后守不住了也可以全军退走。为了获得必要的舰队进行围攻，苏拉甚至不得不把自己最得力的副将卢库鲁斯派往埃及和叙利亚，向这些同盟国索要必需的舰队。这是一个非常冒险的行动，因为当时的海上到处都是本都舰队，卢库鲁斯甚至不得不化妆前往。但在卢库鲁斯回来前，苏拉只能从陆地上进攻庇里优斯，有一次他甚至用挖掘坑道的办法破坏了一段城墙，但阿基里斯迅速地用生力军堵住了突入口。双方激战到深夜，后力不继的苏拉不得不停止进攻，当天夜里阿基里斯就重新建造了一堵墙将缺口堵住了。这次守兵表现得更加顽强，苏拉不得不放弃了强行攻克庇里优斯的希望，转而将注意力转向了雅典。

相对于庇里优斯，雅典城的形势对于防守一方就不那么有利了，此时伯里克利时代著名的"长城"早已不复存在，庇里优斯与雅典之间的联系也不再有城墙保护。雅典城内的守兵无法从海上直接获得补给，所有的粮食都必须由阿基里斯从庇里优斯武装押运过来。改变了进攻重点的苏拉一边伏击阿基里斯的运粮队，一边在雅典周边修建许多要塞，不让粮食运进去，也不让任何人出来。到了公元前 86 年的春天，雅典城内的粮仓终于见底，城内 1 斗小麦要卖 1000 德拉克马①，守兵们甚至不得不用人肉充饥。

公元前 86 年 3 月 1 日，苏拉向雅典城发动了总攻。被饥饿折磨得衰弱不堪的守兵很快就崩溃了，被持久的围城战耗尽了所有耐心和仁慈的罗马人开始大肆屠杀，甚至连女人和孩子都不例外。苏拉做出如此残酷的决定的原因，据说是因为他对雅典人居然和野蛮人联合起来反对罗马人（在当时的罗马人看来除了希腊人和意大利人，其他都是野蛮人）而感到深恶痛绝，还有一种说法是因为围城时雅典的小丑曾经嘲讽过他的容貌和妻子。绝大部分雅典人看到罗马人进城后纷纷自裁，因为他们已经无力反抗，又心知祖国已经到了万劫不复的境地，与其苟活下来看到祖国的毁灭，不如与国家一同灭亡。起义的领袖阿里斯提奥率领军队逃入卫城坚守，为了避免苏拉能够利用露天剧场的木材建造攻城机械，他抢

---

① 德拉克马（Drachm）在古代西方既是重量单位又是货币单位。作为重量单位，古希腊的 1 德拉克马约重 4.37 克。作为银币单位，其重量在不同时期和不同地区有所变化。比如早期的雅典 4 德拉克马银币重 17 克多，到公元前三至二世纪时减重到 15 克以下。

⊙ 雅典卫城复原图

先放火焚烧了这个著名的剧场。苏拉下令扑灭大火，允许士兵们劫掠城市，然后包围了卫城，切断了水源，不久之后，卫城里的人就因为饥渴而投降。在自己的《回忆录》里，苏拉很得意地说那些渎神者投降的第二天就下了大雨，显然神灵是站在自己一边的。

在攻下雅典之后，苏拉将重点转到了庇里优斯这座孤城身上，开始以更大的力量围攻起来。阿基里斯在进行了一段时间的抵抗后，将军队主动从海上撤走了，前往彼奥提亚，然后从陆路向北退往色萨利，在德摩比利汇合了本都王子阿卡提阿斯率领入侵马其顿的生力军，其中包括强大的骑兵和战车部队。此时阿基里斯的总兵力达到了12万，而苏拉此时得到了一些希腊和马其顿同盟军的补充，总兵力大约为4万左右。

十三、喀罗尼亚之战

对于苏拉来说，攻下雅典之后的形势与其说是更好，还不如说更糟糕了。从意大利传来了坏消息：意大利爆发了新的内战，民主派的执政官秦纳被赶出了罗马之后，元老院剥夺了他的执政官称号。而秦纳和他的同伴们则在意大利四处募集军队准备和罗马作战，许多在同盟战争中对罗马怀恨在心的意大利人投入了秦纳的麾下。而马略带领着1000多北非骑兵在意大利登陆了，这个老兵与秦纳联合了起来。为了赢得胜利，马略甚至与残余的萨姆尼乌姆人（同盟战争中南方起义者的主力）联合了起来，实力大涨的民主派包围了罗马城，占领了最重要的粮食输入来源——奥林提亚。虽然贵族派的兵力更多一些，但当时

171

的元老院却缺乏孤注一掷的勇气，执政官屋大维乌斯派出使者请求谈判，秦纳假意接受和谈，同时却派出传令官在四地宣布，只要投靠到自己这边来，所有的奴隶都将被给予自由。

于是大批的奴隶都投到了民主党一边来，加上城内又缺乏粮食，城内的贵族派们不得不向马略和秦纳投降。罗马第二次被自己公民的军队攻陷了，秦纳和马略把苏拉所做过的事情重新照做了一遍，只不过施害者和被害者颠倒了过来：砍掉执政官屋大维乌斯的头，挂在广场的讲坛前面；没收政敌的财产；取消苏拉的法案；宣布公敌名单。最为重要的是，苏拉司令官的权力被取消了。公元前86年的执政官瓦列里乌斯·弗拉库斯被任命为新的司令官，即将来希腊接替苏拉的职位。

显然，对于苏拉来说，任何拖延都意味着灭亡，唯有大胆甚至可以说鲁莽的行动才能从万死中求得一生。在攻下庇里优斯后，苏拉首先放火焚烧了所有的港口设施，以免在自己离开这里后被另外一支本都舰队所利用，然后率领军队离开阿提卡半岛，前往地形更为平坦也更加富庶的彼奥提亚平原。对于这种做法，他的不少部将都表示反对，因为本都军队在骑兵和战车上占据了绝对优势：阿基里斯大约有1万骑兵、90辆镰刀战车，而苏拉手下大约只有1500骑兵。相比起地形崎岖的阿提卡半岛，在彼奥提亚交战显然对罗马更不利。苏拉认为打了一年围城战的阿提卡半岛虽然地形崎岖，但却没有足够的粮食养活罗马军队，骑兵和战车可以想办法打败，但饥饿却无法克服，掌握着海洋的阿基里斯可不用担心粮食。

当苏拉赶到彼奥提亚后，便将营寨设置在伊拉提亚平原之上的一个小山附近，这样他可以避免被敌人的优势兵力所包围。阿基里斯的兵力大约有其三倍，骑兵和战车的优势更是巨大，但相比起本都军，苏拉有一个巨大的优势：他手下的士兵们基本使用着同一种语言，是一个相互联系密切的整体；而本都军队则是由十余个互无关系的民族组成，每个民族都有自己的将军，阿基里斯不过是这些将军之上的司令官罢了，所能够灵活指挥的只有卡巴多西亚军队（阿基里斯是卡巴多西亚的王族）。显然，指挥这样一支混杂的大军绝非易事。

苏拉很清楚这一点，因此当一开始士兵们对本都大军庞大的营盘、装饰华丽的盔甲和战车、蛮族士兵们奇异的打扮感到恐惧时，他只是下令士兵们进行建造西菲苏斯河改变河道的工事。这倒是罗马将帅的常用伎俩，既可以加固工事，也能示弱于敌，顺便还能让士兵消除恐惧，因为人一旦累得受不了，就没心思害怕了。看到躲在营寨里不出来的罗马军队，许多得意扬扬的蛮族骑兵就开始分散到四周地区抢劫财物，阿基里斯根本无法控制这一切。而苏拉则不断加重士兵们的负担，到了第三天，士兵们终于再也忍受不住了，他们派出代表来到苏拉面前，表示再也承受不住如此沉重的劳役。苏拉表示，改变河道是为了抵消敌军骑兵的优势,要停止劳役的唯一办法就是在野战中击败敌人,士兵们异口同声地表示他们宁愿和敌军决一死战,也不想继续挖土。苏拉则回答你们只不过是为了逃避劳役的辛苦才愿意出战的,他绝不会把全军的命运寄托在一群懒鬼的勇气上。随即,苏拉指着两军之间的界河阿苏斯河旁的一个小丘,这个小丘上有一个荒废的古堡,而且地形十分险要。苏拉表示除非士兵们可以夺取这个小丘,否则他认为还是继续挖土比较安全。

被折磨得疲惫不堪的士兵们纷纷表示一定会拿下那个小丘,这次突然的袭击很成功,苏拉击败了小丘上的一支叫作铜盾军的敌人,控制了这个要点。苏拉的这次胜利迫使阿基里斯不得不撤退,因为他的军队人数众多,又有大量的牲畜,一旦被苏拉控制了水源,形势将会变得非常不利。

不经一战就迫使人数众多的敌人撤退,罗马军队的士气大振。当地的希腊城邦也倒向了罗马一方,派来了同盟军和向导。阿基里斯不得不率领军队向喀罗尼亚退却,那是一块位于两条山脉之间的狭窄平原,从福西斯进入彼奥提亚平原的传统道路穿行其间。200多年前,马其顿国王腓力二世和其子亚历山大大帝正是在这块平原上击败了底比斯和雅典联军,摧毁了底比斯的霸权。此时,两支大军又重新来到了这块平原,只不过希腊人和马其顿人变成了旁观者。

当苏拉率领军队进入喀罗尼亚平原时,发现阿基里斯犯了一个错误。这位卡巴多西亚人将自己的军营设置在一个狭窄的多石山谷中,并用坚固的土垒和壕沟环绕营垒,以加强防御。但这也同时削弱了本都军队强大的骑兵和战车部队,因为在崎岖的多石地区,这两个兵种都很难发挥其真正的威力;而且由于本都军队庞大的数量,需要足够的空间来展开兵力、变换队形,阿基里斯选择的阵地使得他们如果打败了,将很难退却。

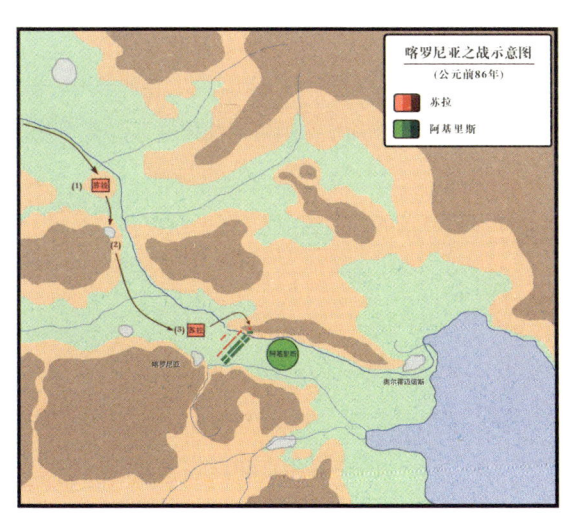

◎ 喀罗尼亚之战示意图(红方为苏拉,绿方为阿基里斯)

阿基里斯这么做的具体原因已经无法知道了,有可能是因为他认为苏拉不太可能主动向拥有优势兵力的自己进攻;还有一种可能性是,他此时恐怕已经很难控制这支数量庞大、成分复杂的大军了,而放在一个背后是崎岖山地的绝地可以让军队置之死地而后生。但苏拉却比阿基里斯更高明,也更加幸运一些,他从几个当地人口中得知了一条不为人知的小道可以迂回到敌人的侧后方,于是他立即派出自己的副将盖比纽斯率领两个大队的士兵前往,同时将军队贴近敌营列阵,尽量不给阿基里斯列阵的空间。

得知苏拉主动挑战,阿基里斯不得不先派出骑兵进攻罗马人,因为他庞大而成分复杂的军队需要更多的时间列阵,如果不派出骑兵恐怕会被苏拉先发制人。这些骑兵被阵型严整的罗马人击败了,而此时迂回的罗马人也发起了进攻,他们将本都大军侧后方的休里姆山攻占了,在山上被击败的守兵逃进了本都军队的行列,这极大地挫伤了他们的士气。

苏拉在击退了骑兵的进攻后,就下令步兵开始向前,借此减弱本都军队最可怕的武器——镰刀战车的威力。这种战车在两轮的轮轴上装有一米左右的镰刀,在高速奔驰时足以将士兵的肉体切成碎块,具有很大的冲击力,但这种战车需要足够的空间来加速才能发挥最大的威力。为了防止敌方的镰刀战车发挥威力,苏拉下令三列阵之间的间隙要比平时留大一些,而且第二列士兵携带尖头木桩,临战时钉入土中,形成一条栅栏。由于被罗马军队的第一列阵线所遮掩,阿基里斯无从知晓那条栅栏,看到苏拉率军靠近,阿基里斯下令投入战车(因为一旦进入混战,战车就无法使用了),打算一旦在敌人的阵型上打开缺口就投入第二列的马其顿式的长枪步兵方阵。

当看到镰刀战车冲击过来时,罗马军队的第一线按照事先准备好的那样退入了后面的栅栏后,到此时才发现眼前障碍物的镰刀战车不得不减速或者转向以避免撞到尖头木桩上,但却为时已晚,绝大部分高速行驶的战车没有逃脱车毁人亡的厄运,即使少数幸运者也成了罗马投枪的活靶子。

接下来的战斗在双方的重装步兵之间展开,在马略军事改革后,罗马军团原有的青年、壮年、老年的三列阵已经变为了统一装备短剑、长盾、一重一轻两支标枪的职业兵了;而本都一方则是与大多数继业者国家相同,使用12英尺长的萨里沙长枪、小盾牌的马其顿方阵。不过此时地中海东部原有的城邦公民社会已经不复存在,本都一方重装步兵的兵员主要是由因为米特里达梯六世的敕令而获得自由的奴隶,这些刚刚获得自由的奴隶充满了战斗的热情,但无论是经验、纪律和武艺都乏善可陈。在古典时代的重装步兵战斗中,最重要的是保持己方阵线的完整,贸然的冲击只会将自己和战友的侧面暴露在敌人的攻击之下,成为无辜的牺牲品。苏拉麾下的老兵们巧妙地交替进退,将雨点般的标枪投在敌人的头上,消耗了敌军的冲量,等待着进攻的时机。

作为本都军队中最出色的将领,阿基里斯很清楚己方中央阵线那些稚嫩的新丁不可能是罗马人的对手,这些被释放的奴隶不过是他用来拖延时间的炮灰,决定胜负的筹码在本都军队的右翼,阿基里斯将剩余的骑兵都集中在了那儿,准备迂回到罗马人的左翼,从而赢得胜利。

指挥罗马军队左翼的副将贺庭休斯正指挥所部前进,试图攻击本都军的侧翼,但他突然发现了己方的左侧出现的灰尘,原来这是阿基里斯率领2000骑兵绕过了罗马军队的左翼,围转了过来。为了避免遭到敌人的前后夹击,贺庭休斯不得不将所部收缩队形,退往高处,于是罗马军队的左翼与中央阵线之间就出现了一个缺口。

此时在阿基里斯面前有两个选择：1. 弃贺庭休斯所部而不顾,率领骑兵突入缺口,迂回到罗马中央阵线的背后,然后前后夹击敌人的中央阵线；2. 包围并消灭贺庭休斯所部,然后侧击罗马军的中央阵线。在任何一本军事教科书上都不会记载着哪一个才是正确答案,而这就是一个将军最宝贵的品质：在战场上凭借经验、灵感和本能做出正确的决断。

也许是因为阿基里斯认为将这样一大队敌人放在自己的背后比较危险,也有可能是他认为当突入到罗马的阵线后,很难控制住这些成分复杂的骑兵执行如此复杂的迂回攻击敌人腹背的战术动作,因为这些骑兵很有可能直扑罗马人的营地去抢劫战利品,这在古代战争中是很常见的。阿基里斯并没有直接攻击苏拉的中央阵线,而是指挥己方的骑兵围攻处于高处的贺庭休斯部。当时苏拉正位于罗马军的右翼,而在那儿双方还没有开始交锋。当苏拉得知这一切的时候,便立即带领能找到的全部骑兵以及两个大队的步兵救援自己的左翼。阿基里斯看到罗马的援兵打着司令官的旗号,他没有信心在苏拉赶到前消灭高地上的贺庭休斯,于是他率领骑兵撤退,转而攻击已经没有司令官指挥的罗马军的右翼。

但阿基里斯的机动没有起到他预想到的效果,苏拉解救了贺庭休斯之后,便把步兵留给了自己的副将,然后率领骑兵返回右

⊙ 喀罗尼亚战役

翼击退了阿基里斯。在左翼的贺庭休斯也赢得了胜利,迫使本都军队后退了。如此一来,本都军队中央阵线的方阵就凸出了,遭到三面夹击的方阵也无法再坚持下去了。此时,狭窄和多石的地形成了本都军队的催命符,撤退变成了溃败,溃败变成了逃跑。虽然阿基里

斯冒着被溃兵踩死的危险站在军营门口,命令士兵们回头去抵抗罗马人的追击,但本都大军复杂的成分成了他们的致命伤。无数来自不同民族、使用不同语言、信仰着不同神灵的士兵们混杂在一起,无论是将军还是军官们,都无法让他们恢复秩序,人数的众多反而毁了他们,被自己人踩死的可能比罗马人杀死的还要多。最终当阿基里斯在卡尔西斯①收容残兵时,12万大军只剩下了不到1万人。

十四、预料之外的敌人

在喀罗尼亚的本都军营里,罗马人正在欢庆胜利,他们获得了无数的战利品、许多的俘虏,士兵们都很高兴,因为苏拉对自己的士兵总是十分慷慨的。不过苏拉却并不高兴,这场伟大的胜利对他之前恶劣处境的改变很有限,由于没有舰队的缘故,他并不能对位于海岛之上的阿基里斯进行追击,而希腊漫长的海岸线随处都可以成为强大的本都舰队攻击的目标,没有舰队的苏拉只能被动地防御。如果事实证明罗马不能保护自己的盟友,那这些墙头草一般的希腊人早晚又会倒回米特里达梯六世那边去的。更糟糕的是,此时弗拉库斯已经率领两个军团在希腊登陆了。这个公元前86年的民主派执政官是来与苏拉争夺共和国对米特里达梯六世的战争指挥权的,相比起米特里达梯六世,对于苏拉来说,弗拉库斯和他背后的民主派是更加可怕的敌人。

"攘外须先安内!"——这就是苏拉的选择,在休整了自己的军队后,他立即率军向色萨利前进。在那儿他与弗拉库斯的军队进行了对峙,不过双方没有打起来。相比起久经战阵的苏拉,弗拉库斯不过是个文人,他的前半生都是在饮宴和挥霍中度过的,他能够担任执政官的最大原因不过是他祖先留下的显赫声名和无数的财富,实际指挥军队的是他的副将费姆布里亚。更糟糕的是,当弗拉库斯从勃隆度辛②启航渡过亚德里亚海前往希腊时,遭遇了风暴,许多船只被毁,还有一部分船只遭遇了本都的舰队,被消灭了。这让他有了个带来厄运的坏名声,许多他麾下的士兵得知苏拉刚刚赢得胜利和对士兵的慷慨后,就跑到了苏拉一边去了。这迫使费姆布里亚将剩下的军队向北撤退,与苏拉脱离接触,以避免剩下的军队都跑到对边去。

苏拉并没有对共和国内部的敌人追击,在遗留下来的他本人的自传残篇中说,是因为

---

① 优卑亚岛上的一个港口城市。

② 意大利古代的著名港口。

他不愿意在打败共同的敌人之前削弱共和国的力量。而从当时的局势分析，更大的可能性是米特里达梯六世在公元前86年的夏天派遣了另一名本都将军多里劳斯率领着一支8万人的大军抵达了优卑亚，加上原有的阿基里斯的1万多残兵，本都在希腊的总兵力又增长到了接近10万人。而且相比起在喀罗尼亚被消灭的那支大军，这支新军受过时间更长的、更好的训练。假如苏拉向北继续追击弗拉库斯，那就意味着将整个希腊都留给了本都，只要本都军队控制住色雷斯进入希腊的少数几个隘口，就等于将苏拉关在了铁笼子里（当时色雷斯通往其他地区的陆路非常难走，而港口很少，且都处于本都舰队的封锁中），这是他绝对不愿意看到的。

关于对罗马的战略，在两位本都将军多里劳斯与阿基里斯之间产生了分歧，在后来者多里劳斯看来：既然无论在军队数量和骑兵上己方都占有优势，那么就应该迅速入侵位于希腊心脏地带的彼奥提亚地区，迫使苏拉进行一场会战并击败对方。而阿基里斯则认为苏拉是一个非常可怕的敌人，与这样危险的敌人冒险进行野战是不明智的，应该利用舰队和骑兵的优势，拒绝与罗马人做正面的野战，用饥饿而非长矛打败苏拉。面对阿基里斯的建议，多里劳斯斥之为败将的懦弱之言，如果是他本人，在喀罗尼亚绝不会败给苏拉。

但很快事实证明阿基里斯的建议是正确的，苏拉迅速率领军队返回了彼奥提亚，并在开始的几次前哨战中给了多里劳斯足够的教训。而多里劳斯也改变了主意，他听从了阿基里斯的建议，用时间和金钱而非鲜血和勇气来打倒罗马人。本都的将军将营地设置在彼奥提亚一个叫作欧尔科美诺斯的村落附近，那儿地形平坦，非常适宜发挥本都骑兵的优势，而且附近有一条叫作摩拉斯

⊙ 手持鹰帜的军官掌旗官，其鹰帜为军团的象征

的河流，通过这条河流，本都人可以不受罗马人侵害地从海上运送补给。

面对阿基里斯的拖延策略，苏拉不得不做出冒险举动，他将军营迁徙到距离敌人很近的地方，然后下令士兵们挖掘沟渠，将附近沼泽地的水引到双方营地附近，使坚硬的地面变为烂泥地，如此一来就可以克制敌人骑兵的优势了。而本都军队也不断出来袭击正在挖掘壕沟的罗马人，本都人的突击者和罗马的掩护部队进行了多次激烈的前哨战。在这些战斗中有一次极为危险，当罗马人的工程即将完成时，本都一方突然倾巢出击，担任掩护的支队慌乱之间被击溃，正在担任施工的支队也秩序大乱。正在现场指挥的苏拉赶忙从马上跳下来，从掌旗官手中抢过鹰标，穿过正在逃走的人群向本都军队冲去，大声喊着："罗马人，对于我来说这是光荣的战死；但对于你们来说，要是有人问你们是在哪儿抛弃你们的将军和鹰标的，记得要说是在欧尔科美诺斯！"

苏拉的勇猛举动起到了效果，罗马的士兵们停止了逃走，转身回来进行战斗，并击退了本都人的进攻。阿基里斯的义子戴奥吉尼斯也在战斗中被杀。随着沟渠的完成，形势逆转了过来，本都人被包围在军营中，松软的地面使得他们最有力的骑兵和战车无法发挥效力，而且本都人军营侧面的沼泽地使得他们无法做灵活的机动。在第二天的决战中，苏拉又一次赢得了胜利，他不但击败了敌人，而且还攻占了敌人的军营。许多本都军队中的蛮族士兵被赶入沼泽地中，直到数百年后，当地人还能在沼泽地里找到锈迹斑斑的武器和头盔。阿基里斯这次又逃出了生天，战败后他隐藏在沼泽地的芦苇丛中，躲了几天，等到罗马人的戒备松懈后乘一条小船逃到了优卑亚岛，在那儿他竭力收容各地的溃兵。

就这样，到了公元前86年的秋天，苏拉以让人眼花缭乱的速度将米特里达梯六世庞大的军事力量中最精锐的部分消灭了。在希腊再也没有任何一个势力敢于反对苏拉，他率领军队劫掠彼奥提亚的那些摇摆于他和本都之间的城邦，然后率军向北进入色萨利，在那儿度过了公元前86年的冬天。

公元前86年冬天，苏拉在自己的冬营里接待了许多从罗马逃出来的贵族派成员，他们都将苏拉当成他们派别的领袖和希望。苏拉从他们的口中得到了共和国的准确消息：马略已经在当年的1月病死了，在死前他刚刚第七次被选举为执政官。而他的同僚秦纳实际上成了罗马的独裁者，虽然秦纳让年轻的民主派将军赛尔托里乌斯杀掉了已经堕落成强盗的释放奴隶，部分恢复了罗马的秩序，但民主派在罗马的统治是极其不稳固的。因为民主派的这次胜利是建立在意大利人的支持上的，他们所颁布的新法令必然会照顾意大利人的利益——重新将新公民分配到所有特里布斯里去，取消四分之三的债务，进行币制改革并增加粮食分配。罗马的旧公民们对于这一点是非常反感的，因为这必须让他们和这些"新罗马公民"分享特权。这些贵族们都鼓励苏拉在明年春天领军杀回意大利去。

但相比起这些贵族党徒，苏拉考虑得要更远一些。在他看来，无论是为了填饱自己和士兵们的钱袋，还是为了解除后顾之忧，在返回意大利之前都必须先结束这场战争。更重要的是，在苏拉的内心深处深深爱着共和国，即使是在他一生中最艰难的时候，他最先考虑的也是共和国的公利，而后才是自己派别的私利，如果他放着米特里达梯六世这样一个共和国的敌人不管而回国争夺权力的话，他又怎么能面对那么多将生命托付给自己的士兵呢？

听到阿基里斯在喀罗尼亚战败的消息，米特里达梯六世极为震惊，希腊人在罗马军队到达后的墙头草行为让国王对新的属民的忠诚很怀疑，于是他首先从自己的属民中征集了8万士兵由多里劳斯带领去支援阿基拉斯，随后便开始动手消灭那些潜在的不稳定因素。在很短的时间内，他占领了开俄斯等几座城邦，将贵族的孩子收为人质，将城邦的公民发配到了荒凉的黑海北岸去了。米特里达梯六世的行为激起了一些希腊城邦的反抗，于是他一面派兵镇压，一面给予所有希腊城邦侨民、奴隶、债务人公民权，国王认为这些受惠于他的人将会坚定地站在自己一边。

米特里达梯六世的行为激怒了小亚细亚、色雷斯、马其顿希腊化世界的上层，其中很多人都是他亲密的朋友，本都国王正是通过他们来控制他庞大的领地的。假如说屠杀和发配还只是威胁到遭到国王怀疑的那些人，但给予所有城邦侨民、奴隶、债务人公民权则是触犯了古代地中海奴隶制城邦的存在底线，如果用一句我们容易理解的话来解释就是"礼乐崩坏"。这些人策划了一个阴谋，企图用谋杀国王本人来解决问题，但是其中的一个人告发了阴谋。为了证实他并非诬告，他让国王待在他家的床下，亲耳听到了密谋的内容。

米特里达梯六世立即逮捕了密谋者，所有人在经过拷打后被处死。国王决定一劳永逸地避免遭到阴谋的伤害，他到处派遣密探，以寻找可能存在的阴谋，越来越多的人被牵连处死，许多人其实不过是密探们的私敌。面对这一切，米特里达梯六世开始意识到已经无法赢得这场战争，于是开始考虑寻求一个体面的和平。

而一个意外事件更促使本都国王主动地提出议和，弗拉库斯所统领的两个军团向北进入色雷斯后，向东行军，渡过达达尼尔海峡进入亚洲。米特里达梯六世对于这个意外的敌人根本没有提防，他最好的将军和军队都在希腊和苏拉鏖战，国内空虚。罗马人轻而易举地占领了比提尼亚王国的国都卡尔西顿，这个城市位于今天马拉马尔海靠亚洲的一侧，是一个非常重要的据点，威胁着从黑海进入地中海东部的海上通道，而从帕加马通往本都王国本土的最便捷安全的道路正是这条海路。米特里达梯六世不得不派自己的一个儿子去抵抗弗拉库斯的进攻，不过此时费姆布里亚已经杀死了自己无能的主将并取而代之。他轻而易举地击败了王子率领的二流本都军，并包围了米特里达梯六世的新首都，迫使这个倒霉的国王从一个城市逃亡到另一个城市，最后来到海岛城市密提林，没有舰队的费姆布里亚方才作罢。

惊魂未定的米特里达梯六世又得到了一个坏消息，苏拉的副将卢库鲁斯已经从埃及带着舰队回来了。如果不是这两支罗马军队之间的敌对关系，本都国王的处境会更糟，但不管怎么说，从开战以来本都所拥有的绝对的海上优势不复存在了。他立即写信给在优卑亚岛的阿基里斯，让他以尽可能好的条件与苏拉达成和约。与此同时，米特里达梯六世还派出了另外一个不知名的使者与费姆布里亚议和，狡猾的本都国王很清楚这两支罗马军队之间的敌对关系，并企图从中赢得某些好处。

阿基里斯接到国王的来信时颇为为难，因为当时双方的军事行动还在继续，而他的麾下有许多军队是来自小亚细亚和色雷斯各地。不难预料，假如本都与苏拉达成和约，这些城邦几乎都会成为被划归到罗马的一方。为了避免影响士气，阿基里斯不得不秘密地派出一个与自己同名的提洛商人，前往苏拉处表示议和的请求。

十五、国王的和约

对于阿基里斯来说，幸运的是，在他的使者抵达苏拉营地之前，苏拉接到了一封来自意大利的来信。写信人是他的岳父梅提拉斯，为了避免落入民主党人的手中，这位年高德劭的大祭司也不得不在垂暮之年带着儿女逃出罗马，历经艰辛，直到此时才有余暇向女婿报平安。在信中梅提拉斯告知苏拉，他们的所有房产、田庄，无论是在罗马还是在乡下的，都被政敌付之一炬了，请求其尽快领军返国给予援手。这封信对苏拉起到了很大的作用，他欣然回答阿基里斯的使者，他很高兴能够与阿基里斯当面会商，地点可以选在迪利姆[①]附近著名的阿波罗神庙。

从会谈一开始双方的态度就是暗含机锋的，阿基里斯竭尽全力为自己恩主的利益着想，他向苏拉提出了一个颇有诱惑力的建议：不要再管位于亚洲的罗马行省，把他们交给国王，苏拉则尽快回意大利与自己的政敌交战。作为回报，米特里达梯六世将会像一个真正的朋友一样全力援助苏拉与政敌在意大利的战争，金钱、战舰以及同盟军都没有问题。

[①] 位于优卑亚岛附近大陆上的一个希腊城市。

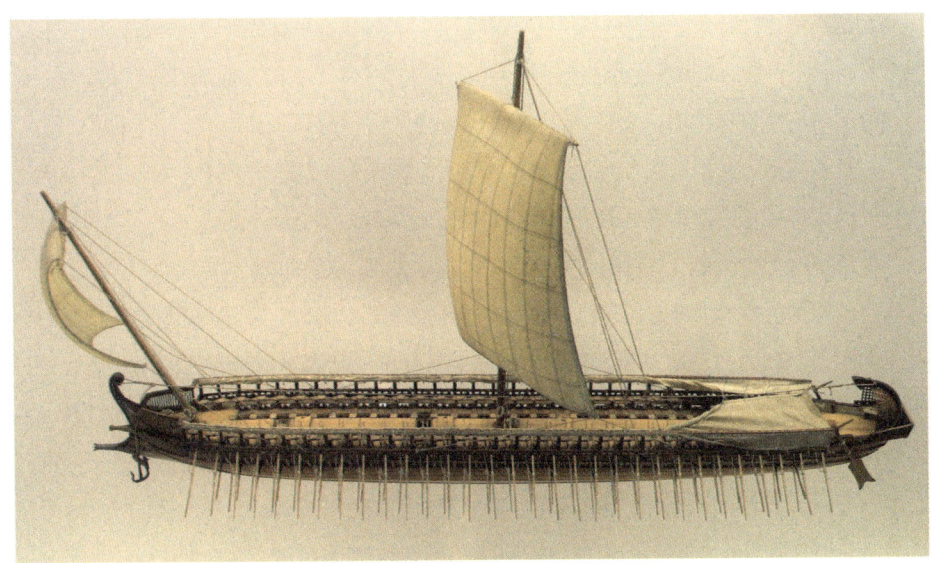
⊙ 三列桨战舰模型

不难看出阿基里斯建议里暗藏的祸心,如果苏拉接受了这个条件,那他交出的绝不止在亚洲的两个行省,而是共和国在东方的所有领地,米特里达梯六世会履行诺言以便让罗马人在内战中把血流干。对于阿基里斯包藏祸心的建议,苏拉不屑一顾,他也提出了一个反建议:他作为共和国的将军,可以帮助阿基里斯登基为王(阿基里斯是卡巴多西亚的王族成员),成为罗马的盟友,作为条件,阿基里斯必须交出他指挥的本都舰队。

苏拉的建议显然是有着侮辱性的,阿基里斯愤怒地表示他绝不会背叛自己的国王和恩主米特里达梯六世;而苏拉则用带有威胁和讥讽意味的话语反驳:"难道不正是我苏拉两次在喀罗尼亚和欧尔科美诺斯打败了你,让你们的以 10 万计的尸体陈列在彼奥提亚的平原上,连道路都无法通行?作为一个失败者,你怎么敢于不接受胜利者的提议呢?对于米特里达梯来说,他所有的臣民都是他的奴隶,你阿基里斯也不例外。忠诚也好,背叛也罢,都是一个自由人才有的东西,一个连自己的生命都无法自主的奴隶不过是一个物件,和石头、牛、马没有区别,又有什么背叛和忠诚呢?又有什么罪行和无罪呢?"

面对苏拉咄咄逼人的语锋,阿基里斯的态度软化了,他很清楚苏拉绝不是一个可以用小伎俩应付的人,形势也不允许让战争继续拖延下去了。不过他在接下来的会谈里还是竭尽了最大的努力,为米特里达梯六世争取到了以下的和约条件:

1. 米特里达梯六世将放弃罗马的亚细亚行省和帕夫拉哥尼亚王国,并将比提尼亚王国归还给尼科美德。将双方的领土恢复到战争开始之前的状态,释放所有俘虏,并交还罗马一方的逃兵、逃亡奴隶。

2.支付给苏拉2000塔兰特的金钱作为赔款，并交付70条装备完好的三列桨战舰，包括相应的附属装备和水手。

3.作为回报，苏拉承认米特里达梯在战争发生前所控制的全部领土，并公开宣布国王为罗马的盟友（即帮助其解决费姆布里亚的那两个军团）。

如果将这个和约和罗马过去与马其顿王国、迦太基、塞琉古帝国签订的和约相比，将会发现米特里达梯六世得到的和约条款是十分宽大的。本都国王保留了开战前所控制的全部土地，而赔款的数量相对于米特里达梯六世从亚细亚和希腊所掠夺到的不过是九牛一毛，更远低于罗马过去从迦太基、马其顿王国、塞琉古帝国等战败者身上索要的赔款。更不要说苏拉还得替米特里达梯六世解决费姆布里亚的问题，战舰和赔款从某种意义上讲可以算是一种报酬了。后来，在得知苏拉以如此宽大的条件与米特里达梯六世达成合约后，许多罗马士兵愤怒地向苏拉提出了抗议，在他们看来，像米特里达梯六世这样一个罪无可恕的敌人，居然在屠杀了8万罗马公民之后，还能带着无数财富和战利品安然返回，这简直是太荒谬了。而苏拉则回答假如他拒绝与米特里达梯议和，那米特里达梯就会和费姆布里亚联合起来，以他当时的兵力是不足以打败这两个敌人的。

在完成了和约条款的拟定后，苏拉就经由陆路从马其顿前往亚洲。阿基里斯作为随员同行，此时苏拉与这个卡巴多西亚人已经建立了非常不错的私人关系，阿基里斯对苏拉十分尊敬，而苏拉则将其视为亲密的朋友和同僚。途中阿基里斯曾经患病，苏拉则下令全军宿营，好让阿基里斯得到良好的照料。此外，他还赠予阿基里斯荣耀的头衔——罗马人民的朋友、优卑亚岛上的1万亩地产，并主动释放了被俘的米特里达梯的所有朋友，只留下一个叫作亚里逊的僭主。不久之后，这个人被毒死了，而众所周知，这个人是阿基里斯的死敌。

从当时的情况分析，苏拉这一系列行为的原因大概如下：在与阿基里斯的谈判和交战过程中，他认识到了这个人的出色才能，如果让他继续留在米特里达梯六世的身边，将会成为罗马十分危险的敌人。因此，苏拉希望用这一系列行为离间阿基里斯与米特里达梯的关系，兵不血刃地解决了这个威胁①。而阿基里斯也在谈判中为苏拉的魅力所折服，同时

---

① 阿基里斯后来因为受到米特里达梯六世的怀疑，认为他在喀罗尼亚之战中故意输给了苏拉，并在谈判中为了自己的私利出卖了国王，不得不逃亡到罗马一边，成了罗马一方的军事顾问，这也诱发了第二次米特里达梯战争。

害怕国王的残暴和多疑，希望与苏拉搞好关系以自保。

当苏拉抵达海伦斯坡时，米特里达梯六世的使者也到达了，他带来了国王的意见：除了帕夫拉哥尼亚王国的归属以外，国王愿意接受和约上的其他条款。为了改善己方在谈判中的地位，使者还带来了米特里达梯六世的一句话："如果国王和你们的另外一位将军费姆布里亚商议和约的话，想必可以得到更好的条件！"

无疑，国王的这句话的背后是有着相当大的真实性的。米特里达梯六世绝不会放过这样一个显而易见的有利条件，但他在经过仔细的比较后，觉得应该和苏拉达成和约要更可靠些。毕竟苏拉要比费姆布里亚要强大得多，有能力将和约付诸实施，此时费姆布里亚却成了他向苏拉施压的一个砝码。而苏拉看透了国王的诡计，断然表示假如米特里达梯不愿意交出帕夫拉哥尼亚王国，他将很快率领军队渡过赫勒斯滂海峡，进入亚细亚。到了那个时候，这个狡猾的国王可就再也不能躲在遥远的地方，安全地操纵一场战争了。

面对苏拉的怒火，国王的使者不敢出声，而阿基里斯则竭力安抚苏拉的怒火，他很清楚自己的命运已经与同苏拉的和约联系起来了。假如谈判失败，他很可能会因此遭到米特里达梯的惩罚。阿基里斯竭力劝说苏拉允许他回到国王身边，让国王相信唯有答应苏拉的条件才是唯一的出路，假若失败，他将自杀以向苏拉谢罪。苏拉应允了阿基里斯的请求后，立即出兵入侵了附近的一个叫作密迪卡的色雷斯部落，并派出新组建的舰队袭击了小亚细亚的沿海地区。苏拉的行为显然是为了用武力警告米特里达梯六世，前者是为了扫清前往赫勒斯滂海峡的陆路，而后者则是为了显示罗马的海军力量，这些是渡过赫勒斯滂海峡所必需的。当苏拉完成扫荡行动回到马其顿时，得知阿基里斯已经带回了消息——本都国王愿意接受苏拉的条件，并请求与苏拉亲自会晤。

原来当阿基里斯与苏拉谈判的时候，米特里达梯六世派出了新的将军去指挥与费姆布里亚的战争。显然，这个狡猾的国王将与苏拉的谈判当作了一个拖延时间的工具，不过费姆布里亚证明了自己是个干练的将军，他又一次打败了新的本都军队，并包围了米特里达梯帝国的首都帕加马。现在摆在米特里达梯六世面前的只有一条路：与苏拉尽快签订合约，并借用苏拉的力量消灭费姆布里亚。

这场著名的会面是在公元前85年8月，位于特罗阿斯[①]的一个名叫达达努斯的城市进行的。从某种意义上讲，会面的两人在性格上颇为相似，他们在古代历史上都以残暴、狡猾和极强的权力欲而著称。如果说有所不同，那就是在苏拉的一生中幸运之神都伴随着

[①] 位于达达尼尔海峡亚洲一侧，大约为古代传说的特洛伊城周边地区。

他，而米特里达梯六世的一生仿佛都被神灵诅咒了，幼年时其父亲即被人毒杀，被掌握大权的母亲迫害不得不流亡旷野，年长后夺权弑母屠弟。在掌握大权的数十年时间里，他双手沾满了身边的亲人、朋友、亲密的部属的鲜血，为了避免被身边人毒杀，米特里达梯六世甚至在平时服用微量毒药来锻炼自己的抗药性。他的后半生的历史几乎就是与垂暮的罗马共和国的战争史，直到他临死前一刻，依然在策划一场规模空前的对意大利的远征，最后被儿子背叛，不得不自杀。这位富有传奇色彩的国王竭力用宏大的仪仗队来扳平战场上的失分，一共有200条战舰、2万步兵、6000骑兵和超过100辆镰刀战车随扈着他，而苏拉的仪仗队只有区区4个支队的步兵和200骑兵。但双方在谈判中的地位却与随扈的数量形成了鲜明的对比。米特里达梯六世竭力为自己的行为辩解，他将战争的起因归结于神的意志和罗马将军们的贪婪，从某种意义上说，他说的是有道理的，米特里达梯六世的确并没有主动挑起战争。但苏拉以一个胜利者特有的傲慢打断了米特里达梯六世的自我辩解，在指斥了米特里达梯六世下令屠杀意大利人、释放奴隶等罪行之后，他询问对方是否愿意接受阿基里斯和约中的逐项条款。米特里达梯六世在短暂的沉默后，给予了肯定的回答。苏拉当即拥抱了对方，亲吻了国王的双颊，称其为罗马人民的朋友。就这样，第一次米特里达梯战争结束了。

但对于苏拉来说，与米特里达梯六世的战争的结束只不过是一场新战争的开始，他麾下的贵族党成员都在激烈地要求他立即率领大军回到意大利，回到罗马，向民主党的政敌们复仇。但苏拉比他的同党们要看得远得多，他很清楚麾下的士兵对于他给予米特里达梯六世的宽大的和约条件颇为不满。许多人认为苏拉是为了能够尽快回国打内战而放过了共和国的敌人（实际上的确如此），在返回意大利之前他必须尽可能地平息士兵们的不满情绪，因为与不久前同米特里达梯六世进行的战争不同，回到意大利后，苏拉面对的敌人是说着同样的语言、使用同样的武器、有着相同的风俗的同胞。马略军事改革之后的罗马军团士兵，不再是来自有足够财力、自备武器的自耕农阶层，而是来自"七山之城"里那些除了公民身份之外一文不名的无产者。对于这些人来说，传统、灶神、祖国、祭坛等昔日的神圣的字眼已经一文不值，刻薄的元老院是按照市场上卖力气零工的薪饷水平来制订军饷的，改变命运的希望唯有战利品——换句话说，就是抢劫，将军们的最高品德就是慷慨大度。共和国的将军们除了要会运筹帷幄，更要紧的是懂得抢劫和勒索，用一只手贪婪地掠夺，用另外一只手慷慨地施舍，而苏拉在这两方面都是不落人后的。

十六、胜利者总是对的

当米特里达梯六世从亚细亚行省撤兵之后，苏拉就率领军队前往锡亚蒂拉(thyatira)，这是位于今天土耳其东北部的一座古城，费姆布里亚和他的两个军团就在那儿。苏拉以他一贯的傲慢和自信进军到距离城墙只有370米左右的距离，然后命令费姆布里亚交出军队，因为他是通过非法手段获得军队的统帅权的[①]。而费姆布里亚则不甘示弱，他反唇相讥苏拉本人的兵权也是非法的，元老院早已剥夺了他的统帅权并交给弗拉库斯了。见口舌无法达到目的，于是苏拉就用野战工事将锡亚蒂拉城包围了起来。两支罗马人的军队并没有发生战斗，城内每天都有大量的士兵翻过城墙跑到苏拉那边去，显然，士兵们一致认为跟随以幸运而闻名的苏拉要更有"钱途"得多。

绝望中的费姆布里亚将剩余的士兵们召集起来，请求他们支持自己，但士兵们保持着不祥的沉默，没有人愿意为一个走霉运的将军卖命。他只得用重金贿赂一个奴隶伪装逃兵去刺杀苏拉，却不想被人发现了，这成了压断骆驼的最后一根稻草。苏拉的士兵们给费姆布里亚起了一个绰号叫"雅典尼俄"，这是第二次西西里奴隶大起义时的领袖——即奴隶的国王，以嘲笑他不敢在战场上与苏拉一决雌雄却借助奴隶的手来刺杀敌人的卑劣行为。绝望中的费姆布里亚逃入帕加马的一座神庙中，拔出短剑自杀了。

现在再也没有什么可以阻拦苏拉在东方按照自己的意愿行事

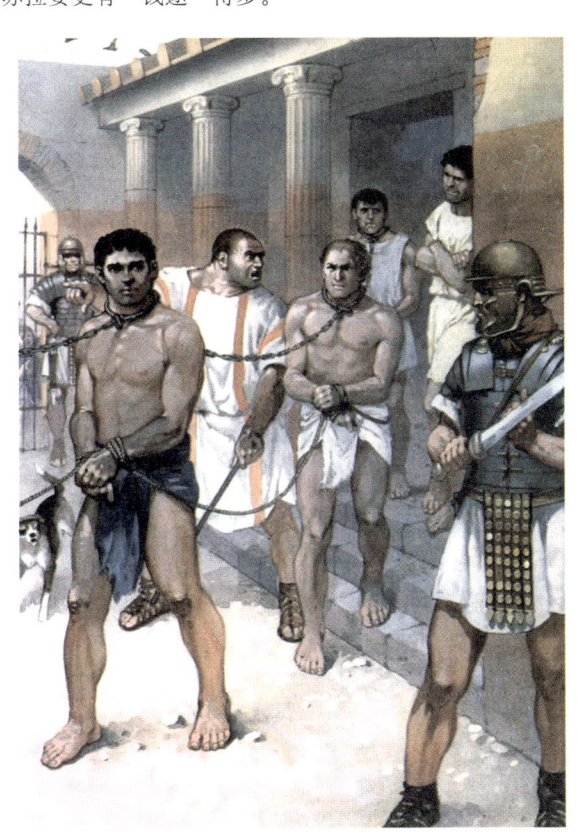

⊙ 即将被发卖的奴隶

[①] 指费姆布里亚杀死自己的主将弗拉库斯之事。

了，他将费姆布里亚的两个军团编入自己的大军，然后将比提尼亚和卡巴多西亚两个王国交还给尼科美德和阿里俄巴赞尼斯。对于在米特里达梯六世入侵时仍然忠实于罗马的伊利昂、开俄斯、吕西亚、罗德斯、马格尼西亚等王国与城邦，他给予了公民自由权——即免除贡税，并以自己的元老院而非罗马派遣的总督治理——作为报酬和奖励；而对那些在战争中倒向本都国王一边并屠杀意大利侨民的城邦和王国，苏拉则下令废除米特里达梯六世所颁布的解放奴隶的法令，所有解放的奴隶都必须回到他们的主人那儿去，这就激起了很多城市的反抗。苏拉以此为借口进行残酷的镇压，他拆毁了许多城市的城墙，劫掠财富，将居民卖为奴隶。在压服了所有的抵抗后，苏拉将各地的主要人物召集到以弗所的爱与美女神的神庙之中，他甚至不愿意屈尊亲自出面，而是傲慢地让一个军事保民官向其宣布为了他们过去的罪行，共和国将向他们征收5年的贡税（战争期间的欠款），以及军费2万塔兰特，所有款项必须立即支付。此外，苏拉的士兵们还可以随意居住在任何一个居民家中，居民们必须以最好的饭菜供应士兵，并每天给予士兵4德拉克马（当时一个普通雇工一天的薪水大概也就1德拉克马不到）的薪饷，而百夫长将可以得到50德拉克马和两件外衣。

⊙ 以弗所的阿尔忒弥斯神庙

就这样，苏拉如同一个拥有绝对权力的独裁者一样处置了东方的战后事件：奖励盟友，惩罚敌人，掠夺战败者，让士兵们发财。在完成了这一切后，他就像一个正常年代的罗马将军一样向元老院写了一份报告，在报告中他讲述了自己完成的工作并表明自己即将返回意大利，要求得到凯旋式；最后，苏拉还保证自己将不会触动新公民已有的权力——即不会改变将新公民平均分配进35个特里布斯的法案。

2000多年后的我们已经无法知道，当时苏拉这么做是真诚地希望用让步来避免与民主派的内战，还是削弱敌人的狡猾政治策略。但从后来事情的发展来看，这份报告确实给了民主派最致命的一击。这份报告让元老院中温和的、厌倦了内战并渴望与流亡者和谈的一派力量增强了，而民主派的领袖、当时的执政官秦纳极其坚决地反对和谈，因为他心里很清楚，和谈就意味着削弱自己，苏拉回到意大利后会成为自己最危险的敌人，那些家破人亡的流亡贵族们也绝不会放过自己。对于民主派来说，最好的办法就是利用对苏拉和流亡者的恐惧把中间派捆绑在自己的战车上。所以秦纳在公元前85年的冬天开始招募军队以准备进攻苏拉，但这激起了士兵们的哗变，因为冬天的亚得里亚海是非常危险的，秦纳的做法无异于是拿士兵们的生命去冒险。秦纳本人也在公元前84年初死于哗变的士兵之手，这对于民主派来说是无法弥补的损失，因为秦纳是唯一能够同时得到意大利人和罗马的民主派拥护的领袖。更糟糕的是，公元前83年的执政官盖乌斯·诺尔巴努斯与路克优斯·科尔涅里乌斯·西庇阿是两个庸碌无能的人，而罗马的民主派居然要在这两个人的领导下与战胜了米特里达梯六世的伟大人物交战。

公元前84年秋天，苏拉率领大军渡过爱琴海抵达希腊，在那里度过了冬天。在他的身后是被包税人和高利贷商人盘剥得"天高三丈、地矮三尺"的小亚细亚，这些城邦早已被战争耗尽了财力，根本没有能力拿出苏拉所要求的巨额款项，因此他们不得不以极高的利息向随之而来的包税人和高利贷商人借款，抵押品就是城市的公产甚至公民的人身自由。根据苏拉的副将兼密友卢库鲁斯在回忆录里提到的，小亚细亚的诸城市后来一共支付给包税人和高利贷商人了12万塔兰特之多。雪上加霜的是，与罗马人一同掠夺小亚细亚的还有地中海东部的海盗。为了对抗罗马人，米特里达梯六世曾经与这些海盗联盟，将他们编入自己的舰队，并给予他们金钱和船只的帮助。当米特里达梯六世回到自己的王国后，这些海盗们则重操旧业，在战争中势力大增的他们，甚至有能力像正规军一样包围城市，将满城的男女老少作为奴隶出卖；而此时的苏拉也正忙着从各个城市和神庙中掠夺财富，并没有太大兴趣去打击自己的前敌人和现在的同行，他只留下费姆布里亚的那两个军团监视米特里达梯六世，就渡海去希腊了。

就好像吃饱了的狮子一样，公元前84年冬天的苏拉在希腊就表现得颇为友善温和了。他在雅典参加了著名的厄琉息斯秘仪，这个极其神秘的宗教仪式的细节今天已经无人知晓了，现在能够知道的是，这是上层希腊人士才能参与的一个秘密社团，类似于今天提到的"共济会""骷髅社"等组织。苏拉参加厄琉息斯秘仪，颇有些附庸风雅的感觉。此外，他还收录了阿皮利坎的图书馆的藏书，里面包括亚里士多德的全部著作。这些著作在经过文法家泰兰尼昂的整理后被带到了罗马，收藏在苏拉的私人图书馆中，西塞罗就曾经从这些著作中获益匪浅，我们今天看到的亚里士多德著作的版本便是来自这个源流。从苏拉的二十二卷《回忆录》遗留到今天的残卷中看，这个独裁者受过非常良好的教育，他虽然烧毁了著名的雅典学院，但这些经典著作能够流传后世也是拜他所赐。

除此之外，苏拉一直以来如钢铁般的身躯第一次露出了不祥的征兆，虽然他在发迹前并不像一个传统的罗马武士那样躬耕田亩、简朴自持，而是一直在罗马过着纵情声色的糜烂生活，但他在从军之后，却很快适应了艰苦的军队生活，即使像马略那样严厉的上级也对他无可挑剔。但过去的糜烂生活并不是没有在苏拉的身体上留下痕迹，污浊的空气、不新鲜的食物、嘈杂的环境、没有规律的作息、沉溺于美色以及随之而来的各种病症已经成了罗马生活的一部分了。当战争的鼓声缓和下来之后，苏拉就感到自己的双腿肿胀而且剧烈地疼痛，按照症状推断，这应该是痛风的一种。于是他乘船前往伊底普苏斯，在当地著名的温泉接受治疗，而且他又和那些演员朋友混在了一起。此时的他将所有的烦恼都抛在了脑后，尽情享受着温泉、朋友、海边新鲜的空气以及美味的食物。他的心情是如此之好，以至于不少希腊人只需要恳求就从他那儿得到了许多恩惠，比如免除欠款、自治权、重建城市等。

此时，苏拉的老对手马略已死，罗马城内不过都是一些庸人，他手上却拥有一个百战百胜的军团，回军罗马的苏拉从此踏上了人生的巅峰。而罗马共和国，也在他的统治之后摇摇欲坠。